JN416481

연결된 난민,

국가 이후를 살다

카렌족 난민의 초국주의 실천

연결된 난민,
국가 이후를 살다
카렌족 난민의 초국주의 실천

이상국 지음

연세대학교 출판문화원

일러두기

• 이 책에 등장하는 인물들의 이름은 언론에 공개된 사람을 제외하고 가명으로 하는 것을 원칙으로 한다.

머리말

이 책은 1999년부터 시작하여 2024년까지 걸친 내 연구 일대기라고 할 수 있겠다. 그 출발점은 태국-미얀마 국경지대에 있는 맬라 난민촌이었다. 세계의 끝이자 가련한 곳이라는 취급을 받던 난민촌에 머물던 중 내가 부린 호사 하나는 아침나절 연유 탄 커피를 마시며 성벽처럼 버텨선 앞산을 하염없이 바라보는 일이었다. 스페인 내전을 배경으로 하는 헤밍웨이의 『누구를 위하여 종은 울리나』에도 연유 탄 커피가 호사로 등장하는 장면이 나오니 난민촌/전쟁과 당 섞인 카페인은 뭔가 죄스러우면서도 잘 어울리는 면이 있는 것 같다. 그 앞산을 바라만 보다 내 또래 난민들과 고기를 짊어지고 소풍을 간 적이 있다(8쪽의 사진 1.1). 꼭대기에 오르자 난민촌 전경이 시원하게 펼쳐졌고, 우리는 신나서 '야호'를 외치며 노래를 불렀다. 고기를 다 먹고 나서도 다시 아래를 내려다보며 연신 고함을 지르고 노래를 불렀으며, 내려올 때도 그 떠들썩한 흥이 가라앉지 않았다. 며칠 뒤에 알고 보니, 그 산꼭대기에서 야단법석을 피웠을 때, 난민촌을 관리하는 태국 수비대에 비상이 걸렸고 우리에게 총을 겨누기도 했다고 하여 등골이 오싹하기도 했다. 그러한 감시와 불안 속에 누리는 즐거움이 난민들 삶의 역설적 일상이다.

나는 이 책에서 그 역설적 일상을 드러내고자 한다. 그 난민촌에 머물 때 나에게 가장 인상적이었던 것은 닫힌 난민촌의 연결이었다. 국경을 따라 섬처럼 흩어진 난민촌이 연결되어 있었고, 그곳에 살던 난민도 서로 연결되어 있었다. 본토를 일단 떠난 사람들은 마치 엔진을 갖추듯이 몸속에 이동성을 장착하여 거친 환경을 헤쳐 나갔다. 그것은 세상의 끝자락에서 생존하려는 자들의 몸부림이었다. 그 흔적이 이어지고 쌓여서 네트워크가 되었고, 그것을 통해 사람과 물건과 정보가 오갔다. 난민촌이 그 네트워크의 중심이었다. 그런 점에서 난민촌은 세계의 끝이자 시작이었다. 2000년대 중반부터 그 네트워크는 제3국 재정착 제도에 힘입어 전지구적으로 확장되었으며, 2015년 이후에는 한국도 그 안에 들어가 있다.

나는 2000년대 중반 몸소 그 네트워크의 갑작스러운 초국적 도약과 부작용을 지켜보면서 그 제도를 고까운 시선으로 바라보았다. 지도자급을 비롯해 난민들이 한꺼번에 빠져나가며 난민촌 학교, 병원, 공동체가 휘청거렸고 나는 그들에게 실망했다. 나는 난민들이 난민촌에서 버티고 버텨 그야말로 그곳을 버젓한 세계의 중심으로 만들어 인류에게 새 빛을 비추길 기대했던 것 같다. 산꼭대기 소풍처럼 난민촌에도 빛나는 즐거움이 있으니 말이다. 그러나 난민들에게 그 즐거움에는 깊은 감시와 불안이 드리워진 위태로운 것이었다. 문지방에서 기약 없이 살기보다 선진국 시민이 되어 법적 자격을 갖춘 인간으로 살아가고 싶은 마음이 간절했다. 시간이 지나자 내가 예상치 못한 반전이 일어났다. 난민촌은 새로운 이주자로 다시 들어차고 초국적 네트워크를 통해 더 많은 자원이 순환됐다. 그럴수록 네트워크 중심지로서 난민촌의 위상은 공고해졌다. 떠날수록 들어차는 역설이었다.

맬라 난민촌에서 살던 난민이 우리 안에 들어온 계기에 나는 본격적으로 재정착 난민을 만나는 여행에 나섰다. 그리하여 태국, 미얀마를 벗어나서 한국, 일본, 호주, 미국, 노르웨이, 스웨덴까지 내 지경이 확장됐다. 그야말로 난민 덕분에 내 세계관이 확장된 것이다. 그렇게 돌아다니며 재정착 난민들이 수용국에서 살아가며 만들어 내는 역설적 일상을 몸소 관찰했다. 수용국은 이들을 하루라도 빨리 적응시키려고 저마다 통합 프로그램을 운영했다. 동아시아 국가는 국가가 전면에 나서서, 전통적인 이민 국가는 엔지오가 국가를 대리하여, 복지국가는 지방정부가 세세하게 관여하여 바람직한 시민으로 주조하려고 했다. 그러한 작업은 포스트식민주의 기획이라 할 수 있었다. 내가 만난 난민들은 국가의 기획과 협상하며 또 다른 차원의 통합을 이뤄나가고 있었다. 국가의 일국 중심주의를 딛고 넘어서 공동체 중심의 초국주의를 일상에서 실천했다. 이들은 국가 안에서 살면서도 국가 밖을 상상하고, 욕망하고, 이동했다. 그 모든 실천은 세계의 끝이자 시작인 곳, 영원한 임시 공간, 난민촌으로 향했다. 나는 이 역설적인 여정에 독자들을 초대하고자 한다. 그리하여 우리 사회의 난민 담론이 '가짜 난민' 판별을 넘어 '진짜 사람'으로서 치열하게 살아가는 집 떠난 자들의 몸부림 흔적들에 관심을 기울이기를 기대한다.

이 여정을 지나오는 동안 고마운 분들이 참 많다. 우선 오영철·김보순 선교사님께 감사한다. 오영철 선교사님은 1999년 나를 이끌고 산을 넘어서 처음으로 맬라 난민촌으로 데려다주었고, 지금까지도 격려와 도움을 주고 있다. 2024년 1학기에 연구 학기를 맞이하여 치앙마이에서 체류할 때도 두 선교사님이 제공해 준 보금자리에서 우리 가족이 편히 지낼 수 있었다. 치앙마이에서 지내는 동안 복잡했던 비자 발급 과정과 갖가지 생활의 어려운 부분을 해결하는 데 많은 도움을 주었던 민경진·박민정 선교사님께 감사한다. 맬라 난민촌에 머물 수 있도록 허락해 준 고(故) 사이먼 박사님께 감사한다. 한국 거주 카렌족 공동체를 돌보고, 또 내 연구도 도와주었던 에포에게 감사한다. 에포 덕분으로 노르웨이와 스웨덴 연구도 수행할 수 있었다. 카렌족을 꾸준히 돕고 있고 또 2024년 3월 맬라 난민촌 방문에도 함께 했던 킨미니스트리의 정서영 선교사님과 박세호 선교사님 그리고 그 방문에 함께 했고 여러 방면에서 카렌족을 지원하는 김태양 목사님께도 감사한다. 그분들 덕분으로 한국에서 카렌족 공동체가 일상에서 부딪히는 여러 어려움을 해결해 나가고 있다. 미국 뉴욕주 버팔로대학교에서 개최된 카렌족 재정착 난민과 관련한 학술행사에 연사로 초청해 주고 그곳의 카렌족도 만날 수 있는 장도 마련해 준 김욱수·김이석 교수님께도 감사한다. 연구 학기 중 치앙마이대학교의 방문학자로 지낼 수 있도록 허락해 주고 또 연구실까지 제공해 준 사회개발학과의 묵다완 삭분 교수님께 감사한다. 이 책을 편집하는 데 노고가 많았던 연세대학교 출판문화원의 이서휘 선생님과 심영주 선생님께도 감사한다.

이 책은 기존에 연세대학교의 미래선도연구사업과 한국연구재단의 중견연구자지원사업의 지원을 받아 수행한 연구물이 바탕이 되었다. 한국 사례에 관한 내용 일부는 세이브더칠드런코리아의 지원을 받아 수행한 연구에 바탕을 두었다. 1장의 일부는 "상상의 공동체에서 네트워크 공동체로: 카렌족의 사례를 통한 베네딕트 앤더슨의 민족주의론 비판적 검토," 『동아연구』(2016)를 수정·보완한 것이다. 2장은 동 논문과 "백인 구

원자와 카렌족: 현실이 된 카렌족 신화," 『한국문화인류학』(2010)에 바탕을 두었다. 3장은 "비슷하되 같지 않은 길: 재한 미얀마 카렌족 공동체의 형성과 발전," 『동남아시아연구』(2016), 4장은 "The State, Ethnic Community, and Refugee Resettlement in Japan," *Journal of Asian and African Studies*(2018), 5장은 "또 다른 경로의 통합: 호주의 재정착난민 제도와 카렌족 난민들의 통합에 대한 연구," 『한국문화인류학』(2019), 6장은 "노동과 노르웨이를 넘어서: 미얀마 카렌족 재정착 난민의 통합과 초국적 모빌리티," 『동남아시아연구』(2021), 7장은 "카렌-코리안-아메리칸: 미국의 난민 수용 제도와 미얀마 카렌족 난민의 삼각 초국주의 실천," 『동남아시아연구』(2022)를 수정 · 보완한 것이다.

마지막으로 이 여정에 함께 한 가족에게 감사한다. 아내 김선희는 난민촌과 매솟에서 고락을 함께했고 내 모든 초국적 여정에 함께 했다. 아들 명진이와 딸 예진이도 영문도 모른 채 난민촌을 드나들고 국경을 넘나들 때가 많았다. 이들의 동행 덕분에 이 여정을 지나올 수 있었다. 이 책을 마무리하던 중 내 사랑하는 형 이상현이 세상을 떠났다. 형은 약자와 정의 편에서 사람들 사이를 연결하며 따뜻하고 살맛나는 세계를 일궈나가려고 했다. 이 책을 형에게 바친다.

주요 방문지

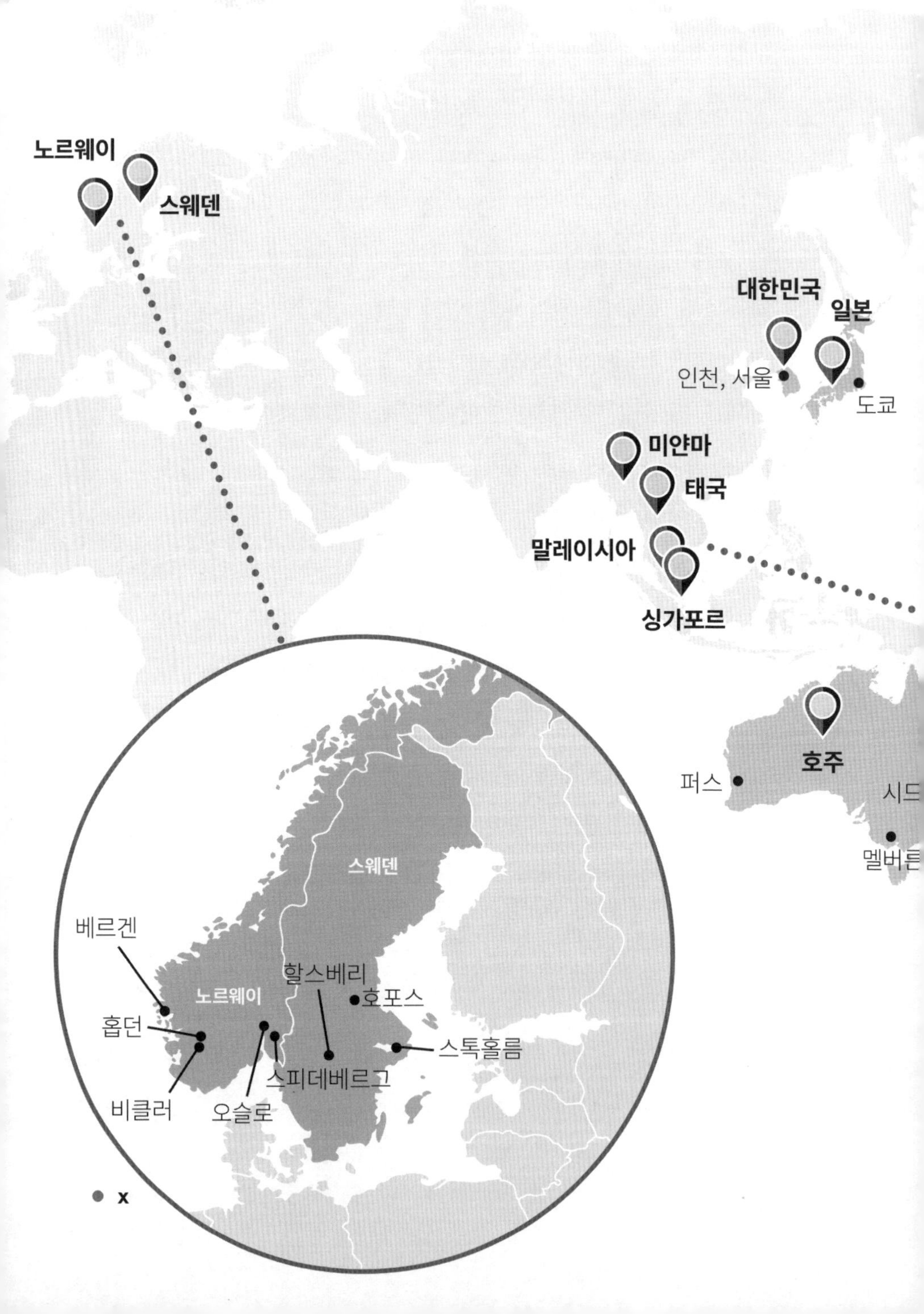

노르웨이
스웨덴
대한민국
일본
인천, 서울
도쿄
미얀마
태국
말레이시아
싱가포르
호주
퍼스
시드
멜버른
스웨덴
베르겐
노르웨이
할스베리
호포스
홉던
스톡홀름
스피데베르그
비클러
오슬로
x

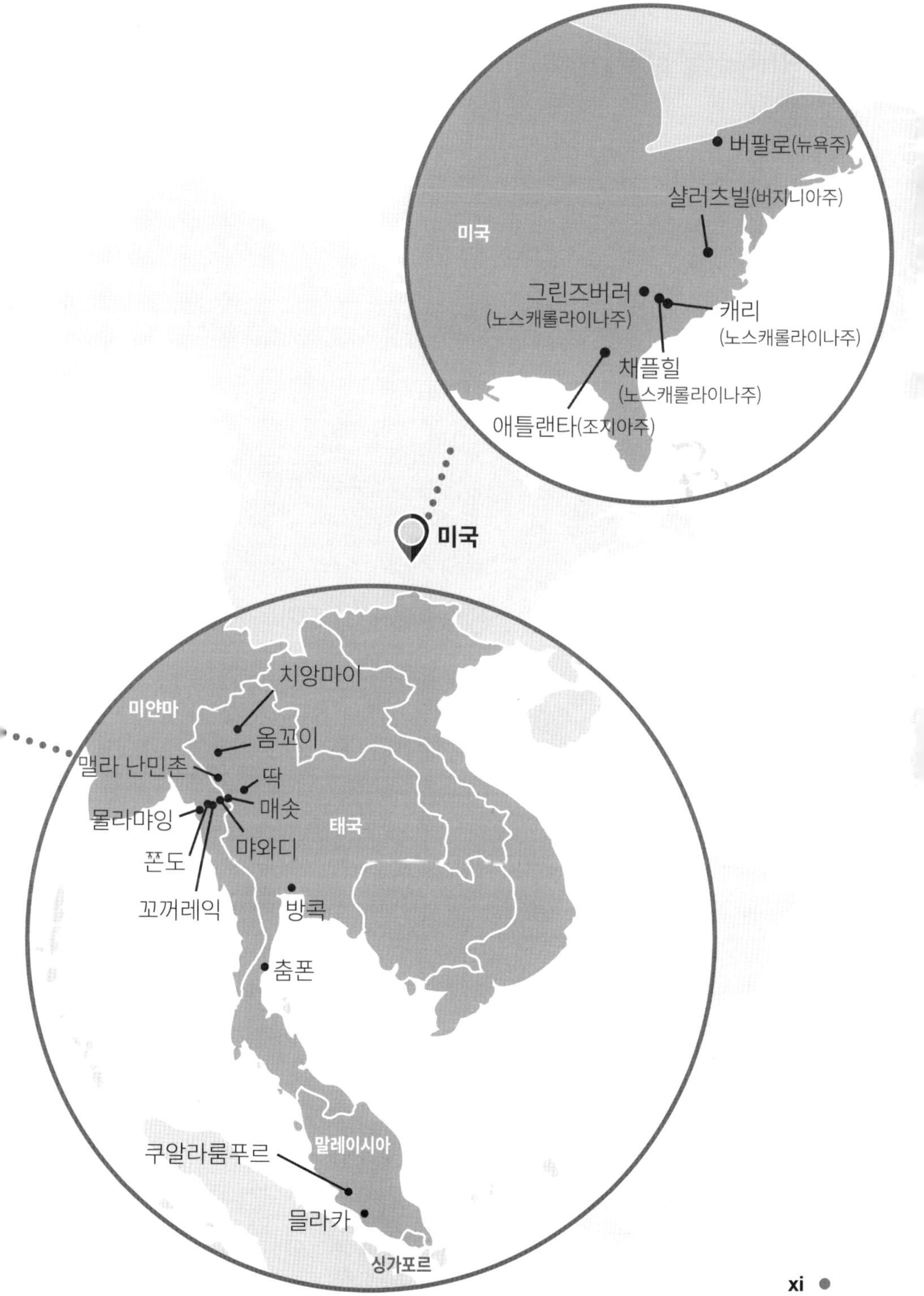
버팔로(뉴욕주)
샬러츠빌(버지니아주)
미국
그린즈버러
(노스캐롤라이나주)
캐리
(노스캐롤라이나주)
채플힐
(노스캐롤라이나주)
애틀랜타(조지아주)
미국
치앙마이
미얀마
옴꼬이
맬라 난민촌
딱
매솟
물라먀잉
태국
먀와디
쪼도
꼬꺼레익
방콕
춤폰
말레이시아
쿠알라룸푸르
믈라카
싱가포르

대륙 동남아

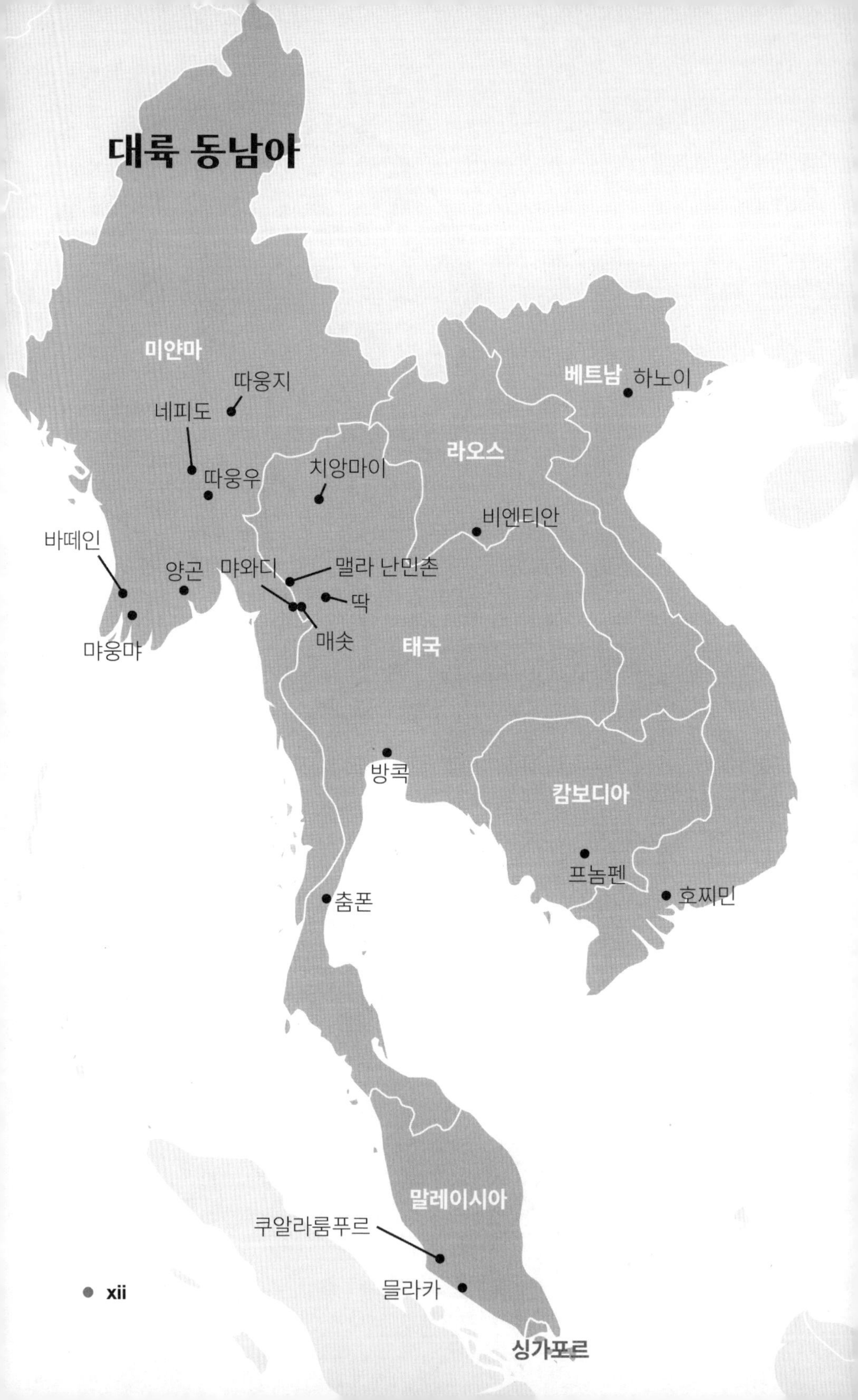
미얀마
따웅지
네피도
따웅우
치앙마이
바떼인
양곤
먀와디
맬라 난민촌
딱
먀웅먀
매솟
태국
라오스
베트남
하노이
비엔티안
방콕
캄보디아
프놈펜
호찌민
춤폰
말레이시아
쿠알라룸푸르
믈라카
싱가포르

차 례

표, 그림, 사진 순서

〈표〉

〈그림〉

〈사진〉

제1장

초국적 여정,
초국적 공동체

난민 덕분에 세계를 여행하다

어느 개국 왕조처럼 연호를 사용할 수 있다면 1999년 12월 4일을 그 기원으로 정하고 싶다. 태국-미얀마 국경지대 맬라(Mae La) 난민촌을 처음 마주한 것이 그때였다. 당시 나는 싱가포르에서 여정을 시작하여 믈라카, 쿠알라룸푸르 등 말레이시아 주요 도시를 거쳐서, 춤폰, 방콕을 찍고 치앙마이에 이른 뒤 옴꼬이(Omkoi)로 이동하여 걸어서 산을 넘어 그 난민촌에 들어갔다. Y2K 버그(Year 2000 Bug) 공포, 곧 컴퓨터가 새천년 날짜 인식에 오류를 일으켜 비행기는 추락하고, 은행 전산망은 마비되고, 세계가 파국으로 치달을지도 모른다는 공포로 뒤숭숭하던 때, 벌레처럼 산을 넘어 그곳에 도달했다.

그곳에는 카렌족 난민이 살고 있었다. 그들이 누구인가? 135개의 종족이 살아가는 미얀마에서 카렌족은 동부 지역과 에야워디(Ayeyarwady) 델타 지역, 양곤 등 미얀마의 남부 지역에 주로 거주하고 있다. 5천만 명가량의 미얀마 인구에서 주류종족인 버마족(Burman)이 그중 70%가량 차지하고 있으며 나머지는 샨족(Shan), 카렌족(Karen), 까친족(Kachin), 몬족(Mon), 친족(Chin), 까야족(Kayah), 여카잉족(Rakhine) 등 소수종족이 차지하고 있다. 카렌족의 인구는 대략 400만 명 정도라고 추산한다. 태국에서도 50만 명가량의 카렌족이 주로 북서부를 중심으로 거주하고 있다. 미얀마의 카렌족은 1940년대 후반부터 정부에 대항하여 분리주의 운동을 벌여오며 한동안 동부 지역에 해방구를 건설하기도 했지만, 1980년대 후반 이후로 정부군이 그곳을 장악하면서 난민이 되어 태국 내 난민촌에서 살아가고 있다. 2023년 말 현재 카렌족 난민의 인구는 9만여 명가량으로 알려져 있다(TBC 2023).

1999년 12월 거기서 석사학위 논문을 작성하기 위한 예비 현지조사를 며칠 동안 수행한 뒤 한국으로 돌아왔다. 무사히 새천년을 맞이한 뒤 그 난민촌에 2월 초에 다시 돌아가 석 달가량 지내며 카렌족 난민의 삶을 참여관찰했다. 그곳에 살면서 난민에 관한 내 선입견이 많이 깨졌다. 무엇보다 난민의 이동성에 깊은 인상을 받았다. 난민촌을 중심으로 미얀마와 태국 사이에 사람과 물자의 이동이 비교적 활발했다. 태국 당국의 규제 강도에 따라 이동의 규모가 영향을 받긴 했으나 난민들은 나름의 비공식 네트워크에 힘입어 초국적 이동성을 실천했다. 당시 내 연구가 난민의 난민촌 내 적응에 초점을 두고 있어서 그러한 흐름을 자세히 조사하지는 못했다.

2004년과 2005년, 이번에는 국경 도시인 매솟(Mae Sot)에 주로 머물며 난민촌을 오가고 미얀마 쪽 국경 도시인 먀와디(Myawaddy)도 때때로 방문하는 방식으로 박사학위 논문을 작성하기 위한 현지조사를 수행했다. 그러다 보니 매솟과 난민촌의 연계가 더 잘 보였고, 이주민/난민의 초국적 이동성도 눈에 잘 들어왔다. 그 무렵 그들의 이동성은 전혀 다른 차원으로 도약할 태세였다. 당시 국경 전역에 걸쳐 이주민/난민 사이에 빈번한 대화 주제는 제3국 재정착 프로그램이었다. 난민촌에서 지내는 기간이 길어지자, 따라서 본국 귀환과 지역사회 정착이 어려워지자, 유엔난민기구(UNHCR)와 미국, 호주, 노르웨이 등 주요 선진국이 난민을 자국으로 이주시키는 정책을 추진했다. 아시아에서는 일본이 2010년부터, 한국은 2015년부터 소위 선진국형이라는 재정착 난민 제도에 동참했다. 2010년대 초반에 이르면 난민촌에 가더라도 내가 알던 난민은 더 이상 볼 수 없었다. 난민의 초국적 연계는 미얀마와 태국 사이에 한정되지 않고 세계 여러 나라로 확장되었다.

내가 곳곳에 흩어진 재정착 카렌족 난민을 만나기 시작한 것은 2015년 무렵이다. 그 계기는 좀 전에 언급했듯이 한국도 재정착 난민 제도를 시행하면서 내가 머물렀던 난민촌에서 카렌족 난민 22명을 데려온 것이다. 2015년 12월 23월 크리스마스를 이틀 앞두고 한국 사회에 선물처럼 들어오는 그들을 맞이하려고 나는 새벽 미명을 헤치고 인천공항으로 갔다. 그들은 법무부의 철저한 관리를 받고 입국장을 빠져나온 뒤 곧바로 공항 근처에 있는 출입국·외국인지원센터로 향했다. 거기에서 6~9개월 동안 한국 사회 적응을 위한 고강도 훈련을 받을 예정이었다. 그 센터에서 퇴소한 뒤 그들은 주로 인천의 부평구에 정착했는데, 나는 주말에 그들이 사는 집과 공동체 모임에 방문하곤 했다.

2016년 1월에는 일본을 방문하여 조사를 수행했다. 한국의 재정착 난민 제도를 들여다보니 5년 먼저 시행한 일본의 정책을 베낀 흔적이 많았다. 일본도 그 정책을 시행하면서 태국 내 난민촌에 거주하는 미얀마 카렌족을 한 해 30명 내외로 들여와서 6개월 동안 일본 사회 적응을 위한 고강도 훈련을 시켰다. 일본 정부는 난민들을 지역사회에 배치하고 일자리를 마련해주는 과정에서 여러 시행착오를 겪었다. 난민들이 농업에 종사했다는 이유로 비닐하우스 재배를 하는 외딴 일본 농촌으로 보낸 것이다. 난민들에게는 자녀를 학교에 보내는 일도 만만치 않았다. 픽업에만 하루에 네 시간 이상을 써야만 했다. 난민 가족은 비닐하우스 열기와 자녀 픽업에 지쳐 카렌족 공동체와 엔지오(NGO)에 긴급구조를 요청했다. 이 사안은 언론에 전파되면서 일본 사회에 큰 논쟁거리가 되었고 정부에 대한 비판이 크게 일었다. 나는 일본 방문 중에 그 가족을 비롯해 여러 난민 가족을 방문했고, 난민 지원 엔지오, 일본 정부 관계자 등과도 면담했다.

2017년에는 호주로 향했다. 2015년 2월에 예비조사를 하긴 했지만, 본격적인 조사는 그해에 수행했다. 2017년 2월에는 멜버른과 시드니에서, 8월에는 퍼스에서 카렌족을 만났다. 호주 연구부터는 좀 특별했다. 내가 알던 난민들을 주로 만나기 시작했다. 멜버른에서는 맬라 난민촌에서 알고 지내던 난민과 재회했다. 그를 따라 카렌족 공동체 모임에 갔더니, 마치 맬라 난민촌에 다시 온 듯한 느낌이 들 정도로 익숙한 얼굴이 많았다. 시드니에서도 나를 이미 알고 있는 난민들이 제법 많았다. 퍼스에서는 매솟에서 현지조사할 때 내 연구보조원을 했던 난민을 다시 만났다. 그는 난민 중에서도 성공한 사례였다. 지질탐사 기사로서 고액의 연봉을 받으며 70여 평의 집에 살면서 중산층의 안락함을 누리고 있었다. 퍼스에서 연구하던 때부터 내 이동 방식도 변화를 겪었다. 이제는 자동차와 GPS를 활용하여 난민을 만나러 다녔다.

2018년 7월과 8월에는 노르웨이와 스웨덴으로 갔다. 오슬로에서 난민 가족과 며칠 지낸 뒤 자동차를 빌려 한 여름인데도 아직 눈이 남아 있는 고원을 넘고 아찔할 정도로 깊은 피오르를 지나서 맬라 난민촌에 머물 때 나를 많이 도와주었던 난민을 찾아 베르겐으로 이동했다. 그는 베르겐에서 맛집으로 유명한 스시집 사장이 되어 있었고, 그의 이층집 실내 장식은 여느 호텔 못지않게 고급스러웠다. 격세지감을 느끼며 그의 집에서 편히 쉬었고, 또 아름다운 베르겐 항구 근처에 자리한 그의 식당에서 스시 정찬을 대접받고 주변의 풍경도 즐기는 호사도 누렸다. 이후 스키 리조트가 자리한 비클러(Bykle)로 이동하여 난민 가족과 머물며 그 주변 지역인 홉던(Hovden) 등에 재정착한 난민들과 교류했다. 나의 여정은 계속 이어져 오슬로 남쪽 도시인 스피데베르그(Spydeberg)에 잠시 머문 뒤 스웨덴 국경을 넘어서 할스베리(Hallsberg)에 재정착한 난민집에서 머물렀다. 이후 스톡홀름을 거쳐서 스웨덴 카렌족 공동체 행사가 열리는 호포스(Hofors)로 향했다. 그곳에서 매솟에 살 때 가깝게 지내던 난민 가족과 감격의 재회를 했다. 그 일정을 마치고 나서 출발지였던 노르웨이 오슬로의 난민 집으로 자동차를 운전하여 돌아왔다. 장장 3천 킬로의 여정이었다.

2020년 한 해 동안은 대학에서 연구년을 갖게 되어 미국 노스캐롤라이나의 듀크대에 방문학자로 지내면서 캐리(Cary)라는 도시에 머물며 그 주변에 재정착한 난민 가족과 교류했다. 거기에서 맬라 난민촌에서부터 알고 지내던 한국인 후손 가족과 재회했다. 그 한국인은 제2차 세계대전 시기에 징용병으로 미얀마 전선에 참가한 뒤 패전 후에도 그대로 남아 카렌족 여성과 결혼하고 자녀를 두었다. 그 자녀 가족이 나중에 미얀마의 내전으로 난민이 되어 맬라 난민촌에 들어온 것이다. 2020년은 코로나가 기승을 부리던 때라서 주간(inter-state) 이동에 제약이 많이 따랐지만, 간간이 조지아주, 버지니아주 등에 거주하는 카렌족 난민을 만나러 다녔다. 2023년 10월에는 뉴욕 버팔로대학교 초청을 받아 난민 관련 학술행사에 참여한 계기에 그 지역에 재정착한 카렌족 공동체와 교류하는 기회를 얻기도 했다.

사진 1.1 맬라 난민촌 소풍(2000년 3월 16일) | 출처 | 저자

사진 1.2 맬라 난민촌 신학교 설립 기념행사(2024년 3월 16일) | 출처 | 저자

이렇듯 20세기 말에 태국 국경의 맬라 난민촌을 방문하며 시작된 나의 여정이 한국, 일본, 호주, 노르웨이, 스웨덴, 미국으로까지 이어졌다. 그야말로 난민 덕분에 그간 여러 나라를 가보는 행운을 누렸다. 그렇게 돌아다니며 나는 난민들이 개별 국가의 통합 정책에 어떠한 영향을 받는지 살펴볼 수 있었고, 개별 국가를 벗어나 초국적 연계를 발전시키며 또 다른 통합의 경로를 개척해 나가는 것을 확인할 수 있었다.

상상의 경계를 묻다

나는 카렌족의 초국적 연계와 통합의 경로를 다루며 우선 민족주의 논의에 개입하고자 한다. 민족주의 이론의 대표적인 학자인 베네딕트 앤더슨(Benedict Anderson)은 1983년에 발간한 『상상의 공동체: 민족주의의 기원과 전파에 대한 성찰』(*Imagined Communities: Reflections on the Origin and Spread of Nationalism*)에서 민족(nation)을 '상상의 정치 공동체'라고 정의한다(Anderson 1983, 15).[1] 아주 작은 국가라도 그 구성원이 서로를 모르고, 만난 적도, 들은 적도 없고, 오로지 그들 머릿속에 그 공동체의 이미지만 살아 있기 때문이다. 상상의 정치 공동체라는 말을 액면 그대로 들었을 때, 우리는 '상상'이라는 단어의 울림 탓에 여러 질문들을 던질 수 있다. 그중 대표적인 질문이 상상의 경계일 것이다. 상상의 끝은 어디인가? 내 머릿속에는 누구든 공동체의 일원이 되지 않을까? 상상의 속성인 확산성과 유연성 때문에 상상의 공동체의 한계를 묻게 되는 것이다. 앤더슨도 그 점을 의식했는지 그다음 쪽(1983, 16)에 그 어떤 민족도 인류 전체를 같은 민족이라 생각하지 않는다면서 "민족은 경계를 지닌 상상의 공동체"(the nation is imagined as limited)라고 수습하듯 정의를 내린다. '수습하듯'이라고 말하는 것은 왜 상상이 경계를 지녀야 하는 것인지, 그 '모순의' 조합을 명확히 해명하지 않기 때문이다. 물론 앤더슨은 인쇄 자본

1) 논의 전개상 원저 판본을 인용했다. 우리말로는 윤형숙 번역본(2002)과 서지원 번역본(2018)이 있다.

주의의 발달로 대중이 인쇄물을 같이 읽고 민족으로 성장해 나갔다고 밝히면서 '문자'가 상상과 경계 사이를 매개하는 역할에 주목하기는 했다. 그러나 이 문자 공동체 역시 그 한계를 설정하기가 무척이나 까다롭다. 한 국가의 경계 밖, 다시 말해 주권의 영역 밖에서 같은 문자를 읽고 공동체 의식을 자각하게 된 사람은 민족 구성원이 아니란 말인가.

앤더슨의 논의를 극복하거나 발전시키려는 학자들도 그 '모순의' 조합을 명확히 밝히지는 못하고 있다. 앤더슨은 1991년에 개정판을 내면서 서문에 '명민한'(brilliant) 젊은 학자 통차이 위니짜꾼(Thongchai Winichakul)의 1988년 시드니대학 박사학위 논문 "지도에서 태어난 시암: 시암의 지리체 역사"(Siam Mapped: A History of the Geo-Body of Siam)가 자기 책을 발전시키는 데 큰 영감을 주어 '센서스, 지도, 박물관'이라는 장을 추가했다고 밝혔다. 앤더슨의 상찬을 받은 통차이의 논문은 부제에서 시암(Siam)이 국가(Nation)로만 바뀐 채 1994년에 하와이대 출판부에서 단행본으로 간행된 이후 오늘날까지 태국학계나 동남아학계를 넘어서 세계적으로 민족주의 관련 학계에 큰 영감을 주고 있다.[2)]

통차이는 앤더슨의 한계를 극복하면서도 기본적으로 앤더슨의 틀에서 벗어나지 않는다. 우선 통차이가 어떤 점에서 앤더슨의 한계를 극복했는지 살펴보자. 앤더슨은 언어가 매개체로서 민족을 생성하고 발전시키는 수행성에 주로 관심을 두었으나, 통차이는 지도를 중심 매개체로 삼는다. 그리하여 통차이는 막막했던 앤더슨의 '상상'에 구체적인 형상/이미

2) 우리말 번역서 『지도에서 태어난 태국: 국가의 지리체 역사』(2019)는 내가 옮겼다.

지를 뚜렷하게 새겨놓았다. 사실 상상은 늘 이미지와 결부되기 마련인데, 앤더슨은 "오로지 그들 머릿속에 그 공동체의 이미지만 살아 있어서"(1983, 15) 상상의 공동체라고 말하며 이미지를 언급하기는 했지만, 그 구체적인 상을 명확히 밝히지 않았다. 그토록 중요하게 다루었던 언어를 이미지와 결부시키려 해도 그 상이 또렷이 드러나지 않는다. 통차이는 지리체(geo-body)라는 상으로써 상상의 공동체에 질감을 부여했다. 지도라는 표현물은 비단 머릿속에서뿐만 아니라 일상의 여러 생활 현장에서 민족을 시각적으로 드러내고 재현한다.

통차이는 더 나아가 앤더슨이 어렴풋하게 드러낸 매개물의 적극적 수행성을 본격적으로 밝혔다. 앤더슨에게서 언어 공동체의 탄생은 민족 공동체의 탄생과 맞물린다. 앤더슨의 전체적인 논조는 언어가 민족 공동체의 탄생에 결정적인 역할을 했다는 것이다. 그러나 앤더슨은 언어의 적극적·독립적 수행성을 이론적 논의에서 자세하게 파헤치지는 않는다. 통차이는 본격적으로 현실을 재현하는 매개체가 어떻게 역으로 현실을 창조하는지 밝혔다. 흔히들 지도는 현실을 모사하거나 재현하는 종속적인 기능을 수행한다고 여기는데, 통차이는 지도가 그러한 부수적인 역할 수행에 그치지 않고 하나의 생물체(그래서 몸이라는 단어가 들어간 지리체라는 말을 쓴다)가 되어 역으로 현실에서 민족의식을 강화하며 민족의 과거를 창조하기도 한다고 말한다. 예를 들자면, 시암이 영국과 프랑스의 식민 야욕을 피하면서 그들에게 양도한 영토를 잃어버린 신체로 시각화한 지도는 오늘날 우익의 민족주의 의식을 강화한다. 타이족이 지배했던 과거의 빛나는 영토를 시각화한 지도는 오늘날 사람의 욕망과 민족의식을 과거에 투영시킨다.

통차이가 제기한 매개물의 주동적 역할은 보드리야르(Baudrillard 1994)의 시뮬라크르(simulacre, 모사물) 및 하이퍼리얼리티(hyperreality, 파생 현실) 논의와 연결할 수 있다.[3] 보드리야르는 보르헤스 소설의 한 일화, 즉 어느 제국의 지도제작자가 왕의 명령을 받아 그 제국 영토와 똑같은 크기의 지도를 작성했는데 그 지도가 낡게 되자 그 제국도 멸망해 갔다는 일화를 소개하며 시뮬라크르가 현실의 영토를 재현하는 부차적인 역할에 그치지 않고 새로운 현실(하이퍼리얼리티)을 창조했고, 결국 파생 현실이 오히려 원 현실보다 앞서게 된 것을 설명한다. 혹자는 파생 현실을 거짓이나 비현실이라고 여길 수도 있겠다. 그러나 디즈니랜드나 에버랜드, 또는 트레드밀은 원 현실의 모사물이었지만, 생생한 감각을 느낄 수 있는 또 다른 '현실' 공간이 되었다. 보드리야르 논의를 앤더슨과 통차이의 민족주의 논의와 연결하면 민족은 언어와 지도가 매개한 파생 공동체(hyperreal community)이지만 가짜나 허구의 공동체가 아니라 자체의 독립성을 지닌 또 다른 현실의 공동체라고 할 수 있다. 이 점에서 앤더슨과 통차이는 신싸의 민족을 찾거나 정의하려는 이른 시기의 학자(Renan 1990[1882]; Geertz 1963)와 뚜렷하게 구분될 뿐만 아니라 민족을 허구라고 취급하는 듯한 학자(Gellner 1983)와도 구분된다.

통차이는 이처럼 지도를 전면에 내세우며 상상의 공동체에 또렷한 질

---

3) 내 논문(2014a)이 태국과 캄보디아 사이의 프레아 비헤아(Preah Vihear) 사원 영유권 분쟁을 통차이와 보드리야르를 관련시키며 논의한다.

감을 부여했다는 점, 매개물의 적극적 수행성을 밝혔다는 점, 파생 공동체와 파생 현실의 논의로 연결하는 징검다리를 마련했다는 점에서 앤더슨의 한계를 극복하면서도 앤더슨의 논의를 발전시켰다고 할 수 있다. 그러나 여전히 상상의 경계라는 모순의 조합을 해결하지 못하고 있으며 오히려 지도라는 뚜렷한 경계를 지닌 이미지를 전면에 내세우면서 그 모순성을 강화했다고 할 수 있다. 통차이가 등장하기 전까지는 상상의 공동체는 맺히는 상이 없어서 오히려 확산성과 유연성의 가능성을 어느 정도 내포하고 있었으나, 통차이의 지리체 이미지는 그 가능성을 차단해 버린다.

나는 상상의 경계라는 모순을 두 가지 방식으로 해소할 수 있다고 생각한다. 첫째의 방식은 상상도 질서 아래 있다는 점을 밝히는 것이다. 상상이 마구 펼쳐지는 것이 아니라 일정한 체계를 따른다는 것이다. 인간 정신의 원형 구조를 분석한 레비-스트로스(1996), 상상계의 구조를 밝힌 뒤랑(2007), 꿈과 무의식의 질서를 파헤친 프로이트(2014) 등을 따르면 인간 사고의 한 영역인 상상 역시 체계와 질서를 벗어날 수 없다. 상상의 공동체라고 하여 무차별적 공동체가 아니라 일정한 구조와 질서 아래 엮인 집단이다. 그렇기에 앤더슨이 설정한 상상의 경계가 애초부터 모순의 조합이 아니라 말할 수 있다. 의도하지 않았을지라도 앤더슨은 레비-스트로스와 뒤랑과 프로이트의 논의를 민족의 차원까지 넓혔으며 오히려 상상에 구조를 부여하거나 강요하는 국가라는 정치성의 문제를 끌어들였다고 평가할 수 있다. 첫 번째의 방식은 앤더슨을 긍정한다.

둘째의 방식은 그 조합에서 모순을 일으키는 요소를 제거하는 것이다.

나는 앤더슨이 민족(nation)을 설명한다면서 실제로는 민족-국가(nation-state)를 설명한다고 생각한다. 민족을 가리켜 상상의 공동체라고 하고, 국가(state)까지 포함하다 보니 그 테두리인 경계를 언급하게 된 것이라 보인다. 사실 민족과 국가는 서로가 아직 완전히 용해되지 않은 채 하이픈으로 어설프게 연결되어 있다. 하이픈 없는 nationstate가 사전에 정식 영단어로 등장하지 않는다. 그 둘 사이가 임시방편적인 관계라는 점을 방증한다. 그 조합에서 하이픈 뒤, 다시 말해 국가를 제거하면 민족주의에 대한 논의를 상상에 바탕을 두고 훨씬 더 넓게 전개할 수 있다. 사실 앤더슨은 국가를 이룩한 성공한 민족을 사례로 삼았기에 민족의 정의에 경계를 설정한 것으로 보인다. 그러나 민족주의는 그 정의상 지향성을 지닌 이념으로서 이미 국가건설에 성공한 민족뿐만 아니라 그것을 바라는 민족에게도 적용이 되어야 할 것이다. 후자는 경계를 갖지 않는 상상의 공동체지만 민족주의 논의의 정당한 대상이 될 수 있다. 이처럼 하이픈 뒤의 국가(state)를 제거하면 경계를 갖지 않은 민족들까지 포함하여 상상의 공동체론을 확장할 수 있다.

이 두 가지 방식을 통합하면 상상의 공동체는 체계를 갖고 있으나 그 체계가 반드시 국가 체계일 필요는 없다고 이해할 수 있다. 결국 상상의 공동체를 엮는 그 체계, 꼭 국가 체계일 필요가 없는 그 체계를 파악하는 것이 민족 이해의 핵심이라고 할 수 있다. 나는 미얀마 카렌족의 사례로써 그 체계를 파악하려고 한다. 카렌족은 그 공동체의 구성원들이 생활세계에서 얼굴을 맞대지 않고서도 같은 공동체에 속해 있다고 여긴다는 점에서 앤더슨이 말한 '상상의 공동체'에 해당하지만, 앤더슨이 의미하는 경계를 가진 상상의 공동체는 아니다. 다시 말해 국가가 없는 민족이다. 나는 국가 없는 민족인 카렌족이 어떤 체계 아래 서로 엮여 있는지를 밝히고자 한다.

초국적 네트워크, 초국적 몸

앞에서 제기한, 반드시 국가의 경계일 필요가 없는 상상의 공동체를 엮는 체계는 무엇일까? 이를 파악하기 위해서는 우선 '방법론적 일국주의'(벡 2000; Wimmer and Glick Schiller 2002)를 벗어나야 한다. 국가를 우리의 삶과 사고의 기본 단위로 설정하는 태도를 극복하며 세계시민주의 또는 아직 그 단어에 국가성을 품고는 있지만 초국주의 시각에서 상상의 공동체를 다루어야 한다. 1990년대 이래로 눈부시게 발달한 정보통신 기술은 국가의 경계를 넘나드는 사람과 자본과 정보의 흐름을 가속화하고 있어 더 이상 기존의 방법론적 일국주의로는 새로운 사회문화 현상을 설명할 수 없게 되었다. 실제로 1990년대 이래로 인류학자들(Glick Schiller et al. 1992)이 선도하며 초국주의 시각을 발전시키고 있다. 그러나 나는 초국주의 시각을 개진하는 학자들이 실제로는 '양국주의' 시각에서 문화 현상을 설명해 오고 있다고 생각한다. 글릭 쉴러 등(Glick Schiller et al. 1992, 1)은 '초국주의'를 정의하기를, 이민자들이 본국과 수용국 사이를 잇는 사회적 장을 건설해 나가는 과정이라고 한다. 이들은 방법론적 일국주의 시각에서 벗어났지만, 완전한 의미의 초국주의를 발전시키지는 못하고 본국과 수용국 사이의 회로에만 경도된 방법론적 양국주의 시각에 머물고 있다. 이러한 시각은 이민자들이 제3의 공간으로 이동하는 경로와 그 결과로서 확장되는 초국적 장을 제대로 포착하지 못한다. 글릭 쉴러 등은 비교적 안정적인 이민자들을 사례로 삼았기에 양국주의 시각에 머물렀던 것 같다. 그러나 난민의 이동 경로는 반드시 양국주의 회로에 머물지 않는다. 카렌족의 초국주의 상상은 태국과 미얀마의 회로를 벗어나 여러 곳으로 뻗어나간다. 양국주의 시각을 넘어서야 이들의 이동성과 확장된 초국주의를 파악할 수 있다.

나는 네트워크라는 개념을 도입하여 양국주의 시각을 극복하고 난민들의 초국주의를 이해하고자 한다. 우선 네트워크를 정의하자면, '상호 연관된 결절의 집합'이라고 할 수 있다(카스텔 2003, 606). 카스텔(2003, 536)은 네트워크 사회가 자본, 정보, 기술, 상호작용, 이미지, 소리, 상징의 흐름(flow)들로 구성되어 있다고 한다. 다시 말해 흐름 또는 이동성(mobility)이 사회를 불안정하게 하는 것이 아니라 오히려 사회를 엮는다는(네트워크화한다는) 것이다. 이러한 이해는 국경 사회를 연구한 알바레즈(Alvarez 1984)의 주장과도 일치한다. 알바레즈(1984, 121-122)는 사람들의 이동성이 사회를 생명력 있게 만드는 '피'와 같다고 했다. 나(Lee 2023, 19-24) 역시 그 이동성이 국가의 눈에 '불법'일지라도 사회를 유지하는 '정당한' 기능을 하고 있다고 밝혔다. 알바레즈가 언급한 피는 민족 또는 상상의 공동체를 선명하게 이해할 수 있도록 해주는 은유다. 혈관은 망/네트워크라고 할 수 있으며, 피는 그 네트워크 사이를 흐르며 몸으로서 민족을 살아 숨 쉬게 한다. 피가 흐르지 않으면 그 몸은 죽는다. 흐름/이동성이 생명을 유지하는 것이다. 여기저기 흩어진 카렌족이 네트워크를 유지하며 몸으로서 민족의 생명을 이어나가는 것은 이러한 흐름들에 바탕을 두고 있기 때문이다.

카스텔(2003, 537-541)은 네트워크의 층위를 분석하며, 첫 번째 층위는 전자 충격 회로, 두 번째 층위는 결절과 허브, 세 번째 층위는 지배적인 관리 엘리트의 공간으로 구성되어 있다고 하고 있다. 이를 다시 앞 문단의 피와 몸이라는 은유와 연결하여 이해한다면, 전자 충격 회로는 혈관, 결절과 허브는 심장, 관리 엘리트는 두뇌라 할 수 있다. 네트워크는 평면적·수평적으로 구성되어 있지 않고, 혈관과 심장과 두뇌라는 입체적인 층위로 구성된다. 몸의 곳곳에 퍼진 망(혈관)에 피를 순환시키는 허브의 역할을 심장이 담당하고 결국 그것은 두뇌의 영향을 받는다. 네트워크 공동체로서 카렌족 역시 이런 관점에서 이해할 수 있다. 세계 여러 곳에 흩어진 카렌족을 엮는 일차적 층위인 정보통신망(인터넷), 그 초국적 네트워크에서 결절과 허브를 담당하는 이차적 층위인 태국과 미얀마의 국경지역, 그 네트워크를 운영해 가는 관리 엘리트로서 두뇌의 역할을 하는 삼차적 층위인 카렌족 정치 지도자들, 이렇게 카렌족 네트워크는 세 개의 층위로 구성되어 있다.

나는 몸과도 같은 그 네트워크에서 심장의 역할, 다시 말해 피를 모으고 뿌리는 역할을 하는 결절과 허브의 공간, 그리고 그것을 관리해 나가는 주도자에 주목하고자 한다. 앞서 그 역할을 태국과 미얀마의 국경지역이 담당하고 있다고 했다. 그 지역의 주요한 난민촌과 도시들은 이제 세계 곳곳에 흩어진 카렌족을 결집하여 몸으로서 카렌족이 살아 있음을 증명하는 역할을 담당하고 있다. 통상적 국가 체계에서 국경이 분리와 차별의 상징이었다면 초국적 네트워크에서 국경은 이곳과 저곳을 잇는 노드(node)로서 역할을 한다. 그 네트워크를 관리하고 발전시켜 나가는 주체는 기독교 카렌족 엘리트들이다. 해외 거주 카렌족은 교회 네트워크로 연결되어 있으며, 그들은 '그리스도의 몸'으로서 각기 다른 신체 기능을 담당하고 있다. 그 심장과 두뇌의 활동으로 신진대사가 활발해지고 몸집을 키우고 약한 신체 기관을 개발하기도 한다. 그렇게 네트워크를 키워 지금까지 비교적 약했던 일본과 한국의 카렌족까지 그 몸의 일부로서 키우고 발전시키기에 이르렀다.

국가, 재정착 난민, 또 다른 경로의 통합

나는 카렌족의 초국적 네트워크가 무중력 상태에서 작동된다고 보지 않는다. 국가의 통치성과 마주하며 연계를 만들어 가고 있다. 해외에 거주하는 카렌족 대부분은 태국 국경지대 난민촌에서 거주하다가 미국, 호주, 캐나다, 노르웨이, 스웨덴, 일본, 한국 등 주로 선진국들이 추진하는 제3국 재정착 제도의 혜택을 받아 해당 국가로 옮겨갔다. 재정착 제도는 유엔난민기구가 글로벌 난민 사태를 해결하는 하나의 방안으로서 추진하는 범인류 차원의 인도주의 모색이라고 할 수도 있겠다. 그러나 수용국은 저마다 통합 프로그램을 운영하며 난민들을 '바람직한' 시민으로 주조하려고 한다. 머프티(Muftee 2015)가 비판한 대로 재정착 난민 수용은 난민들을 새로운 주체로 만들려는 포스트식민주의 작업의 일환일 수 있다.

국가마다 그 작업 유형은 다르게 나타난다. 재정착 난민 제도를 각각 비교적 최근인 2015년과 2010년에 매년 30여 명 규모로 시작한 한국과 일본은 국가가 전면적으로 나서서 6~9개월 동안 500시간 이상의 수용국 언어 교육을 시키는 등 초기 고강도 적응 프로그램을 운영한다(이호택 외 2016). 그 수가 적다 보니 이들의 생활 하나하나 규제하고 수용국 사회의 관민관계의 예법, 즉 관의 지시에 따르는 민의 품행을 훈육한다. 그러면서도 일자리와 주거를 알선하는 등 전방위적으로 이들을 돌보아 나간다. 한국에서는 재정착 난민의 수용부터 초기 적응 프로그램, 지역사회 정착에 이르기까지 법무부가 관여한다. 대부분의 국가에서는 재정착 난민의 입국까지는 그러할지라도 그 이후에는 통상 사회복지 관련 부처에서 담당한다. 한국에서는 도착 이후에도 난민의 '생활'의 문제가 여전히 '법'의 문제이다. 일본은 도착 이후의 과정에 외무성 산하 기관이 관여하기에 표면상은 두드러지지 않을지라도 재정착 난민의 생활 전반을 규율하려는 것은 마찬가지이다. 이 두 국가 모두 재정착 난민 입국 초기에 강력하게 통제하려고 한다. 전인미답의 길을 가기에 조심스럽고 또 난민 수용에 부정적인 국내 여론에도 대응해야 한다. 관련 부처나 지자체의 협조체계도 제대로 구축되지 않았다. 여기에 특유의 동아시아 관민관계가 작동된다. 국가는 가부장처럼 재정착 난민의 출입을 단속하고 종족 공동체 등 다른 당사자들과의 연계를 통제한다.

한 해에 1만 명 이상을 수용하는 미국과 호주에서는 동아시아 사례처럼 (연방)정부가 나서서 일일이 재정착 난민의 도착과 정착을 챙길 수 없다. 정부는 재정착 난민의 수용 규모를 정하고 그에 따른 예산을 책정하여 엔지오와 해당 지방(주)에 할당한다. 입국 과정에서부터 엔지오가 관여하고, 해당 지방(주)은 나름대로 엔지오와 계약을 맺어 재정착 난민의 정착을 지원한다. 일종의 민관협력 체계가 도착부터 적응 과정 내내 작동된다. 한국 사례처럼 외딴곳에 모아놓고 합숙훈련을 시키지 않고 처음부터 지역사회에 들어가서 적응 프로그램을 이수하게 하고 일자리도 구할 수 있도록 한다. 정부는 직접 나서지 않지만 예산과 성과 측정을 통해 재정착 과정을 관리해 나간다. 이때 재정착 난민의 취업률 등이 중요한 측정 기준이 된다. 재정착 난민 당사자로서는 정부는 직접 마주하지는 않지만 신자유주의 민관협력 체계 미로 속에서 숫자로 표시되어 노동 참여와 자립의 압박을 받는다(Darrow 2018).

노르웨이 등 북유럽 국가에서는 중앙정부와 지방정부의 협력체계 아래 수용과 정착 과정이 이루어진다. 중앙정부가 지방정부에 예산을 할당하는 것은 미국과 호주에 유사하지만 지방정부가 당사자로서 재정착 난민의 적응에 관여하고 엔지오는 주로 자발적으로 협력하는 경우가 많다. 북유럽 특유의 복지국가에 걸맞게 요람부터 무덤까지 세세하게 개인에게 맞춤 서비스를 제공한다. 다문화주의를 넘어서 난민의 권리와 참여를 강조하는 쌍방향의 통합(integration)을 내세운다. 그러나 난민은 그 사회의 통념으로 자리 잡은 의무를 게을리해서는 안 된다. 복지국가는 시민들의 노동 참여와 세금 부담으로 이룩되고 유지되는 것이다. 누구나 복지혜택을 받을 수 있지만 그러기 위해서는 일을 해서 이바지해야 한다는 엄격한 세계관이 난민을 짓누른다(Gullestad 2002).

이렇듯 재정착 난민은 수용국 저마다의 독특한 통치구조와 정책 환경 및 사회의 통념에 큰 영향을 받으며 새롭게 삶을 시작한다. 방식과 절차가 다를 뿐 수용국 저마다 바람직한 인간상을 주조해 내려는 목표는 같다. 곧 하루라도 빨리 자립하여 수용국에 부담을 지우지 않고 오히려 국가와 사회에 이바지하는 모범 시민을 만들어 내는 것이다. 이를 위한 맞춤 프로그램을 처음부터 운영하고, 고용이 중심이 되는 통합의 틀을 정교하게 계발한다. 그러나 재정착 난민들은 국가가 의도한 대로, 마치 거푸집에서 쇠붙이 나오듯이, 만들어지지 않는다. 국가는 두 가지 점에서 오류를 범하거나 한계를 가진다. 첫째, 취업률을 비롯하여 국가의 측정 기준은 온통 개인에 맞추어져 있다. 국가의 기준에 이르지 못한 자를 돌보며 삶을 가능케 하는 종족 공동체의 상호부조를 보지 못한다. 둘째, 국가가 상정하는 통합의 장이 국내에만 머물고 있다. 재정착 난민의 통합의 장은 초국적 차원에서 이루어지고 있다. 그 초국적 네트워크를 통해 일자리와 주거 정보가 교환되어 추가 이주를 단행하기도 하고 송금이 이루어지기도 한다. 특정 국가의 동족 공동체가 아직 자리를 서지 않았으면 다른 국가의 동족 공동체가 지원을 한다. 이렇듯 공동체와 초국주의에 힘입어 재정착 난민은 한국, 일본, 호주, 노르웨이, 미국의 포스트식민주의 인구 통치의 그물망을 헤쳐 나가며 또 다른 경로의 통합을 이루어 나간다.

책의 구성

연구 대상과 과정, 그리고 개괄적인 이론을 소개한 본 장에 이어서 2장에서는 역사적인 배경을 다룬다. 카렌족은 19세기에 걸쳐서 서구 기독교 선교사들의 영향을 받아 민족의식을 자각하고 상상의 정치 공동체로 성장해 나갔다. 1940년대 후반에 미얀마가 독립을 맞이하려는 시점에서 카렌족만의 국가를 세우려는 뜻이 좌절되자 1949년 1월에 반란 운동을 시작했다. 1980년대까지 미얀마 동부 국경을 장악하며 국제적인 인정을 받지는 못했지만 유사 국가 체계를 운영했다. 1990년대에 카렌족은 미얀마 정부군에 패해 태국 난민촌에 살게 되면서 역설적으로 네트워크 공동체로 성장했다. 2000년 중반에 카렌족 난민이 대규모로 해외에 재정착되면서 초국적 네트워크가 확장되고 활발해졌다. 그 네트워크의 물적 토대는 정보통신 기술과 인터넷망이고, 결절과 허브의 공간은 매솟 등 국경지대이며, 관리 엘리트는 국경지대 정치 지도자와 호주 등에 재정착한 기독교인 지도자라는 것을 2장에서 밝힌다.

3장은 한국의 카렌족 사례를 주요 인물을 중심으로 다룬다. 이들은 1990년대 중반에 들어오기 시작하여 다른 미얀마인들과 연대하며 '비슷한 길'을 갔다. 2000년 들어서 초국적 자극에 힘입어 카렌족은 독자적인 길을 모색하며 2005년에 카렌족 공동체가 결성되었고, 2000년대 후반부에 이르면 난민성을 표방했다. 재정착 난민 제도는 카렌족 공동체의 난민성과 초국가성을 강화하는 계기가 되었다. 초국가성, 난민성, 고유성에 기반을 두고 카렌족이 독자적인 길을 구축해 왔으나 한국 정부의 재정착 난민의 통제, 카렌족 내부의 혼종성과 마주해야 한다. 카렌족이 그러한 한계 속에서도 주체적인 길을 걷는다는 점을 3장에서 강조한다.

4장은 일본의 카렌족 재정착 난민 사례를 다룬다. 일본은 2010년 아시아 국가 최초로 재정착 난민 제도를 시작했으나 종족 공동체 등 관련 당사자와 협력하지 않은 채 독단적으로 그 제도를 시행하면서 난민들을 곤경에 빠뜨렸다. 이것이 계기가 되어 기존 종족 공동체가 언어와 문화에 바탕을 둔 친밀성을 활용하여 동족의 정착 과정에 개입하며 정당한 당사자로서 역할을 한다. 나아가 종족 공동체는 재정착 난민에 대해서 사목적 돌봄을 행한다. 그 돌봄이 카렌족에게 머물지 않고 일본 내 미얀마 난민들의 복지와 본국의 민주주의를 위한 초국적 연대로 나아가고 있음을 4장은 드러낸다.

5장은 호주에 재정착한 카렌족 난민의 통합에 대해서 다룬다. 호주 정부는 난민의 유입 규모를 관리하고, 통합을 표방하지만, 난민들의 개별성과 고유성을 삭제하며 현지 사회에 빠르게 동화될 수 있도록 정착 지원 프로그램을 운영한다. 난민은 호주에 오기 전 제한된 환경 속에서도 지식과 기술을 습득하고, 초국적 이동성을 실천하며, 미래의 호주를 욕망한다. 이들은 호주에 재정착돼 정착 지원 프로그램의 혜택을 받으면서도 과거와 미래, 호주와 미얀마를 동시에 품는 시공간 전략 속에서 직업을 구하고, 종교와 종족 공동체를 생계 추구의 중요한 수단으로 삼는다. 종족 공동체는 사회적 연계의 역할을 적극적으로 수행하고, 초국적 연계를 통해 난민들의 통합에 개입한다. 재정착 난민이 통합지원 프로그램의 단순한 대상자가 아니라, 국가가 만들어 놓은 장에서, 국가를 이용하여, 또 다른 경로의 통합을 구축해 나가는 주체적 당사자인 것을 5장은 밝힌다.

6장은 노르웨이에 재정착한 미얀마 카렌족 난민을 사례로 삼아 재정착 난민의 통합과 모빌리티를 다룬다. 복지국가라는 노르웨이는 난민들이 적극적으로 노동시장에 참여하여 자립하는 것을 목표로 재정착 프로그램을 운영한다. 고용은 복지국가를 지탱하는 수단이므로 국가 차원에서 고용률을 높이려는 시도를 다각적으로 전개한다. 국가는 자립한 난민은 성공 사례로, 그렇지 않은 난민은 문제 사례로 취급한다. 6장은 국가의 시선을 극복하며 재정착 난민의 통합이 일국 차원에 한정되는 것이 아니라 모빌리티의 회복과 강화에 힘입어 초국적 장에서 이루어진다는 것을 드러낸다. 노르웨이 등 유럽에 재정착 카렌족은 모빌리티 실천을 통하여 유럽이라는 공간을 사회생활의 장으로 삼고, 호혜성에 바탕을 둔 네트워크 자본을 활용하며 국가가 훈육하고 관리하는 노동 참여 중심의 통합을 넘어서는, 대안의 통합을 이루어 나가고 있음을 6장은 드러낸다.

7장은 미국의 난민 수용 제도와 미얀마 카렌족 난민의 삼각 초국주의 실천을 다룬다. 미국은 계산된 친절의 원리에 바탕을 두고 난민을 수용하고 있으며 민관협력 체계 아래에서 엔지오가 국가를 대리하여 난민들의 적응 과정에 개입한다. 난민들은 경제적 자립과 미래로 향하는 새로운 주체 만들기 작업에 압박받지만 공동체와 기억에 바탕을 둔 초국적 관계를 통해 미국 사회에 적응해 나간다. 본국과 거주국, 한국(인)까지 포함된 삼각의 초국적 관계가 난민들에게 정서의 안정을 제공할 뿐만 아니라 미국 사회의 인종질서를 헤쳐 나가는 데 출구를 제공한다. 한국계가 마련한 교육의 장에서 이루어지는 소수자-소수자 연대는 기존 질서의 틈을 파고들며 확장해 내는 공생의 영역이다. 7장은 카렌족이 그 공생의 영역에서 난민촌, 한국, 미국이 연계된 초국적 생활세계를 구축하며 미국을 넘어서는 삶을 추구해 나가고 있음을 밝힌다.

8장은 결론 장으로서 흩어진 난민들이 맬라 난민촌에 돌아와 기념행사에 참여하는 장면을 다루며 과거와 현재의 난민의 삶을 비교한다. 재정착 제도의 시행으로 난민 공동체가 위기를 겪고, 재정착 난민 당사자도 수용국 사회에 적응하는 데 어려움을 겪지만, 초국적 연대와 환대에 힘입어 경계를 넘나드는 생활세계를 만들어 가며 난관을 극복하고 있다는 것을 다시금 밝힌다. 아울러 그간의 연구 역정도 되돌아보며 이들의 삶의 변화를 기록하는 증인으로서 연구자의 위치를 되새긴다.

제2장

종족에서 민족으로, 민족에서 초국적 공동체로:

카렌족 공동체의 역사적 전개

역사 속 등장

카렌족의 구술 전통과 미얀마 버강(Bagan) 왕조 시기(9~11세기) 비문에 따르면 카렌족은 오늘날의 미얀마와 태국에 서기 8세기 이전에 들어온 것으로 추정되지만, 18세기 중반 이후에야 본격적으로 역사서에 등장하기 시작한다(Renard 1980, v). 특히 미얀마 왕조의 세수 보고서에 카렌족이 등장한 것으로 보아 이때 카렌족이 하나의 종족 집단으로서 규모를 갖추기 시작했다고 볼 수 있으며, 또한 종족 의식이 이때부터 두드러지기 시작했다고 할 수 있다(김인아 2012, 155). 왜 하필 18세기 중반에 카렌족이 중요한 종족 집단으로 등장하게 되었을까? 당시 버마족 왕조는 하부 미얀마에서 반란을 일으킨 몬족과 겨루고 이웃한 시암과도 치열한 전투를 벌이고 있던 터였다. 따라서 용병이 필요했고 부역과 세금을 바칠 인원이 필요하여 '싯땅'(sittang)이라는 세수 자원 보고서에 가능한 한 모든 사람을 등록시키고자 했다. 전투가 벌어지고 있는 지역에 다수 거주했던 카렌족에게 버마족 왕조의 눈길이 특별히 갔던 것은 당연하다. 스콧(2010; 2015)이 언급한 것처럼 국가는 신민들을 '눈에 보이게'(legible) 하여 최대한 뽑아먹고자 했다.

나는 '카렌족'이라는 종족 명칭이 본격적으로 등장한 '그 시기'를 예사롭게 보지 않는다. 물론 그 이전에도 카렌족이라는 종족 명이 있었겠지만, 그리 중요한 범주가 아니라서 역사 기록에 전면적으로 등장하지 않았다. 18세기 중엽이라는 시기는 미얀마의 역사에서 전근대의 끝자락에 해당하는 때이다. 영국이 1820년대 초반에 미얀마 하부 지역을 장악하며 식민지 경영을 하던 때를 근대의 시작이라고 할 수 있다. 식민 통치가 시작되면서 종족성이 계발되었다는 것은 많은 학자들의 일치된 견해이다(박장식 1993; 1995; Keyes 1977; Rajah 1990). 나도 이러한 견해에 기본적으로 동의하지만, 종족성이 식민 통치 시기에 갑자기 생긴 것이 아니라 이미 내재적으로 종족을 구분하는 범주가 늦어도 18세기 중엽에 등장했다고 할 수 있다.

그럼 18세기 중엽 이전에는 종족성이 아예 존재하지 않았을까? 전근대 시기에도 물론 피부색, 언어, 의복 따위를 요소로 삼아 우리와 그들을 가르는 종족 범주화가 없었던 것은 아니다. 예를 들어 몬족은 앞뒤 머리를 깎는 스타일로, 버마족은 머리를 길러 상투를 틀며 다리에 문신을 새기는 스타일로 우리와 그들을 구분했다. 그러한 종족 범주가 있었지만, 사람들은 그 사이를 횡단하며 유동적인 정체성을 갖고 있었다. 일례로 16세기 버고(Bago)에 중심을 두었던 버마족의 따웅우(Taungoo) 왕조 왕이었던 타빈쉐디(Tabinshwehti)는 몬족의 머리 스타일을 하며 몬족처럼 행동하기도 했다. 버고가 몬족이 다수 거주했던 지역이었고, 몬족 왕이 버고를 통치할 것이라는 예언에 맞추기 위해서였다(Lieberman 1978, 457).

전근대 시기에서 종족성이 두드러지지 않았던 이유는 세계관과 정치적 권력 획득 기반이 근대와 달랐기 때문이다(Wolters 1999). 국가 사이의 경계가 불투명하거나 아예 없었던 전근대 세계에서 사람들이 국가에 바치는 충성은 없거나 약하거나 변했다. 이러한 세계에서는 종족적 특성이 아니라 권력관계가 사람들의 정체성 형성에 큰 영향을 끼쳤다. 다시 말해 후원자-추종자(patron-client) 관계가 전근대 사람들의 정체성 형성의 기본 원리였다. 또한 불교가 전근대 시기에 지배층에서 일반 백성에 이르기까지 사회의 중심 원리로서 정체성 구성에 큰 영향을 끼쳤다. 지배층은 담마(dhamma, 불법)를 실천하며 통치의 정당성을 확보하려 했고, 일반인들은 일상의 삶에서 불교를 통과의례와 인간관계의 중심 규범으로 삼았다. 왕조와 지배자가 다른 종족으로 바뀔지언정 이러한 지배 원리와 생활 규범으로서 불교는 줄곧 이어져 내려왔다.

그러나 18세기 중엽에 그러한 전근대 정체성 구성 원리에 조금씩 균열이 발생했고, 종족성이 정치적 자원이자 대항의 논리로 활용되기 시작했다. 1750년대부터 1820년대까지 앞서 언급했듯이 하부 미얀마는 반란과 전쟁과 탈주의 소용돌이에 휩싸였다. 당시 버마족 왕조는 몬족의 반란을 장악하면서, 그리고 시암과 전쟁을 치르면서 하부 미얀마에 거주했던 카렌족을 용병과 정탐꾼과 짐꾼으로 동원했다. 고난과 역경 속에 핍절한 삶을 살았던 카렌족은 이 지긋지긋한 고난과 역경에서 벗어나기를 원했고, 일부는 반란에 가담하기도 하고, 일부는 깊은 산속이나 이웃한 시암으로

도주하기도 했다. 해방을 갈구하는 내러티브가 신화의 형태로 카렌족 사이에서 퍼져나갔다. 그러한 신화는 바바(2002)와 스피박(Spivak 2009)이 언급하듯이 공동체 의식을 창조하는 데 결정적인 역할을 했다. 그렇게 한 종족 공동체로 성장해 가며 버마족 왕조에 대항하는 반란 운동에 가담하기도 하고 도주하기도 했다(Keyes 1979, 34-35; Renard 1980, 15).

식민 통치와 신화의 성취 그리고 민족주의 운동

하부 미얀마의 혼란은 영국이 미얀마와 제1차 전쟁(1824~26년)에서 승리한 뒤 그 지역을 여카잉 지역과 더불어 식민지로 지배하면서 잦아들었다. 주류종족인 버마족의 반란에 어려움을 겪었던 영국은 소수종족, 특히 카렌족을 용병과 행정관료로 활용하며 식민화 작업을 수행해 나갔다. 하부 미얀마가 영국의 식민지가 되자 미국 선교사들이 이곳에 들어와 카렌족을 대상으로 개종 활동을 했다. 선교사들은 카렌족의 신화와 성경의 내용이 유사하다는 사실을 알고 놀랐다. 한 예를 들어보자.

> 유와(Yuwah)가 인간을 창조한 뒤에 지식과 부 그리고 능력의 비밀이 담긴 황금책을 카렌족에게 맡겨 두었다. 그러나 카렌족은 화전경작에 정신이 팔려 그것을 가지러 오지 못했다. 따라서 그 책이 그의 동생인 백인 형제들에게 맡겨졌다. 이후에 백인 형제는 충실하게 유와를 위해 배를 제작하여 유와를 바다 건너로 옮겨 주었고, 그리하여 유와는 천국으로 올라갔다. 황금

책을 잃게 된 카렌족은 그 결과 가난에 처하게 되고 정치적으로도 힘이 없게 되었다. 훗날 백인 형제가 그 책을 갖고 유와와 함께 되돌아올 때 카렌족은 부유해지고 강성해질 것이다(Hinton 1979, 90; Stern 1968, 303을 조합).

선교사들은 카렌족 창조주인 유와를 히브리 창조주인 야웨(Yaweh)로, 황금책을 성경으로, 백인 형제를 자신들로 동일시했다. 카렌족 역시 미국인 선교사를 그토록 갈망했던 백인 형제의 현현이라고 여기면서 대규모로 기독교로 개종하게 된다. 이제 카렌족의 종족 의식은 기독교와 깊게 결부되었다.

1832년에 조너선 웨이드(Jonathan Wade) 선교사가 카렌어 문자를 제정하면서, 카렌족은 활자에 기반을 둔 종족 공동체로 본격적으로 성장해 나갔다. 1841년에는 미얀마뿐 아니라 동남아에서 제일 오래된 현지어 신문인 '모닝스타'(*The Morning Star*)가 간행되었으며, 1853년에는 카렌어로 성경이 번역되었다. 또한 카렌어를 가르치는 근대 교육 기관도 설립되었다(Marshall 1997[1922], 300-310; Rajah 2002, 526; Smith 1999, 44). 근대 교육을 받은 기독교 카렌족은 영국으로부터 더욱더 특별한 대우를 받아 고급장교와 고위 행정관료로 성장해 나갔다(Furnivall 1956, 184). 카렌족의 정치적·사회적 위상은 그 이전과 비교할 수 없을 정도로 높아졌다. 그에 견줘 버마족의 위상은 추락했고, 당연히 식민 당국과 카렌족에 품는 원한도 커졌다.

식민 통치를 겪으며 종족 범주가 제도화되고 문서에 기록되기에 이른다. 1872년 영국은 처음으로 센서스를 수행하며 산악민과 평지민을 나누고 카렌족을 오늘날 미얀마에 이른 시기에 이주해 온 산악민 집단 중 하나라고 보았다. 미국인 선교사가 카렌족을 성서와 연결하며 이주의 역사를 구성한 것이 영국 식민 당국에 의해 이제는 사실로서 굳어졌다. 그러나 이러한 센서스에 카렌족이 불만이 없었던 것은 아니다. 식민 당국이 불교도 카렌족을 버마족으로 분류하여 카렌족의 인구를 축소했다는 것에 불만을 품었다(Gravers 1996, 248-249). 이것은 카렌족의 현실을 시사하기도 한다. 평지에서 버마족과 어울려 살아가는 카렌족 중에는 불교도가 많고 버마어를 주로 구사하므로 이들을 카렌족의 범주에 포함하기가 어려웠다.

그 경계가 모호했지만, 카렌족이라는 종족 범주는 공식화·제도화되어 갔고, 여기에 기반을 둔 조직체가 결성되었다. 1881년 카렌족 내부의 언어·종교·지역의 차이를 넘으려는 최초의 범카렌족 기구인 '카렌민족협회'(KNA, Karen National Association)가 결성되었다(Rajah 2002, 527). KNA는 처음에는 정치조직을 표방하지 않았다. 다시 말해 아직 자체의 민족국가를 열망하는 꿈을 꾸진 않았다. 그러나 버마족의 민족주의 운동이 커나가자 KNA도 점점 정치적인 주장을 내세웠다. 버마족 민족주의자들은 1906년 '청년불교연합'(YMBA, Young Men's Buddhist Association)을 결성하고 1917년에는 미얀마를 인도에서 분리할 것을 요구하는 대표단을 콜카타 식민 당국에 파견하고 1920년에는 선거를 거부하는 행동을 전개했다(Smith 1999, 49-51). 버마족 민족주의자들의 독립 국가에 대한 열망이 커가자 카렌족은 이것에 자극받고 자기들도 카렌족만의 국가를 꿈꾸기 시작했다. 카렌족의 아버지라고 일컫는 산시포(San C. Po)는

1928년에 발간한 저서인 『버마와 카렌』(*Burma and the Karens*)에서, "'카렌국,' 이 얼마나 가슴 설레는 말인가! 이 얼마나 카렌인의 마음속에 상상과 웅장한 감정과 아름다운 미래에 대한 비전을 불러일으키는 말인가!"(San C. Po 1928, 81)라며 절절히 '독립 카렌국'에 대한 열망을 쏟아냈다.

카렌족과 버마족은 다른 상상을 하며 다른 국가를 꿈꾸어 나갔으며 둘 사이의 갈등도 커져갔다. 1930~1932년에 불교도 버마족 승려인 사야산(Saya San)이 주도하는 반식민 무장투쟁이 발생했을 때, 카렌족은 영국에 협력하여 이 반란을 진압했다(Aung-Thwin 2011; Cady 1958, 317). 제2차 세계대전 중 일본이 미얀마를 점령하던 시기(1942~1945년)에 당시 일본 편에 섰던 버마족 민족주의자들은 영국 식민정부에 협력했던 카렌족을 무참히 학살했다. 400여 개의 카렌족 마을들이 전소되고 1,800여 명의 카렌족이 버마족에 의해 목숨을 잃었다(Naw 2001, 104-105). 버마족 민족주의자들은 나중에는 일본이 버마 독립에 대한 모호한 태도를 보이자 1944년 8월에 '반파시스트 인민자유연맹'(Anti-Fascist People's Freedom League)을 결성하여 이제는 영국과 손을 잡고 일본에 대항했고 드디어 1945년 8월에 승리의 주역으로 등장한다(Naw 2001, 108-137).

아웅산 등 버마족 민족주의 세력은 영국 정부를 비롯해 여러 소수종족 조직과 미얀마의 독립 문제를 협상하는 주도 세력이 되었다. 카렌족은 영국에 충성을 바쳤던 만큼 영국이 그들에게 별도의 국가라는 선물을 줄 것이라 기대했다. 버마족 민족주의자들에게도 별도의 카렌족 국가를 건설하겠다는 주장을 강력히 개진했다. 이때 식민 시기 센서스에서처럼 카렌족의 모호한 경계가 다시금 문제가 되었다. 카렌족은 에야워디 델타와 태국과 국경을 접하는 동부 지역 등을 카렌국에 편입시켜 달라고 요구했다. 그러나 에야워디 델타에서는 카렌족은 버마족에게 동화되어 따로 구분하기가 쉽지 않아 영국에게나 버마족에게나 그것은 무리한 요구였다(Smith 1999, 87).

상황이 불리하게 돌아가자 카렌족은 1946년에 런던에 친선사절단을 파견하여 영국 정치인들에게 애타게 호소했다. 그러나 그 뜻이 받아들여지지 않았다. 이에 카렌족은 스스로 역량을 키울 결심을 하고 1947년 2월 기존의 KNA에 청년·종교 단체들을 포함하여 본격적인 정치조직인 '카렌민족연합'(KNU, Karen National Union)을 결성하고 군대도 그 아래 두었다. 1948년 1월 4일, 미얀마가 영국으로부터 독립했지만, 그것은 곧 반란의 전조였다. KNU는 1949년 1월 30일 드디어 미얀마 정부에 맞서며 무장투쟁에 돌입하고 그해 5월 20일에 기쁘고, 풍요롭고, 평화로운 나라라는 뜻을 가진 '꼬뚤레'(Kawthoolei)라는 독립 카렌국이 설립되었음을 세계에 선포했다(Harriden 2002, 112-113; Smith 1994, 44).

반란 운동 초기에 KNU는 양곤 인근과 에야워디 델타를 점령하며 성공을 거두는 듯했지만 전열을 정비한 미얀마 정부군의 반격으로 퇴각해야 했다(Smith 1999, 137-154). 점차 점령지를 잃고 결국에는 태국과 인접한 동부 지역으로 꼬뚤레의 근거지를 옮겼다. 거기에서 1980년대 말까지 KNU는 국제적인 인정을 받지 못했지만 준국가체제를 운영했다. 400 마일에 이르는 국경을 따라 '해방구'를 건립하고 학교와 병원을 운영했고, 블랙마켓[4]과 국경무역에서 세금을 거두어들이고, 무기를 사들여 군사력을 키웠다.

이 시기에 미얀마의 경계와 꼬뚤레의 경계는 확실치 않았다. 대대적인 공격이 가능한 건기(11~4월) 때는 미얀마 정부군이 꼬뚤레의 영토를 침범해 들어왔으나 땅이 질퍽해져 이동하기가 어려운 우기(5~10월) 때는 꼬뚤레의 영토가 회복되거나 넓어졌다. 미얀마나 꼬뚤레나 근대국가를 꿈꾸었으나 여전히 경계는 확실하지 않았고 계절에 따라 달라졌다. 라자(Rajah 1990, 122-123)는 미얀마와 꼬뚤레를 가리켜 '전통' 국가의 일종이라고 본다. 근대국가의 필수 요소인 확실한 경계/영토가 그 두 국가에서는 부재하기 때문이다. 미얀마나 꼬뚤레나 경계와 주권을 지닌 근대의 상상의 정치 공동체를 꿈꾸었으나 그 상상의 지리적 영역은 서로 충돌하거나 중첩되거나 변화를 거듭했다. 이 점에서 앤더슨의 상상의 공동체 논의와 통차이의 지리체 논의는 근대국가의 실제가 아니라 이상을 다루었다고 할 수 있다.

1980년대 말이 되면 미얀마 정부군이 군사 역량을 강화하여 KNU 근거지를 잠식해 들어온다. 1988년 미얀마 민주화운동을 진압하며 등장한 신군부 세력이 카렌족을 비롯해 소수종족 정치세력의 근거지인 국경지대를 점령하며 '정상적인' 국가를 세우려고 한다. 또한 기존의 '버마식 사

4) 미얀마는 1962년에 네윈이 군사쿠데타로 정권을 잡은 뒤 1988년까지 '버마식 사회주의'(Burmese Way to Socialism)를 추진하면서 외부와 교류를 단절했다. 이 시기 미얀마 내부의 생필품이 태국 국경지역의 블랙마켓을 통해 공급되었다(Smith 1999, 283).

회주의'를 포기하고 대외 개방정책을 표방한다. 태국은 기존에는 KNU가 중국공산당과 태국공산당 세력을 막아주는 방파제 구실을 했기에 그에 우호적인 태도를 견지했었으나 냉전 종식에 따라 그 태도를 바꿨고 티크목 등 국경지역의 자원에 접근하려면 KNU보다는 미얀마 정부와 관계를 발전시키는 것이 훨씬 유리하다고 여겼다. 블랙마켓도 사라져가서 KNU는 재정과 군사력 확충에 어려움을 겪었다. 1980년대 말이 되면 KNU의 수입이 60%가량 줄어들었다(Smith 1999, 396).

결정적으로 미얀마 정부군이 1995년 1~2월에 그동안 KNU 본부가 자리 잡고 있었던 핵심 요새인 마네플로(Manerplaw)와 고무라(Kawmoora)를 점령하면서 KNU가 그간 국경지대에서 운영했던 준국가체제는 막을 내리게 된다(Lintner 1999, 413-414). KNU 인사와 꼬뚤레에서 살던 사람

사진 2.1 태국-미얀마 국경지역 카렌족 | 출처 | 저자

들은 난민이 되어 태국으로 넘어올 수밖에 없었다. 이로써 자체의 영토에 기반을 두며 꿈꾸었던 민족국가는 결국 이루어지지 않았다.

네트워크 공동체의 등장

카렌족 난민들이 태국으로 넘어오자 태국 당국과 엔지오와 유엔난민기구는 이들을 수용하는 난민촌을 건립했다. 사실 최초의 카렌족 난민이 발생했던 1980년대 중반에는 난민들이 난민촌이라고는 했지만 자체의 마을을 이루며 자율적인 삶을 살았다. 1990년대 중반까지 국경을 따라 30여 개의 난민촌이 세워졌다. 그러나 그 무렵 대규모 난민 사태가 발생하고 국경 안보가 문제가 대두되면서 태국 당국은 난민촌을 통폐합하는 정책을 추진했다. 그래서 난민 발생 초기에 30여 개의 난민촌이 1998년에 12개로 줄어들었다(Bowles 1998, 2). 이후에 더 줄어들어 2023년 현재 카렌족을 비롯해 미얀마 난민은 9개의 난민촌에 거주하고 있다. 난민의 숫자는 1980년대 중반에 1만 명가량이었으나 1990년대 중반에 8만 명가량으로 늘고, 1990년대 말이면 11만 명가량으로 늘어나 2010년대 중반까지 10~11만 명 수준을 유지했고(Bowles 1998; Lee 2014b; TBC 2015, 6), 이후 제3국 재정착 제도와 미얀마 민주화를 거치며 난민 규모가 줄어들어 2023년 10월 현재 9만 명가량으로 알려져 있다.[5)]

5) The Border Consortium(https://www.theborderconsortium.org/)(검색일: 2023. 12. 4).

Refugee Camp Population: October 2023

Temporary Shelters	TBC Verified Caseload[1]			TBC Assisted Population[2]	MOI/ UNHCR Verified Population[3]
Province/Camp	**Female**	**Male**	**Total**	**Total**	**Total**
MAE HONG SON					
Ban Mai Nai Soi	4,104	4,140	8,244	7,896	7,993
Ban Mae Surin	1,363	1,339	2,702	2,671	1,897
Mae La Oon	5,517	5,112	10,629	10,492	8,909
Mae Ra Ma Luang	5,603	5,211	10,814	10,611	9,799
Subtotal:	**16,587**	**15,802**	**32,389**	**31,670**	**28,598**
TAK					
Mae La	15,336	13,941	29,277	28,183	34,063
Umpiem Mai	4,299	4,262	8,561	8,378	10,609
Nu Po	4,525	4,052	8,577	8,446	9,345
Subtotal:	**24,160**	**22,256**	**46,415**	**45,007**	**54,017**
KANCHANABURI					
Ban Don Yang	1,344	1,229	2,573	2,544	2,437
RATCHABURI					
Tham Hin	2,837	2,555	5,392	5,338	5,712
Total Refugees	**44,928**	**41,841**	**86,769**	**84,559**	**90,759**

Refugees by Ethnicity

Karen	81.5%
Karenni	9.50%
Burman	3.50%
Mon	0.50%
Other	5.0%

Refugees by Age Groups

New Born < 6 months	0.6%
6 months< 5 years	8.9%
5 years < 18 years	34.0%
>= 18 years	56.5%

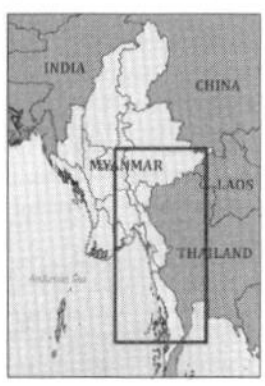

Notes

1. The verified caseload includes all persons, registered or not, confirmed living in camp & eligible for rations.
2. The TBC Assisted Population is the number of beneficiaries who collected rations during the previous month. Rations are only provided to those who are physically present at distributions.
3. The Royal Thai Government and UNHCR conducted a verification exercise of registered and unregistered refugees from January to April 2015. This was last updated end December 2022.

그림 2.1 카렌족 난민촌 분포와 난민 규모

| 출처 | The Border Consortium(https://www.theborderconsortium.org/)(검색일: 2023. 12. 4)

이와 별도로 2021년 2월 미얀마 군부 쿠데타 이후 수만 명의 난민이 매솟 주변에 거주하고 있다. https://www.bbc.com/news/world-asia-68823500(검색일: 2024.11. 20).

〈그림 2.1〉에서 보듯이 9개의 난민촌은 태국과 미얀마 국경에 걸쳐 흩어져 있다. 이들 중 매솟 부근에 있는 맬라 난민촌은 1989년 설립되어 초창기에는 5천 명의 난민을 수용했으나 앞서 언급한 난민 통폐합 정책으로 1990년대 말이 되면 3만 명을 수용하는 최대 난민촌으로 성장하고 2000년대 후반이 되면 4만 명 이상까지 수용했고(Lee 2001; 2012), 2023년 10월 기준으로 34,000명가량을 수용하고 있다.

일견 난민 사태는 카렌족 민족주의 운동의 종언이라고 단정할 수 있다. 영토를 잃고 타국의 난민촌에 거주하고 있는 상황에서는 더 이상 민족주의 운동을 끌어나갈 여력이 없다고 생각할 수 있기 때문이다. 지도 위에 흩어진 난민촌은 파탄이 난 카렌족의 운명을 표상하고 있는 듯하다.

그러나 난민 사태 이후에 역설적인 상황이 전개됐다. 난민촌이 민족주의 의식을 집중적으로 고취할 수 있는 공간이 되었다(Worland 2010, 136-141). 섬처럼 흩어진 난민촌들과 난민들이 서로 연결되면서 일종의 네트워크 공동체가 등장했다. 기존의 카렌족 민족주의가 해방구라는 자체의 영토와 경계에 기반을 두었다면 난민 사태 이후에는 난민촌과 네트워크에 기반을 두며 전개됐다. 내가 난민촌에 처음 들어갔을 때 인상 깊었던 것은 난민촌의 행정이 체계적이고 학교와 교회가 견고히 운영되고 있다는 점이었다. 예를 들어 맬라 난민촌의 행정구역은 대구역(Zone) A, B, C로 나뉘고 각 대구역 아래에 숫자로 된 5개의 중구역(Section)이 있고, 각 중구역 아래에 영문 소문자로 된 2개의 소구역(Sub-Section)이 있다. 그래서 난민촌의 주소는 'A1a,' 'B3a,' 'C5b'와 같은 방식으로 표기되어 있었다. 초등학교, 중학교, 고등학교, 여타의 직업학교의 커리큘럼은 비교적 정교하게 짜여 있었으며 교사들의 수준 역시 우수했다. 교회 역시 꼬뚤레 시절의 이름과 체제를 그대로 난민촌에 이식해 왔다. 수백 명이 모이는 Zone C의 티거니 교회가 그 사례에 해당한다. 학교와 교회는 카렌 민족주의를 고취하는 역할을 했다. 학교의 카렌어 수업과 카렌 문화 경연은 카렌족의 언어와 문화를 유지하고 강화하는 구실을 했다. 역사 교과서는 카렌족의 고유성과 고난과 역경의 역사와 버마족의 잔인함을 강조했다. 교회에서 목사는 카렌족의 고난과 역경의 역사를 성경 속 이스라엘의 사례와 견주며 해방의 메시지를 전달하곤 했다. 학교에서나 교회에서나 카렌 애국가(anthem)[6]를 자주 불렀으며 그때마다 일부의 사람들은 눈물을 흘리기도 했다. 난민촌은 태국의 주권이 실현되는 곳이지만 그 층위 위에 카렌족의 유사 주권이 실현되고 있었다. 난민촌은 카렌족이 민족주의 운동을 전개하는 새로운 장이 되었다. 물론 KNU가 존재를 드러내며 태국의 영토인 난민촌에서 민족주의 운동을 전개할 수 없다. KNU는 여전히 미얀마 쪽 영토에서 게릴라 전법으로 무장투쟁을 벌여나가며 일부의 영토를 점령하기도 했지만 난민촌에서는 그럴 수는 없다. 그러나 난민촌에는 KNU의 주요 인사가 거주하고 있어서 정치 활동을 구상하는 전략적인 장소였으며 거기에 거주하는 청년들을 미얀마 전선에서 싸울 군사 자원으로 동원할 수도 있었다. 이 점에서 카렌족 난민촌의 사례는 난민촌을 수용국가(태국)만의 절대 권력만이 실현되는 공간이라고 보며 난민을 피동적인 존재인 호모 사케르로 보는 아감벤(2008)

6) 카렌 애국가의 내용은 내 논문(2010, 247-248) 참고.

의 논의와 구별된다.

무엇보다 난민촌들과 난민들은 서로 긴밀하게 엮이며 네트워크 공동체가 되어갔다. 그 네트워크 사이를 피처럼 흐르며 공동체를 살아 있게 만드는 네 가지 요소를 주목하고자 한다(Lee 2012, 270-274). 첫째는 구호물자이다. 네트워크 공동체의 출현은 구호물자 분배 체계와 관련을 맺는다. 난민촌에서 존재를 드러낼 수 없는 KNU 대신에 1984년에 조직되어 매솟에 본부를 두고 있는 '카렌난민위원회'(KRC, Karen Refugee Committee)가 난민들을 통치하는 새로운 거버넌스 조직으로서 엔지오로부터 받은 구호물자의 분배를 담당하고 있다. 사실 KRC는 비정치적인 조직이지만 실제적으로는 어느 정도 KNU에 영향을 받으며 운영되고 있다. 과거에 KNU 활동을 했던 인사들이 KRC의 위원으로 참여하고 있으며 KNU 원로들이 KRC 활동에 관여하기 때문이다. 각 난민촌에는 KRC의 조직체계와 방침을 따르는 난민촌 위원회(Camp Committee)가 운영되고 있다. KRC는 매달 각 난민촌의 난민촌 위원회에 물자를 전달하고, 난민촌 위원회는 다시 하위 행정단위 지도자에게 물자를 분배한다. 구호물자의 종류와 양은 시기에 따라 달라지기는 하지만 모든 난민은 똑같은 종류와 양의 구호물자를 공급받는다. 내가 난민촌에 거주하던 2000년도에는 매달 쌀(16kg), 소금(1kg), 생선젓갈(0.5kg), 녹두(0.5kg), 건고추(0.1kg), 식용유(5kg), 숯(5kg)이 분배됐다(Lee 2001, 44). 2009년에는 밀가루(0.25kg)와 설탕(125gm)이 추가돼 분배되고 있었고 쌀(15kg), 소금(330g), 생선젓갈(0.75kg)의 양이 조정되었다(TBBC 2009, 107). 9세 이하는 각 품목의 절반이 분배된다. 물론 난민들은 구호 식량에만 의존하지 않고 채소나 고기 등을 스스로 구비하기도 하지만, 기본적으로 어떤 난민촌에 살든 같은 구호 식량을 섭취한다. 이처럼 음식 등 구호물자는 그야말로 난민촌 네트워크가 살아갈 피와 영양분을 공급한다.

둘째, 교육이 난민촌 사이를 연결하고 있다. 난민 사태 이전에도 KNU의 산하 부처인 '카렌교육문화부'(KECD, Karen Education and Culture Department)는 자체의 교육 커리큘럼에 기반을 둔 교육제도를 운영했는데, 여전히 난민촌에서 교육을 책임지는 주체로서 역할을 한다. 태국 당국으로서는 비록 KECD가 KNU의 산하 부처이기는 하지만 교육을 인권의 영역이라 여겨 KECD 활동에 대해서는 관대한 태도를 견지하고 있다. 대부분의 난민촌 학교는 KECD의 교육 방침과 커리큘럼과 교과서를 따르고 있으며, '스고'(Sgaw) 카렌어[7]는 교과서와 수업에서 사용하는 표준어 구실을 한다. KECD가 교육을 책임지다 보니 당연히 카렌족의 고유성과 카렌 혁명의 정당성을 강조하는 내용이 주를 이룬다. 카렌족 지도자들은 학교를 특별히 중요하게 여기며 협력해 나간다. 각 난민촌의 학교의 교장들과 난민촌 위원회 위원들은 교육위원회를 구성하여 KECD와 함께 난민촌 학교 운영에 관련된 전반적인 사항을 협의한다. 교육은 정신적/이념적 피를 흘려보내며 난민촌 네트워크를 살아 있게 한다.

셋째, 교회가 난민촌 네트워크에서 중요한 역할을 하고 있다(Horstmann 2010; 2011). 앞서 언급했듯이 난민촌 내의 교회는 티거니 교회처럼 예전에 꼬뚤레에 있었던 교회를 옮겨온 경우가 많다. 카렌족의 대표적인 기독교

7) 카렌족 하위 언어로 '동부 포'(East Paw) 카렌어와 '서부 포'(West Paw) 카렌어도 있지만, 스고 카렌어가 주도적으로 쓰인다.

연합조직인 '꼬뚤레카렌침례교'(KKBC, Kawthoolei Karen Baptist Churches)는 난민촌의 교회 대다수를 아우르고 있다. KKBC는 각 난민촌에 신학교를 세워 운영하기도 한다. 맬라 난민촌의 Zone C에 설립된 '꼬뚤레카렌침례신학교'(KKBBSC, Kawthoolei Karen Baptist Bible School & College)는 KKBC의 활동이 주로 이루어지는 곳이며 기독교 카렌족 지도자를 양성하는 독보적인 기관으로 자리매김했다. 이 학교의 교장을 역임한 사이먼(Saw Simon)은 난민이 되기 전 필리핀의 한 신학교 대학원에서 공부하던 시절의 인맥을 활용하여 필리핀, 한국, 미국 등의 교회들과 선교사들로부터 도움을 받아 그 학교를 운영했다.[8] 300명가량의 학생이 이 학교에서 거의 무료로 공부하고 대부분의 강의는 영어로 이루어진다. 이 학교가 유명하다 보니 여러 난민촌에서 학생들이 오고 심지어 미얀마 내부나 태국의 타이 카렌족도 오기도 한다. 이 학교를 졸업한 학생들은 기독교 관련 활동뿐만 아니라 난민촌 학교의 교사로서, 엔지오의 종사자로서, 여러 카렌족 조직의 일군으로서 역할을 해나갔다. KKBC는 이처럼 신학교를 운영하기도 하며 난민촌 교회의 연합활동을 조직하기도 한다. 교회를 새로 설립하거나 크리스마스 행사를 할 때 각 난민촌의 교회 지도자들과 교인들로 북적인다. 이러한 행사를 참여하기 위해 다른 난민촌을 방문할 때 KKBC는 KRC로부터 차량을 지원받곤 한다. 나 역시 그 차를 타고 난민들과 같이 맬라 난민촌에서 움삐얌마이(Umphiem Mai) 난

8) 그의 소개로 맬라 난민촌에 머물며 연구를 수행할 수 있었다. 사이먼은 2015년 8월 2일 타계했다.

민촌을 방문한 적이 있다. 태국 당국은 종교 역시 비정치적인 영역이라 여겨 그리 엄격하게 기독교인 난민들의 이동이나 연합활동 등에 간섭하지 않는다. 이렇게 기독교 조직은 흩어진 난민촌을 잇고 있다. 교회는 영적인 피를 흐르게 하며 카렌족 네트워크를 살아 숨 쉬게 한다.

넷째, 정보통신 기술은 해를 거듭하며 눈부시게 발전하며 난민들 사이와 난민촌 사이를 촘촘히 이어나가고 있다. 내가 처음 난민촌에 들어갔던 1999년 12월에 휴대폰을 사용하는 난민이 전혀 없었다. 바깥세상에서도 처지는 마찬가지였다. 난민촌 바깥을 출입하는 난민이나 매솟에 거주하는 카렌족이나 정치 활동가들은 인터넷을 중요한 홍보 도구로 사용하고 있었지만 난민촌 내에서는 인터넷을 사용할 형편은 아니었다. 2004년과 2005년에는 난민촌 내에서 일부의 난민이 태국의 모바일 전화 서비스에 가입하여 휴대폰을 사용하는 장면을 보았다. 그러나 난민촌 내에서는 신호가 거의 잡히지 않아 난민촌 밖으로 나와 휴대폰을 귀에 대고 애써서 통화하는 난민들을 보았다. 일부 난민들은 매솟에 가끔 나와서 인터넷에 접속하며 이메일 확인도 하고 인터넷 통화도 했다. 2009년이 되면 난민들 대부분이 휴대폰을 소유하고 난민촌 내에서도 무선인터넷에 접속할 수 있게 됐다. 그동안 태국의 모바일 통신 환경이 발달해 오면서 난민들도 그러한 혜택을 간접적으로 누릴 수 있게 된 것이다. 이제 소셜 네트워크 서비스(SNS, Social Network Service)를 통한 연락과 관계 형성은 난민들의 일상으로 자리 잡았다. 개별 난민들뿐만 아니라 카렌족 단체들도 정보통신 기술을 이용하여 난민촌 사이를 연계하는 활동을 이어나가고 있다. 통신망은 혈관처럼 난민촌 네트워크의 물질적 토대, 다시 말해 카스텔(2003, 537)이 언급한 네트워크의 첫 번째 층위가 되었다.

난민촌 네트워크는 국제 난민 구호체제와 맞물린다. 엔지오들은 카렌족 난민이 발생하기 시작하던 때인 1984년 4월에 '태국 내 난민 지원 조정위원회'(CCSDPT, Coordination for Services for Displaced People in Thailand)라는 연합조직체를 설립하고 태국 내무부, 유엔난민기구와 협력해 나갔다. 그 산하에 18개의 엔지오가 소속되어 보건의료, 교육, 식량·주거·구호품 분야에서 카렌족 난민을 지원하는 활동을 했다(이상국 2011, 133-136; TBBC 2010, 111). CCSDPT가 물질적 복지를 책임지고 있다면 유엔난민기구는 난민들의 등록 및 법률적인 보호를 책임지고 있다. 태국은 유엔난민협약(1951)과 의정서(1967)에 서명하지 않아 원칙적으로 '난민' 지위를 인정하지 않고 있다. 그런데도 유엔난민기구의 활동을 인

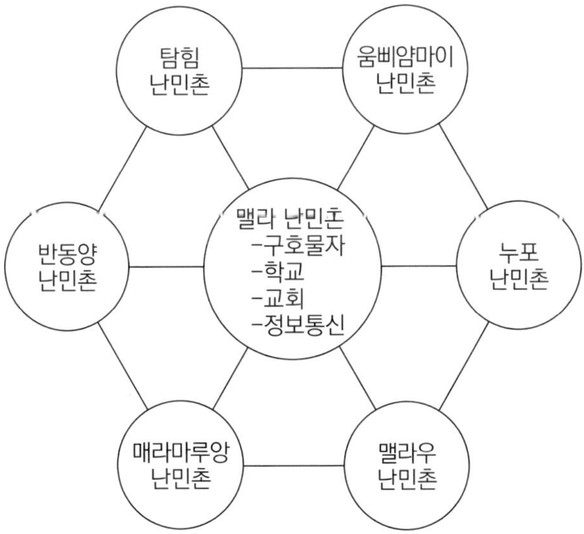

그림 2.2 난민촌 네트워크

정하고 있으며 유엔난민기구의 '난민 등록증'도 거주증명서로 인정하고 있다. 실제로 난민들은 유엔난민기구를 자신들을 보호하는 조직으로 여긴다. 일례로 어느 난민이 태국 정부의 방침을 어기며 매솟에서 일을 하다가 경찰의 단속에 걸릴 때 신변 보호의 하나로서 유엔난민기구의 난민 등록증을 제시하기도 한다. 유엔난민기구는 경찰서에 직접 찾아가서 구금된 난민을 빼내 오기도 한다.

매솟은 난민 네트워크 및 국제 난민 구호체제에서 피를 뿌리고 집산하는 허브의 역할을 담당하고 있다. 매솟은 1960년대 초반부터 1980년대 후반까지 미얀마가 버마식 사회주의를 추진할 때 국경에 형성된 블랙마켓에 물품을 제공하는 기지가 되면서 도시로서 크게 성장했다. 매솟에는 태국인 10만 명가량, 미얀마 이주민 약 20만 명 등 30만 명가량이 거주하고 있는 것으로 알려져 있다. 난민 사태 이후에 카렌족 지도자들이 다수 이곳에 거주지를 두기도 하고, KRC, 카렌청년회(KYO, Karen Youth Organization), 카렌여성회(KWO, Karen Women Organization)를 비롯해 여러 카렌족 조직도 이곳에 본부를 두고 있다. 따라서 카렌족 난민 공동체 활동에 관련된 각종 회의가 매솟에서 개최되곤 한다. 난민촌에 거주하는 난민들로서도 매솟은 세상의 창과도 같다. 쇼핑몰과 같은 현대식 문화를 맛볼 수 있는 장소이며 더 나아가 방콕이나 해외로 나갈 수 있는 결절지점이기도 하다. 국제단체로서도 매솟이 차지하는 위상은 매우 크다. 대다수의 엔지오와 유엔난민기구가 매솟에 지부를 두며 난민 구호 활동을 하고 있다. 최대의 난민촌인 맬라 난민촌, 움삐얌마이 난민촌, 누포(Nu Po) 난민촌 등 매솟 주변의 난민촌에 60% 이상의 난민이 수용되어 있기 때문이다. CCSDPT 월례 회의가 주로 방콕에서 열리기는 하지만, 엔지오와 유엔난민기구의 각종 전략 및 실행 회의와 매솟에서 자주 개최된다. 국제단체의 주요 인사들도 매솟을 거쳐 인근 난민촌을 방문하기도 한다.

맬라 난민촌 역시 난민 공동체와 국제단체에게 매솟과 더불어 허브와도 같은 공간이다. 앞서 설명한 바와 같이 맬라 난민촌은 최대의 난민촌으로서 일종의 수도(capital)와 같은 역할을 한다. 주요 카렌족 인사가 이 난민촌에 거주하고, 최상의 의료와 교육 서비스가 제공되는 곳이며, 최고의 신학교와 최대의 교회가 자리 잡은 종교의 중심지이다. 난민들의 연합행사, 각종 회의가 맬라 난민촌에서 개최된다. 엔지오와 유엔난민기구 역시 이곳을 대표 사례로 삼고 난민 관련 정책을 세워 나간다. 매솟과 비교적 가까워(60km) 매솟과 맬라 난민촌 사이의 연계가 발달해 있다. 두 곳에 가족과 친척을 두고 있는 난민들도 다수 있고, 두 곳을 연계하여 경제활동을 하는 난민들도 있다. 엔지오와 유엔난민기구 역시 두 곳을 연계하여 활동을 펼쳐 나간다. 이처럼 매솟과 맬라 난민촌은 카렌족 난민 네트워크의 결절과 허브 역할, 다시 말해 카스텔(2003, 537-540)이 언급한 두 번째 층위의 역할을 한다.

이러한 난민 네트워크를 만들고 유지해 나가는 엘리트는 카렌족 지도자들이다. 앞서 언급한 바와 같이 KNU는 정치기구이므로 드러내놓고 활동할 수 없지만 KRC나 여러 카렌족 조직에 영향을 끼치고 있다는 것은 알려진 사실이다. 이들은 매솟과 맬라 난민촌에 다수 거주하며 그곳에서 난민 네트워크의 활동과 방향을 정하며 엔지오와 유엔난민기구와 협력해 나간다. 난민 사태 이전 준국가를 운영했던 지식과 경험을 난민 네트워크를 운영하는 데 그대로 활용하고 이제는 새로운 도구로 등장한 통신망을 활용하고, 새로운 협력자로 다가온 엔지오와 유엔난민기구, 태국 당국과 더불어 네트워크 공동체가 된 카렌족 난민을 끌어나가고 있다. 카렌족 중에는 태국 시민권을 획득하여 매솟의 엔지오에서 정식적으로 일하며 영어를 구사하고 국제적인 감각을 익힌 행정 엘리트들이 등장하기도 했다. 이들은 난민 단체들을 계도하는 개발지도자의 역할을 하며 난민과 국제단체 사이를 연결하는 역할을 한다. 언어 통역은 물론 문화 중개자로서 카렌족의 문화를 국제단체에 이해시키고 국제단체의 문화와 행정을 카렌족에게 이해시키기도 한다. 전통적인 카렌 정치 지도자와 더불어 이들이 카스텔(2003, 540-541)이 언급한 네트워크의 관리 엘리트로서 세 번째 층위의 역할을 한다.

글로벌 네트워크

난민촌 네트워크는 난민촌들 사이에 촘촘히 엮여 있지만 결코 폐쇄 회로가 아니다. 난민촌은 당초에 미얀마와 연계된 초국적 네트워크였다(Olsen and Nicolaisen 2011). 난민촌에 살고 있는 난민들은 여전히 미얀마의 카렌주나 양곤 등지에 가족과 친척을 두고 있었다. 맬라 난민촌에 머물 때 나는 일부 난민들이 가족을 만나기 위해 미얀마 내부에 들어갔다가 오기도 했고 미얀마 내의 가족들도 난민촌에 거주하는 가족을 만나기 위해 국경을 넘는 것을 종종 보았다. 맬라 난민촌의 경우 큰 도로와 접해 있는, 태국 내부로 나갈 수 있는 동쪽 구역은 철조망으로 둘려 있고 출입을 통제하는 감시 초소도 있으나, 미얀마 국경과 인접한 서쪽 구역은 산으로 둘러싸여 있고 철조망과 감시 초소도 없어 통제를 거의 받지 않는다. 물론 산을 통과해야 하는 어려움이 있지만 사람들은 그쪽을 통해 미얀마를 넘나들곤 했다. 일부의 난민들은 KRC나 엔지오의 도움을 받아 동쪽 구역의 편한 길로 매솟까지 가서 국경을 넘기도 하고, 미얀마에서 온 사람들도 역시 KRC와 엔지오의 도움을 받아 동쪽을 통해 맬라 난민촌을 들어오기도 한다. 난민촌이, 특히 맬라 난민촌이 미얀마 내부보다 교육과 의료 등 여러 분야에서 환경이 좋다 보니 미얀마의 가족과 친척이 그 혜택을 누리기 위해 오는 경우가 많았다. 쌀과 소금을 구하기 위해 맬라 난민촌을 방문한 미얀마의 가족도 있고, 무료로 영어 공부를 하고 신학교를 다니기 위해 오는 젊은이들도 있었다. 어떤 난민은 양곤에 거주하는 연로한 부모를 이곳으로 모셔 오기도 했다. 반대로 어떤 난민은 미얀마 내부, 특히 카렌주에 있는 자신의 전답을 돌보기 위해, 역시 남겨진 가족과 친척을 돌보기 위해 국경을 넘기도 했다.

조직 차원에서 초국적 네트워크를 발전시키기도 했다. 앞서 언급했듯이 난민촌 교육을 담당하는 KECD는 아직도 미얀마의 카렌족 국내 실향민(Internally Displaced People) 학교에 학용품을 전달하고 교사를 파견하기도 하면서 관계를 유지해 나갔다. 카렌족 난민 의사인 신시아 마웅(Cynthia Maung)[9]이 주도하여 1989년에 매솟에 설립한 이주민 의료기관

9) 신시아 마웅은 2015년 일가상, 2022년 광주인권상을 수상했다.

인 매따오 클리닉(Mae Tao Clinic)은 배낭 의료진(Backpack Health Worker Team)을 미얀마의 국내 실향민에게 파견하여 의약품을 전달하고 간단한 의료 처치를 제공한다. 심각한 상태의 환자는 직접 매따오 클리닉으로 이송하기도 한다. KNU 역시 난민촌에서는 드러내지는 않지만 난민촌과 미얀마를 연계하는 정치 활동을 이어나갔다. 예를 들어 KNU가 중앙회의, 현충일, 새해 행사 등의 행사를 미얀마 내부에서 조직할 때 난민촌에 있는 카렌족이 국경을 넘어 그 행사에 참여했다.

이처럼 개별적·조직적 차원의 이동 속에서 난민촌 네트워크와 미얀마 내부는 접속되었다. 그 초국적 접속을 통해 사람, 식량, 의약품, 학용품, 돈이 오갔고 가족 돌봄도 이루어졌다. 난민들은 미얀마와 난민촌 사이를 잇는 초국적 장을 발전시켜 나갔다. 이 사이에서 앞서 살펴본 대로 연결고리로서 매솟의 역할이 두드러졌다. 미얀마에서 온 카렌족은 매솟에 잠시 머문 뒤에 맬라 난민촌, 움삐얌마이 난민촌, 누포 난민촌 등으로 이동했고, 난민들 역시 매솟에서 머문 뒤에 미얀마 내부로 들어갔다. 매솟에 있는 카렌족 교회는 특히 그렇게 오가는 카렌족이 머물다 가는 터미널의 역할을 했다. 그 교회에 머물 수 있는 공간도 있고, 교회 주변에 다수의 카렌족이 거주하고 있어서 임시적이지만 안정적인 생활을 할 수 있다. 일부의 카렌족은 그렇게 미얀마 내부와 난민촌에서 나와서 살다가 매솟에 장기간 머물며 공장이나 상점에서 비공식적으로 일을 하기도 했다. 그렇게 일을 하다가 일부의 난민은 방콕까지 진출하기도 한다. 매솟은 태국 사회의 창이기도 하다. 카렌족을 비롯해 미얀마 사람들은 여기에서 태국어와 문화를 익혀 더 많은 기회를 제공하는 태국 내부로 더 깊이 나갈 수 있다. 매솟은 난민촌과 미얀마 내부를 잇는 결절지점이기도 하면서 더 나아가 그 두 공간을 방콕이라는 제삼의 공간을 잇는 결절지점이기도 하다. 방콕에서도 카렌족은 교회를 중심으로 모이며 유대관계를 이어나가고 매솟을 통해서 난민촌이나 미얀마 내부의 가족을 만나러 온다. 이렇게 난민촌 네트워크는 미얀마 내부, 매솟, 방콕에 걸쳐서 확장되었고, 사람들의 삶 역시 확장된 네트워크에서 펼쳐졌다.

사실 초국적 사회공간이라고 하지만 카렌족은 미얀마와 태국 사이라는 양국적 사회공간에서 살았다. 방콕이 일종의 탈주의 공간으로 기존에 기존 네트워크의 확대 재편이 이루어졌지만 이 역시 어디까지나 태국 내에서 이루어진 재편이었다. 그러나 이렇게 한동안 지속되었던 양국적 사회공간에 또 다른 탈주가 일어나 여러 국가가 포함되는 글로벌 사회공간, 본격적 의미의 초국적 사회공간으로 진화하는 계기가 발생했다. 내가 매솟과 난민촌에 머물던 2000년대 중반에 난민들 사이에서 가장 뜨거웠던 사안이 '제3국 재정착 프로그램'이었다. 미얀마의 군부 세력이 완고하고, 난민촌에 머무는 기간이 길어지자 이를 타개하는 방안으로 유엔난민기구가 유럽 국가들, 미국, 호주 등 주로 서구 국가들과 협조하여 카렌족 난민들을 그 국가들에 재정착시키는 프로그램을 추진한 것이다. 물론 그 이전에도 개별 난민들이 개인적인 후원을 받아 서구권에 정착한 사례가 있었지만, 대대적으로 그 프로그램을 추진한 것은 그때였다. 나는 당시 유엔난민기구 매솟지부가 늘 이 프로그램을 알아보려는 사람들, 지원서를 내는 사람들, 인터뷰하러 오는 사람들로 북적이는 것을 보았다. 난민촌에 거주하는 사람들은 해당 난민촌 위원회에 지원 서류를 접수하며 과정을 진행했지만, 매솟에 거주하던, 난민촌에 등록되지 않은 자들은 유엔난민기구 매솟지부에서 그 과정을 진행했다. 당시 매솟의 카렌족은 만날 때면 그 프로그램에 관한 이야기를 하면서 서로들 지원 방법과 인터뷰 대처방식, 선호 국가 등을 화제로 삼으며 얘기를 했다.

2006년부터 난민들이 대대적으로 제3국에 재정착됐다. 〈표 2.1〉은 그 추세를 보여준다. 2006년부터 2015년 6월까지 모두 103,257명의 난민이 제3국에 재정착됐다. 이들을 수용한 국가는 12개국 이상이며, 그중 미국이 80,979명을 받아들인 최대 수용국이며, 호주가 10,679명, 캐나

| 표 2.1 | 2006~2015년(1~6월) 재정착 미얀마 난민 규모[10] (단위: 명)

연도 \ 국가	미국	호주	캐나다	핀란드	노르웨이	뉴질랜드	스웨덴	네덜란드	영국	아일랜드	일본	덴마크	기타	총계
2006	2,681	757	794	208	355	201	357	115	81	0	0	7	5	5,561
2007	10,436	1,520	1,611	383	460	158	212	96	111	97	0	9	9	15,102
2008	14,406	1,563	697	308	84	25	143	189	29	0	0	1	7	17,452
2009	13,033	2,332	874	240	297	116	134	27	5	0	0	11	10	17,079
2010	10,013	1,011	350	129	51	5	89	100	4	3	27	16	31	11,829
2011	8,137	794	82	179	13	171	21	108	0	2	18	4	14	9,543
2012	6,553	377	28	158	16	153	16	95	0	0	0	0	18	7,414
2013	7,553	919	81	137	27	104	1	75	1	0	18	9	89	9,014
2014	5,809	953	187	1	3	47	22	163	3	1	23	3	61	7,276
2015*	2,358	453	71	0	1	97	1	6	0	0	0	0	0	2,987
총계	80,979	10,679	4,775	1,743	1,307	1,077	996	974	234	103	86	60	244	103,257

*1~6월

| 출처 | The Border Consortium(2015, 10)

10) 종족별 구분은 하지 않았지만 대부분 카렌족이다.

다가 4,775명을 수용하며 그 뒤를 따른다. 유럽에서는 핀란드, 노르웨이 등 주로 북유럽 국가들이 난민을 수용했다. 아시아에서는 일본이 2010년부터 카렌족 난민을 받아들여 2014년까지 모두 86명을 재정착시켰다. 일본은 난민 재정착 프로그램의 시범 사례로서 카렌족 난민을 수용한 것이다(신예진·신지원 2013). 〈표 2.1〉은 2015년 6월까지만 다루고 있어 포함하지 않았지만, 한국 역시 일본의 사례를 따라 2015년 12월 23일에 카렌족 난민 22명을 들여왔고, 이후로도 거의 매년 30명 내외의 난민을 수용하고 있다.

흥미로운 점은 10만 명 이상이 난민촌을 빠져나갔는데도, 난민촌이 공동화되지 않고 난민촌 인구가 여전히 예전 규모의 인구를 유지하고 있다는 것이다. 피가 돌 듯 난민촌에서 살던 사람들이 빠져나가면 새로운 사람들이 난민촌에 들어오기 때문이다. 1990년대처럼 대규모의 난민 사태는 없지만, 난민촌으로 향하는 발길이 끊임없이 이어지고 있다. 특히 제3국 재정착 프로그램은 순환의 속도를 빠르게 했다. 미얀마 내부에서 살던 사람들이 그 기회를 얻고자 가족과 친족 네트워크를 활용하여 난민촌의 빈자리를 찾아 들어왔다. 일부의 사람들은 매솟에서 지내다 난민촌에 들어갈 기회를 엿보기도 했다. 제3국 재정착 프로그램이 추진되며 미얀마–국경(난민촌/매솟)–해외로 이어지는 흐름의 네트워크가 본격적으로 등장하고 활성화됐다.

이제 내가 알고 지내던 난민 대부분은 미얀마와 태국이 아닌 제3국에서 살아간다. 난민들로서도 그들의 이웃, 동료, 친척이 여러 나라에 제각각 흩어져 있다. 난민들은 전략적으로 재정착 프로그램을 선택한다. 그들은 자녀의 교육을 재정착의 주된 이유로 드는 경우가 많다. 부모들은 난민촌에서도 학교를 보낼 수 있고, 고등학교까지는 난민촌 밖에서 태국 학교를 보낼 수 있지만, 대학 이상의 교육을 제공하기에는 한계가 많다. 자녀가 어리면 부모를 비롯해 가족 구성원 모두 재정착을 선택한다. 10대 후반이나 20대의 자녀를 둘 경우, 부모는 자식들만을 보내는 사례도 있다. 삼대로 이루어진 가족의 경우, 부부 중 하나가 난민촌에 남아서 연로한 부모를 모시기도 한다. KNU나 카렌족 단체, 교회에서 지도자의 역할을 하는 자들, 태국에서 시민권을 취득하고 안정된 일자리를 가진 자들은 여전히 난민촌이나 매솟에서 살아간다.

이렇게 흩어진 카렌족은 어떻게 관계를 이어나갈까? 대표적인 SNS인 페이스북(Facebook)이 곳곳에 흩어진 카렌족이 교류하는 장이 되었다. 인터넷 기반의 네트워크가 흩어진 공동체를 끌고 나가는 기관차가 된 것이다. 내가 알던 난민 대부분은 인터넷상의 페이스북으로 촘촘히 엮여 있다. 페이스북에서 카렌족은 흩어진 가족과 친구들의 '얼굴'을 확인하고, 동영상과 사진과 메시지로 일상의 삶을 나눈다. 결혼식, 여행, 식사, 입학식·졸업식 등 일상의 각종 대소사를 페이스북에 올리면 으레 수많은 댓글이 달린다. 미국에 살아도 호주에 사는 친구의 삶을 들여다볼 수 있고, 난민촌에 살아도 노르웨이, 핀란드, 스웨덴에서 살아가는 가족과 친척이 어떻게 살아가는지 알 수 있다. 설사 미얀마 내부와 난민촌에서 살던 때는 서로 몰랐더라도 페이스북에서 얼굴을 보고, 친구로 엮이며, 동족임을 확인한다. 앤더슨(1983, 15)은 민족이 '서로 얼굴을 모르는' 사이여서 '상상의' 공동체라고 했는데, 적어도 카렌족은 이제 인터넷과 SNS 등 정보통신 기술의 발달로 서로의 얼굴과 일상을 알게 되는 ‘실감의’ 공동체가 되었다. 그리고 그 공동체는 더 이상 국가의 영토가 아니라 초국적 네트워크에 단단히 기반을 두고 있다. 카스텔(2003, 537)이 언급한 대로 인터넷망이 여러 곳에 흩어져 살아가는 카렌족을 모세혈관처럼 엮는 네트워크의 물리적 층위로서 역할을 한다. 카렌족은 그처럼 핏줄로 연결되며 초국적 가족과 몸으로 성장해 가고 있다. 실제로 아메리카 가족, 오스트레일리아 가족, 스웨덴 가족 등 해외 카렌족 공동체가 가족의 일원으로 불린다.

흩어진 카렌족이 비단 온라인상에서만 교류하는 것은 아니다. 오프라인에서도 이들은 만남을 이어간다. 곳곳의 카렌족이 모이는 대표적인 장이 ‘카렌 민족 통합 세미나’(Karen National Unity Seminar)이다. 카렌 민족 통합 세미나는 KNU가 국경지대를 비롯해 세계에 흩어진 카렌족을 규합하기 위해 1999년에 처음 조직한 행사로서 1년이나 2년 간격으로 매솟 주변의 미얀마 국경지대에서 주로 개최해 왔다.[11] 미얀마와 태국, 해외 각국 카렌족 공동체를 대표하는 자들이 주로 참여하여 미얀마의 현 정세를 공유하고 카렌족의 정치적 견해, 그리고 카렌족 공동체의 발전 방안을 논의하며, 행사가 끝나면 회의 결과문을 배포한다. 예를 들어 2014년 5월 28~31일에 매솟 인근의 미얀마 국경지대인 라이와(Lay Wah)에서 개최된 제10회 카렌 민족 통합 세미나에는 미얀마, 태국, 해외 각처의 카렌족 공동체 지도자 246명이 참여했다. 이 회의 결과문의 주요 내용을

11) https://knuhq.org/en/unity/knus(검색일: 2023. 12. 5).

보면 카렌족의 공동체성 강화, 미얀마의 투명한 정전 협상 강조, 환경보호와 인권 옹호, 미얀마 민주주의와 평화를 위해 여러 정당 및 민주 세력과 연대 등이 포함됐다.[12] 정치적인 내용이 들어가 있지만, 더 이상 KNU와 카렌족 지도자들은 독립 카렌족 국가나 별도의 특별 지위를 주장하지 않고, 인권, 민주주의, 평화 등 보편적 가치를 주장한다. 카렌족이 세계 곳곳에 흩어져 있는 상태에서 물리적 영토는 더 이상 큰 의미가 없게 됐다.

기독교 카렌족이 누구보다도 범카렌족 연합활동에 적극적이다. 이들은 카렌 민족 통합 세미나에 주도적으로 참여할 뿐만 아니라 자체적으로 범카렌족을 아우르는 기독교 연합활동을 전개하기도 했다. 대표적인 행사가 2000년부터 매년 개최되는 '카렌족 눈으로 성경 읽기'(Reading the Bible with Karen Eyes)이다. 이 행사는 처음에는 미얀마 내부, 난민촌, 태국의 카렌족 기독교도 행사로 조직되었다. 초기에 매솟과 맬라 난민촌에서 개최되다가 2000년대 중반 이후에는 치앙마이에서 주로 개최되고 있다. 미얀마 양곤의 카렌족 기독교인들은 이 행사에 참석하기 위해 육로로 먀와디-매솟 국경을 넘어 치앙마이에 이르고 돌아갈 때 역시 그 경로를 선택했다. 이 행사에서 카렌족 기독교도들은 성경과 신화의 내용을 자기들이 처한 상황에 비추어 해석하며 그 고난과 산개를 재해석하고 카렌족의 연합을 강조했다. 시간이 지나며 이 행사는 재정착된 난민들이 참석하는 초국적 행사로 커갔다. 2008년에는 본격적으로 '글로벌 카렌 침례교도 연합'(GKBF, Global Karen Baptist Fellowship)이라는 행사를 치앙마이에서

---

12) https://knuhq.org/user/pdf/unity/knus/11_KNUS.pdf(검색일: 2023. 12. 5).

조직하며 각국에 흩어진 카렌족을 규합했다(Lee 2012, 278).

기독교 카렌족 청년들 역시 위의 GKBF에 자극을 받고 '글로벌 카렌 침례교 청년 연합'(GKBYC, Global Karen Baptist Youth Convergence)이라는 행사를 2012년 12월 12~17일에 매솟 인근의 폽프라(Phop Phra)에서 개최했다. 나는 이 행사에 참여관찰했다. 이 행사가 내건 목적은 "카렌 디아스포라들이 모여서 새로운 희망과 재건된 문화, 회복된 공동체로 민족을 다시 세우고 화해로 나아가는 것"이었다. 미얀마 민주화 분위기를 반영하여 재건, 회복, 화해와 같은 표현들이 등장했다. 미얀마, 태국, 호주, 싱가포르, 미국, 캐나다, 노르웨이, 영국, 인도 등에서 500명가량이 이 행사에 참여했다. 주요 참석자는 청년들이지만 KNU 인사, 맬라 난민촌 신학교 교장 등 카렌족 지도자도 다수 참가했다. 이 행사를 기획하고 주도한 카렌족은 내가 싱가포르에서 유학할 때(2003~2007년) 알고 지내던 싱가포르 카렌족이었다. 싱가포르는 카렌족 난민이 재정착된 곳이 아니지만 미얀마에서 이주한 카렌족이 그곳에 터를 잡고 살고 있고, 약 200명의 카렌족이 그곳의 동족 교회에 출석한다. 이 교회 지도자들은 태국에 자주 방문하며 난민들을 돕는 활동을 해왔는데 이제는 글로벌 카렌족을 엮는 활동을 주도하고 있다. 싱가포르 카렌족은 미국, 호주 등지의 카렌족과 견주어 시간과 비용을 덜 들이며 국경지대를 방문할 수 있어서 국경지대의 카렌족 지도자와 협력할 기회가 더 많았다. 그 행사에서 호주, 노르웨이, 싱가포르 등의 카렌족은 저마다 어떻게 살아가고 있는지를 나누며 질의응답을 받기도 했다. KNU 인사는 현재 미얀마 정부와 어떻게 평화 협상을 벌이고 있는지 설명하기도 했다. 난민촌과 매솟 등 국경지대에서 활동하는 기독교 인사는 카렌족의 고난의 역사와 KNU의 대표성을 역설하고, 카렌족이 흩어져 있으나 모두 하나의 카렌족인 것을 강조하며, 미국과 호주에서 왔다고 우쭐대지 말고 카렌족으로서 정체성을 지켜나가기를 당부했다. 카렌족 청년들에게 이 행사는 흩어진 친구를 다시 만나는 우정의 자리이기도 했다. 설사 그 이전에는 모르고 지내던 사이였을지라도 일주일 동안 한곳에 모여 지내며 친밀도를 깊게 쌓아갔다. 이들은 틈틈이 페이스북에 행사 참석 사진을 올리며 참석하지 못한 사람들과 정보를 공유했다.

사진 2.2 글로벌 카렌 침례교 청년 연합 행사 | 출처 | 저자

초국적 네트워크는 시간이 지나며 좀 더 체계를 갖추고 확장되었다. 2014년 9월 20일에 범해외카렌족 조직체인 '국제카렌회'(IKO, International Karen

Organization)가 출범했다. 호주 멜버른에 1994년에 재정착하여 거주하고 있는 가네미 쿠누(Ganemy Kunoo)가 IKO의 출범에 큰 역할을 했다. 그 자신 KNU 혁명에 사단장으로서 깊이 참여했었고, 재정착된 이후에도 자주 국경지대를 방문하며 KNU와 범카렌족 연대 발전 방안을 협의해 왔다. IKO는 그 아래 아시아태평양지부, 유럽지부, 북미지부를 두었다. 가네미는 해외 각처를 방문하며 기존에 조직된 카렌족 공동체를 IKO 산하에 두려고 활동했다. 그는 2015년 10월 7~21일 한국을 방문하기도 했다. 나는 가네미가 재한 카렌족 공동체 인사들과 만나는 자리에 함께 했다. 그는 또한 유엔난민기구 한국대표부 인사들과도 재정착 프로그램과 카렌족 재정착 난민의 한국 생활 적응에 관해서도 의견을 나누었다.

가네미는 재한 카렌족 공동체 주요 인사를 만나며 카렌족으로서 정체성을 잊지 말 것을 당부했고, IKO가 범카렌족을 아우르는 조직체로서 얼마나 중요한 의미를 갖는지 설명하고 재한 카렌족 공동체도 그 아래로 들어올 것을 권유했다. 때마침 태국 국경지대 난민촌에 거주하는 카렌족 난민이 한국 정부의 재정착 프로그램의 대상이 되어 2015년 12월 23일에 한국에 도착할 예정이라서 가네미는 한국의 카렌족도 좀 더 적극적으로 범카렌족 연대 활동에 나설 때가 됐다고 보았다. 재한 카렌족 공동체는 가네미의 뜻대로 2015년 말에 '한국카렌회'(Korea Karen Organization)로 재편하고 IKO 아래로 들어갔다. 가네미는 한국을 방문한 이후에 일본도 방문하여 동일하게 기존의 재일 카렌족 공동체를 IKO 산하 기구로 재편하려는 활동을 전개했다.

이렇듯 온라인과 더불어 오프라인에서도 글로벌 카렌족을 엮는 장이 열리고, 범카렌족 네트워크가 확장되고 있다. 이제 한국의 카렌족도 범카렌족 네트워크에 들어오게 됐다. 온라인에서 연계된 카렌족은, 매솟 등 국경지대에서 다시 모이며 연대를 강화한다. 치앙마이가 새롭게 모임의 중요한 장으로 떠올랐지만 그 역시 넓게 말하여 국경지대의 한 부분이라고 할 수 있으며, 앞서 언급했듯이 미얀마 카렌족의 이동 경로를 보면 매솟과 연계되어 있다. 매솟을 비롯한 국경지대는 글로벌 카렌족의 허브로서 마치 심장처럼 피를 모으고 뿌리는 역할을 한다. 그 심장에서 나오는 피는 이제 한국과 일본에까지 뻗어나간다. 혈관처럼 연계된 카렌족의 글로벌 네트워크에서 매솟 등 국경지대는 카스텔(2003, 537-540)이 언급한 두 번째 층위, 즉 허브로서 지위를 견고히 유지하고 있다.

글로벌 카렌족 네트워크를 주도하는 자들은 기독교인들이다. 기독교

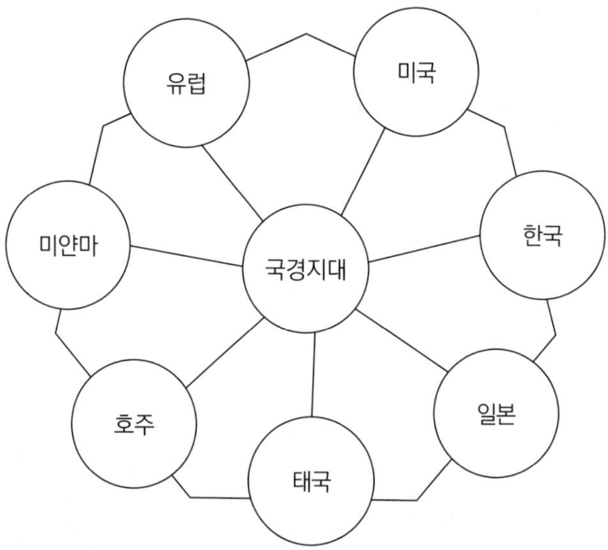

그림 2.3 글로벌 카렌족 네트워크

인들의 종교 연합행사와 민족 연합행사는 사실 구분되지 않는다. GKBF 나 GKBYC 모두 그 사례에 해당한다. 매솟과 난민촌 등 국경지대를 비롯해 호주, 미국, 유럽 등에서도 카렌족의 공동체 활동은 교회를 중심으로 이루어진다. 글로벌 카렌족 행사도 각처의 교회가 주도하여 조직하고 참석자도 기독교도들이 주를 이룬다. 해외 각처의 기독교 인사와 국경지대의 기독교 인사는 서로 긴밀히 협력하여 글로벌 네트워크를 전략적으로 운영해 나간다. 해외 카렌족 중에는 싱가포르 카렌족과 호주의 카렌족이 국경지대의 카렌족과 긴밀히 협력해 나가며 글로벌 네트워크를 주도해 나가고 있다. 기독교 인사들과 싱가포르와 호주의 카렌족은 카스텔(2003, 540-541)이 언급한 네트워크의 세 번째 층위인 머리의 역할을 하고 있다.

지각운동하는 공동체

지금까지의 논의를 종합해 보면 카렌족으로서의 종족 의식은 전근대에서 근대로 이행하기 무렵 싹텄고 영국 식민지 시기를 거치며 본격적으로 계발되었다. 특히 서구 기독교 선교사들의 영향을 받아 종족 정체성이 기독교에 바탕을 두게 되었고, 그들이 제정한 문자를 사용하여 출판물을 생산하고 읽으며 앤더슨이 주장하는 바와 같이 상상의 정치 공동체로 성장해 나갔다. 1940년대 후반에 미얀마가 독립을 맞이하려는 시점에서 앤더슨의 사례에 완전히 부합하는 '경계'를 지닌 정치 공동체를 꿈꾸었으나 이것이 좌절되자 1949년 1월에 반란 운동을 시작했다. 카렌족의 정부와도 같은 KNU는 1980년대까지 미얀마 동부 국경을 장악하며 국제적인 인정을 받지는 못했지만 유사 국가 체계를 운영했다.

그러나 1990년대에 카렌족은 미얀마 정부군에 패해 자체의 경계를 지닌 해방구를 잃고 태국 난민촌에 살게 됐다. 역설적으로 영토를 잃게 되자 네트워크 공동체가 출현했다. 카렌족은 여러 곳에 섬처럼 흩어진 난민촌에 거주했으나 구호체계 아래 묶이며 공동체를 이어나갔다. 교육과 교회는 난민촌 사이를 엮으며 흩어진 카렌족을 여전히 민족 공동체와 종교 공동체로서 엮는 구실을 했다. 해가 거듭될수록 발달하는 정보통신 기술은 흩어진 난민들을 촘촘히 엮어나갔다. 국가 밖의 사람들인 난민들이 국가 체계를 뛰어넘어 그 기술에 힘입어 서로 연결되고, 바깥세상과도 접속해 나갔다. 엔지오를 비롯한 국제사회가 난민 지원에 관여하면서 카렌족 네트워크는 초국가성을 띠었다.

2000년 중반에 카렌족 난민이 대규모로 미국, 호주, 유럽 등지로 재정착되면서 초국적 네트워크가 확장되고 활발히 작동되었다. 곳곳에 흩어진 카렌족은 온라인에서, 특히 페이스북에서 가족과 친척, 이웃의 안부를 확인하고 공동체를 유지해 나간다. 페이스북은 예전에는 몰랐던 사이도 연결하며 공동체 네트워크의 외연을 확장한다. 이들은 온라인에서뿐만 아니라 오프라인에서도 교류의 장을 이어나간다. 여기에 기독교들의 역할이 두드러졌다. 2008년부터 초국적 연합행사를 치앙마이와 매솟 등지에서 개최하며 각국에 흩어진 카렌족을 규합했다. 글로벌 카렌족 네트워크는 더욱더 체계를 갖추고 확장되었다. 2014년에 국제카렌회가 결성됐고 2015년 말에 이르면 한국과 일본의 카렌족도 포함하기에 이른다. 이 조직체는 KNU 산하에 있기에 KNU는 네트워크 공동체로서 카렌족을 끌어나간다고 할 수 있다. 그러나 KNU는 더 이상 영토 공동체를 이끌 때 내세웠던, 경계를 지닌 국가의 건설이라는 목표를 내세우지 않는다. 이제 평등, 인정, 권리, 거주권 보장 같은 것들이 민족주의 운동의 목표로 바뀌었다(Gravers 2015, 68-69). 이 점에서 '경계'를 상정하며 전개한 앤더슨의 상상의 공동체론을 비롯한 모든 민족주의 논의는 초국적 네트워크 시대 민족주의 운동의 새로운 측면을 설명하는 데 한계가 있다.

카렌족의 네트워크는 세 층위로 구분할 수 있다(카스텔 2003). 난민 사태 발생 이후 현재에 이르기까지 정보통신 기술은 첫 번째 층위로서 네트워크의 물적 토대가 되고 있다. 오늘날에는 특히 페이스북을 비롯한 SNS가 세계 곳곳에 흩어진 카렌족을 촘촘하고도 넓게 엮고 있다. 매솟과 맬라 난민촌 등 국경지대는 두 번째 층위로서 네트워크에서 결절과 허브의 기능을 담당하고 있다. 난민촌 네트워크가 등장했을 때 두 곳은 매솟은 난민지원과 공동체 활동의 중심지로서 카렌족을 모았다가 흩뿌리는 심장의 역할을 담당했다. 카렌족은 매솟을 거쳐서 또 다른 탈주의 공간인 방콕에까지 진출하기도 했다. 난민들이 재정착되면서 매솟은 글로벌 카렌족 행사가 열리는 결집지가 되고 있다. 시간이 지나며 매솟과 더불어 치앙마이 역시 또 하나의 결집지로서 성장하고 있다. 세 번째 층위는 지배 엘리트와 그들의 공간을 일컫는 것으로, 카렌족의 네트워크에서 여전히 국경지대의 KNU가 주도적인 역할을 하고 있다. 그들과 더불어 난민촌 네트워크에서는 KRC와 엔지오에서 종사하는 카렌족이 엘리트로서 역할을 하고, 재정착되면서 본격적으로 성장한 글로벌 카렌족 네트워크에서는 싱가포르와 호주의 카렌족이 주도적인 역할을 담당하고 있다.

들뢰즈와 가타리(2001)의 언급처럼 카렌족 공동체는 지각운동을 하듯 영토화·탈영토화·재영토화를 거듭하며 고원을 이루어 오고 있다. 19세기에 걸쳐서 민족으로서 성장하는 운동을 하며 하나의 고원을 형성했다. 20세기 중반에 경계를 가진 국가를 꿈꾸는 열망을 품으며 또 하나의 고원을 이루려고 했으나 좌절하고 동쪽의 국경지대로 내몰리는 하강을 경험했다. 그러나 그곳에서 1980년대 말까지 준국가체제를 운영하며 재영토화를 안정적으로 달성했다. 1990년대 중반에 미얀마 정부군에게 패배하며 태국으로 탈주하는 탈영토화를 경험했다. 난민촌에서 살아가며 네트워크 공동체로 재편되는 또 다른 차원의 재영토화가 이루어졌다. 2000년 중반 이후로 제3국으로 재정착되는 또 다른 탈주가 발생하며 네트워크가 글로벌 차원으로 확대되고 이제는 물리적 영토가 아닌 인터넷과 SNS라는 또 다른 차원의 공간에서 공동체의 재편이 이루어졌다.

제3장

초국가성, 고유성, 난민성:
한국 카렌족 공동체의 형성과 발전

우리 안의 난민

2015년 12월 23일 이른 아침, 어둠을 헤치고 인천공항으로 갔다. 태국 난민촌에서 살던 소툴라(1981년생) 가족 등 미얀마 카렌족 난민 22명을 보기 위해서였다. 한국은 이른바 선진국형 난민 정책이라는 '재정착 난민 제도'(Refugee Resettlement Program)를 도입하면서 이들을 데려왔다. 그간 출입국관리법에서 다루어왔던 난민 관련 사항을 분리하여 2012년 아시아에서 최초로 난민법을 제정하면서 '재정착희망 난민의 수용'을 제24조에 포함했다. 그리하여 1차 시범사업 기간 중(2015~2017년) 소툴라가 거주했던 맬라 난민촌 등 태국 난민촌에서 카렌족 위주로 86명, 2차 시범사업 기간(2018~2020년)에는 말레이시아에 거주하던 미얀마 출신 위주의 도시 난민 80명, 3차 시범사업 기간(2022~2023년, 2021년은 코로나 사태로 유예)에 역시 말레이시아에서 미얀마 도시 난민 77명 등 현재(2023년 말)까지 총 243명을 수용했다. 이들은 각각 인천, 김포, 시흥에 주로 거주하고 있다.

사진 3.1 인천공항에 도착한 카렌족 난민(2015년 12월 23일) | 출처 | 서울신문

재정착 난민 제도는 말뜻 그대로 난민들을 다시 정착시킨다는 것인데, 본국도 아니고, 현재의 거주국도 아니고, 제3국에 그렇게 한다는 것이다. 여전히 위험이 도사리고 있는 본국에 난민들이 돌아갈 수 없는 상황과 현재의 거주국이 그들에게 영주권이나 시민권 등 안정적인 거주권을 부여해 주지 않는 상황이 지속되자 제3국 재정착만이 실현할 수 있는 해결책으로 다가왔으며 한국도 소규모이지만 마침내 그 책무를 지게 된 것이다. 재정착 난민 제도는 소툴라가 새로운 시공간에서 다시금 삶을 꾸려나갈 수 있도록 해주는 기회였다. 난민 중에서도 1%의 선택받은 자(2019년 기준 전 세계 유엔난민기구 보호 대상자 2천만가량 중 2십만 명)만이 받을 수 있는 특별한 선물이었다.

나에게 그날은 뜻깊은 날이었다. 내가 한동안 머물고 연구했던 맬라 난민촌에서 사람들이 왔기 때문이었다. 그간 그곳과 관계를 맺어오면서 내가 그들에게로 갈지언정 그들이 내게로 오리라는 것은 도무지 상상치 못할 일이었다. 2000년대 중후반 그들이 미국, 호주, 캐나다, 노르웨이 등에 대규모로 재정착되는 것을 지켜볼 때도 우리와는 상관없는 일이라 생각했다. 춥고 어둑어둑한 이른 아침이었지만 성탄절을 이틀 앞두고 '선물' 처럼 우리에게로 온 그들을 직접 보러 인천공항으로 가는 것은 나로서는 당연한 일이었다. 사실 법무부가 그렇게 날짜를 잡은 것은 재정착 난민이 성탄절 선물로서 우리 품에 안긴다는 극적 효과를 노린 기획이었다.

이들이 한국에 올 것이라는 얘기가 퍼지면서 300명가량[13] 되는 재한 카렌족 공동체의 기대는 커졌다. 한국어를 잘하는 몇몇은 통역과 정착 안내자로서 난민들과 한국 정부 사이를 잇는 역할을 부여받았다. 비록 한국 정부의 검소한 환영 기조 탓에 당초에 계획했던 대로 공동체 차원에서 공항에 나가 꽃다발과 선물을 증정하며 동족 난민들을 뜨겁게 맞이할 수 없었지만, 그 통역관이자 정착 안내자인 카렌족은 한국 정부 관료와 유엔난민기구 한국지부 대표와 더불어 입국장 안으로 들어가 이들을 맞이했다. 나는 그 특권을 갖지 못해 이들이 입국장 밖으로 나오기만을 서성이며 기다리고 있었다. 이윽고 입국장 출입문이 열리고 소틀라 가족 등 재정착 난민 무리가 내 앞을 지나간다. 인솔하는 한 카렌족 여성이 나를 보고 반갑게 인사한다.

13) 이 숫자는 카렌족 공동체 모임에 참여하는 숫자이다. 2023년 기준으로 한국 체류 미얀마인은 42,438명이다. https://kosis.kr/statHtml/statHtml.do?orgId=111&tblId=DT_1B040A6 참고(검색일: 2024. 10. 2). 이 자료에는 종족별 구분이 되어 있지 않다. 카렌족 공동체 지도자들은 대략 그 숫자의 10%를 카렌족이라고 본다.

그 여인의 이름은 라에뇨. 내가 그녀를 처음 봤던 때는 1998년 봄 무렵이었다. 나는 그때 A교회의 미얀마 공동체 모임에서 자원봉사를 하고 있었다. 라에뇨의 얼굴이 무척 하얘 친족(Chin)[14]이 주류였던 그 미얀마 공동체에서 도드라졌다. 당시 카렌족 난민을 연구하던 나에게 자기도 카렌족이라는 말을 하면서부터 우리 사이가 가까워졌지만 1999년 가을쯤 라에뇨는 그 교회를 떠났고 나는 그 후로 그녀를 보지 못했다.

라에뇨를 다시 만난 때는 거의 16년이 지나서였다. 나는 재한 미얀마 카렌족 공동체 연구를 2014년 11월에 시작하면서 카렌족의 소재를 찾다가 기독교인 카렌족이 서울 청량리의 B교회에서 주로 모인다는 말을 듣고 2015년 3월 15일에 그곳으로 갔다. 16년의 세월이 흘렀지만 라에뇨와 나는 보자마자 서로를 알아보았다. 우리는 반갑게 서로의 안부를 물었고 그간 지내온 얘기를 나누었다. 그 후 나는 카렌족 행사에 참여관찰도 하고, 여러 번의 비공식면담과 심층면담을 통해, 라에뇨가 한국에서 어떻게 살아왔는지, 카렌족 공동체 결성과 발전에 어떠한 역할을 했는지, 재정착 카렌족 난민의 삶에 어떻게 관여하고 있는지 들었다.

다시 인천공항의 그 현장으로 돌아가면, 그곳에 라에뇨와 함께 꼭 있어야 할 사람인데 없어서 아쉬움을 자아내는 한 사람, 부재로써 현존을 증명하는 한 명의 카렌족 남자가 있다. 그의 이름은 모사린. 라에뇨와 달리 내가 그를 알게 된 것은 얼마 되지 않는다. 미얀마 정치 망명가를 연구하던 중 그의 이름이 자주 언급되자 수소문하여 여러 차례의 비공식면

14) 미얀마와 인도 국경지역에 거주하는 소수종족이다.

담과 심층면담을 통해 그가 한국에서 살면서 어떻게 정치 활동에 가담하여 난민 지위 인정을 받고, 나아가 카렌족 공동체 건설에 중심인물로서 역할을 했는지 알게 되었다. 비록 그는 그 공항이 현장에 나가지는 않았지만, 이미 태국의 난민촌과 그 주변을 여러 차례 방문하여 그곳의 난민들과 교류하며 한국 사정을 알려주는 메신저의 역할을 해왔다. 이 장에서는 그 두 사람 얘기를 중심으로 재한 미얀마 카렌족 공동체의 형성과 발전을 다루고자 한다.

이 장에서 내가 얘기하고자 하는 바는 재한 카렌족 공동체가 미얀마인이라는 큰 우산 아래에서 자기를 구분하는 과정을 겪어왔는데, 다음의 세 특성이 두드러졌다는 점이다. 첫째, 초국가성으로, 중요한 길목마다 카렌족 정치 지도자의 한국 방문과 범카렌족 연대 활동과 같은 초국가적 자극이 그 구분을 부추겼다. 둘째, 고유성으로, 새해 행사 같은 카렌족의 고유 의례가 공동체를 동원하고 자기 정체성을 표현하는 장으로 활용됐다. 셋째, 난민성으로, 한국의 난민 정책이 난민으로서 카렌족의 정체성을 강화하는 구실을 했다. 이 세 특성이 발현되지 않았던 정착 초기(1990년대 말)에는 카렌족은 다른 미얀마인과 같은 우산 아래 비슷한 길을 걸었다. 그러나 2000년대 들어 해외 카렌족 정치 지도자의 방문이라는 초국가적 자극을 받아 공동체 결성에 나섰으며, 새해 행사를 고유성을 발현하는 중요한 계기로 활용했다. 2000년대 후반부터는 박해받는 소수종족으로서 한국 정부에 난민 지위를 신청하며 난민성을 표방했다. 그 이후 한국 정부가 태국 국경 거주 카렌족 난민을 한국에 재정착시키는 정책은 그 난민성을 더욱 강화하는 계기가 되었다. 이 세 특성은 길목마다 정도를 달리하며 한 데에 어우러지며 재한 카렌족의 길을 수놓았다. 하지만 그 구분의 과정이 역동적이면서 쉽지 않은 길인 것을 보여주고자 한다. 초국가성에는 경험과 네트워크를 가진 사람의 부재가, 고유성에는 일치되지 않은 자기 언어의 한계가, 난민성에는 또 다른 권리 주장자인 한국 정부가 그 길에 끼어들기 때문이다.

한국은 태국-미얀마 국경지역과 달리 주류종족과 소수종족 사이에 갈등과 충돌이 발생하는 장이 아니라는 점을 고려하면서 종족 정체성을 다룰 필요가 있다. 종족 간에 갈등과 충돌이 있는 곳에서는 박해받는 소수종족의 정체성이 두드러지며 주류종족과는 '완전히 다른 길'을 걷는다. 그렇지 않은 현장인 한국에서 카렌족은 주류종족과 '비슷하되 같지 않은 길'을 걷는다. '비슷하되 같지 않은 길'은 내가 카렌족의 공동체 발전 과정을 개념화하여 생각해 낸 표현이다. 이 길은 그 어구에서 이미 드러나듯이 상당히 미묘한 길이다. 이 표현은 호비 바바(2002)를 비롯한 포스트식민주의 학자들(로버트 영 2008)이 백인 식민지배자와 토착인 피지배자 사이에 섞이고 스미는 관계, 그렇지만 구분되는 관계를 표현한 영어 구절 '희되 완전히 희지 않은 길'(white but not quite)에서 착안한 것이다. 포스트식민주의 학자들은 그 표현을 쓰며 흉내내기를 시도하는 토착인이 끝내 백인처럼 되지 못하는 한계를 드러냈다. 결국 그 표현에는 비주류의 열등감, 주류의 우월감이 배어있다. 나는 포스트식민주의 학자들에게서 착안하여 '비슷하되 같지 않은 길'을 쓰지만 비주류의 근본적인 한계를 드러내기보다 그들의 주체성을 드러내기 위해 사용한다.

주류종족과 소수종족 사이에 갈등과 충돌이 표면적으로 없는 곳, 특히 미얀마의 대도시인 양곤에서 카렌족의 정체성이 어떻게 발현되는가를 밝힌 연구가 물론 여럿 있다(Cheesman 2002; Oh 2003; 2014; Thawnghmung 2008). 이 연구들은 양곤에 거주하는 카렌족이 버마어를 비롯해 주류의 문화를 흡수하며 살아가는 경우가 많아 주류와 완전히 다른 카렌족 정체성을 표방하기에는 무리가 따른다고 밝혔다. 미얀마 내부의 환경에서, 함께 어울려 오랫동안 살아온 생활 현장에서 정체성이 그리 뚜렷이 구분되지 않는다는 것은 쉽게 이해할 수 있다. 그러나 초국적 이주의 현장에서, 다시 말해 한국이라는 낯선 곳에서 카렌족 정체성은 전혀 다른 맥락에서 구성되기에 앞선 연구와는 다르게 접근해야 한다. 한국 사례는 미얀마 내부를 다루었던 앞선 사례와 달리 초국가성을 깊게 품고 있다는 것을 고려해야 한다. 초국주의를 개진하는 학자들은 한결같이 방법론적 일국주의에서 벗어나 본국과 수용국 사이에 형성되는 초국적 유대관계에 주목해야 한다고 강조한다(Levitt 2001; Vertovec 2004; Wimmer and Glick Schiller 2002). 이러한 주장에 동의하며 나는 이 장에서 '비슷하되 같지 않은 길'의 초국적 국면을 들여다보려고 한다. 구체적으로 초국적 자극에 관심을 두는데, 카렌족 정치 지도자의 방문이나 재한 카렌족 지도자의 태국 국경 난민촌 방문, 해외 카렌족과의 연대 활동 등이 포함된다.

한국의 맥락에서 형성되는 카렌족의 정체성을 살피며 이 초국가적 자극과 더불어 고유성과 난민성도 중요하게 다루려고 한다. 자기 문화의 고유성을 믿고, 지키고, 이어가는 것은 종족 정체성 형성과 발전의 기초를 이룬다. 전통적으로 종족성 이론은 이 고유성이 원래 있던 것인지 아니면 만들어진 것인지에 따라 갈렸다. 전자의 견해를 근원론이라 불렀고(Geertz 1963), 후자의 견해를 상황론 또는 도구론이라 불렀다(홉스봄·레인저 2004; Gellner 1983). 나는 후자의 견해에 동의하여 카렌족의 전통이 특별한 역사적 계기에 만들어졌다고 보면서, 나아가 기존에 이 견해를 내세운 학자들이 다루지 않았던 부분, 다시 말해 초국적 맥락에서 고유성이 어떻게 발현되는가를 들여다보려고 한다. 특히 카렌족 고유성을 지키는 핵심 의례인 새해 행사를 자세하게 다루려고 한다.

'난민성'은 좀 더 직접적으로 한국의 맥락, 특히 정책 환경과 관련을 맺는다. 사실 카렌족을 떠올릴 때 태국 국경지역 난민을 쉽게 연상하지만, 한국 내의 카렌족은 그런 이미지로 떠오르지 않았다. 오히려 한국에서는 그동안 카렌족이 아니라 미얀마(버마족) 정치 망명가들이 난민 문제의 중심에 서 있었다. 한국이 1992년에 유엔난민기구의 협약과 의정서에 가입하고 1994년부터 난민 지위 신청을 받아왔지만, 2000년 3월에 미얀마 정치 망명가들이 집단으로 난민 지위 신청을 할 때에야 비로소 정부와 시민사회가 난민 문제를 깨닫기 시작했다. 그 이후로 2010년대까지 정부의 정책과 사회적 의제는 미얀마 난민과 깊게 연루되며 입안되고 논의됐다. 초기에 카렌족은 이러한 정책과 의제의 중심에 서 있지 않았다. 그러나 이후 한국의 난민 제도에 호소하며 박해받는 소수종족으로서 자기 정체성을 주장해 나갔다. 처음에는 미얀마 정치 망명가와 비슷한 길을 걸으며 난민 지위를 획득했으나, 나중에는 그들과 같지 않은 길을 선택하며 독립적 난민성을 주장했다. 때마침, 한국 정부가 2015년 12월에 재정착 난민 제도의 시범 사례로 카렌족 난민을 데려오면서, 카렌족의 독립적 난민성은 더욱더 굳어졌다. 이제 난민성은 카렌족이 자기 존재를 안팎으로 증명하며 주류와 구분되는 길을 걷는 여정에서 핵심 특성이 되었다.

초국가성, 고유성, 난민성, 이 세 특성은 해를 거듭하며 역동적으로 관련을 맺으며 카렌족의 정체성을 강화해 나갔다. 공동체 결성의 첫발을 내디뎠을 때는 난민성의 발현이 미약한 채 초국가성과 고유성이 정체성 형성의 기반이었다면 2000년대 후반 이후에는 난민성이 주된 역할을 하며 초국가성과 고유성도 더욱더 활성화하고 카렌족의 자기 정체성을 강화하고 있다.

그러나 그 과정에서 난관도 존재한다. 재정착 난민은 거의 전적으로 한국 정부의 통제를 받고 있어 이들을 두고 한국 정부와 '소유권' 경쟁을 벌여야 한다. 특히 재정착 난민이 정부의 적응 프로그램을 거치는 초기 단계에서는 정부의 영향력이 압도적으로 커서 카렌족 공동체는 이들을 품을 수 없다. 그 이후에도 처음 도입하는 이 정책의 성공에 큰 관심을 두고 있는 정부의 관심과 개입에 대응해야 한다. 카렌족의 난민성은 곧 국가의 통제/관리와 맞서며 가야 하는 길이다. 고유성 역시 만들어진 전통이기에 섞이고 스민 카렌족의 혼종성과 맞닥뜨려야 한다. 고유성을 내세우는 새해 행사는 주류와 같지 않은 길을 확인하는 장이면서도 어쩔 수 없이 주류와 비슷한 길을 확인하는 장이기도 하다. 카렌족 공동체는 또한 초국적 네트워크를 주도해 왔던 중심인물의 부재를 극복해야 한다.

한국 속으로: 비슷한 길

카렌족과 한국이 언제, 어떻게 관련을 맺게 됐을까? 대다수 사람은 아마도 1990년대 중반 한국에 외국인 노동자가 오기 시작했을 때, 카렌족도 그 무리에 끼어 오면서부터 관계를 맺게 되었다고 생각할 듯싶다. 그 이전의 관계에 대해서는 들어보지 못했을 것이다. 2000년대 초반 맬라 난민촌에서 머물 때 나는 놀라운 사실 하나와 마주했다. 바로 한국인 후손 가족이 내 숙소 옆에 산 것이다. 찾아가서 얘기를 들어보니, 이동근이라는 한국인이 제2차 세계대전 중에 일본에 징집되어 미얀마 전선까지 왔다가 일본이 패망한 뒤 그대로 미얀마 동부의 카렌주(Karen State)에 주저앉아 살면서 카렌족 여성과 결혼하여 자녀까지 낳은 것이다. 그 한국인은 1976년 12월에 병으로 세상을 떠났고, 남겨진 가족은 그 마을에서 살다가 1991년 무렵 미얀마 정부군이 그 마을을 점령해 들어오자 그의 부인과 자녀 중 일부가 국경을 넘어 맬라 난민촌에 도달했다. 그 얘기에 따르면 한국과 카렌족이 마주하기 시작했을 때는 1940년대 중반까지 거슬러 올라간다.

카렌족이 우리의 불행했던 현대사의 한쪽을 차지하고 있기도 하다. 1987년 11월 29일 대한항공 858기가 북한 측 공작원의 소행으로 폭파돼 추락한 곳이 바로 카렌족 거주지인 태국과 미얀마 접경지대이다. 당시 신문 보도들을 보면 카렌족이 사고기 잔해를 찾았다고 제보하기도 하고, 카렌족 게릴라들은 추락 현장에 대한항공 직원을 안내하는 대가로 20만

달러를 요구했다고도 한다.[15] 당시는 카렌족 반군 세력이 준국가처럼 접경지대를 점령하고 있던 때라서 한국 정부 측이나 대책반이 사건 처리를 위해서는 미얀마 정부나 태국 정부가 아니라 그 카렌족 반군 세력과 직접 협의를 해나갈 수밖에 없었을 것이다.

한국 개신교 측이 선교 차원에서 카렌족과 관계를 맺기도 했다. 손승호(2008, 56-64)에 따르면 1976년에 태국에 도착한 김정웅 선교사가 남부 태국-미얀마 국경지역에 카렌족 교회를 세웠다고 한다. 이후 강대흥 선교사는 1989년 12월 23일부터 좀 더 직접적으로 미얀마 카렌족, 그중에서 카렌족 난민과 관련된 활동을 시작했다. 강대흥 선교사의 소개로 한국의 개신교도들이 맬라 난민촌을 방문하기 시작했고, 그곳의 신학교 건물을 세우는 데에 큰 도움을 주었다. 1995년 12월에 태국에 도착한 오영철 선교사는 강대흥 선교사와 함께 맬라 난민촌과 매솟 주변의 카렌족을 지원하는 활동을 했다. 나는 오영철 선교사의 도움을 받아 1999년 12월에 맬라 난민촌에 들어갈 수 있었다. 1980년대 중반부터 간간이 발생하기 시작한 카렌족 난민 이주가 1990년대 중반에 미얀마 정부군이 미얀마 국경 내 KNU의 주요 군사기지를 장악함에 따라 카렌족이 대규모로 국경을 넘어 태국으로 넘어오게 되자 난민촌도 우후죽순 태국 내 국경지역의 곳곳에서 생겨났다. 이에 따라 엔지오 등 외부 지원 세력이 적극적으로 난민들을 지원했고, 오영철 선교사도 그 지원 대열에 합류했다.

15) 조선일보. 1987년 12월 2일자. "태-버마접경에 추락 흔적." 중앙일보. 1988년 1월 5일자. "KAL 사고기 잔해 카렌족서 발견 주장."

1990년대 중후반이 되면 이 난민 사태 탓에 카렌족이 한국의 언론과 사회에 제법 많이 알려졌다.

바로 그 무렵, 모사린과 라에뇨가 1997년과 1998년에 각각 한국에 왔다. 이 두 사람이 입국한 시기는 한국에 외국인 이주민이 산업연수생이나 관광객으로 또는 결혼 이주민으로 들어오는 때와 겹친다. 1969년에 태어난 모사린의 고향은 에야워디관구(Ayeyarwady Division) 먀웅먀(Myaungmya)이고, 그의 아버지의 고향은 같은 에야워디관구의 중심 도시인 바떼인(Bathein)이다. 카렌족의 하위집단 중에 그는 서부 포(West Paw)에 속한다. 개신교도(침례교)가 주류인 스고(Sgaw), 불교도가 주류인 동부 포(East Paw)와 달리, 서부 포는 개신교도, 불교도, 가톨릭교도가 섞여 있다. 모사린은 가톨릭교도이다. 그의 아버지가 아웅산 수찌의 정당인 민주주의민족동맹(NLD, National League for Democracy)의 당원으로 미얀마 민주화운동에 참여하면서 본인도 도피해야 하는 등 여러 고초를 겪었다. 그러던 중 이렇게 고통스럽게 도피하기보다는 차라리 밖으로 나가서 돈도 벌고 가능하면 민주화운동도 하면 좋겠다고 생각했다. 태국, 말레이시아, 싱가포르도 고려해 봤으나 민주화운동을 하기는 어려울 것 같아, 일본이나 한국에 마음이 더 갔다. 신문과 티브이를 통해 5·18광주민주화운동 등을 알게 되고 한국에 오면 자유롭게 민주화운동도 할 수 있을 것 같아 결국 한국을 선택했다. 2주 동안 체류할 수 있는 관광비자로 한국에 들어왔으나, 비자가 만료된 이후에도 돌아가지 않아서 불법체류자가 되었다. 당시 한국말도 몰랐고, 아는 친구도 없고, 달랑 갖고 있는 것이라고는 마웅마웅소라는 사람의 전화번호였다. 마웅마웅소가 수

원의 사출공장에서 일하던, 나중에 독보적인 미얀마 정치 활동가가 된 내툰나잉에게로 모사린을 보내주었다. 내툰나잉은 모사린이 한국에 정착할 수 있도록 도와주고 일자리도 알아봐 주었다. 당시 이른바 'IMF 경제위기'를 겪던 때라서 내툰나잉의 회사가 문을 닫게 되자 내툰나잉은 이제는 모사린의 회사에 와서 같이 일을 했다. 이 둘은 나이도 비슷하고 정치적 입장도 비슷하여 더욱 가까운 친구가 되었다. 이렇게 친분을 쌓아가던 중 이 둘은 NLD 한국지부를 세울 일을 꾀했다. 마웅마웅소도 이 일에 같이 참여했고, 하나둘씩 사람들이 모여들어 28명까지 늘어났다. 이들은 1999년 2월에 NLD 한국지부를 설립하여 내툰나잉은 총무를 맡았고, 모사린은 평회원으로 참여했다. 이렇게 모사린은 한국 생활 초기에 버마족 민주화 활동가와 '비슷한' 인생 역정을 거치며 디아스포라 민주화운동에 가담하게 된다. 그 자신 카렌족으로서 내적 정체성은 확고히 갖고 있었으나 주류종족과 '같지 않은 길'을 도모할 조건이 무르익지 않았다.[16)]

한편, 1959년 태생인 라에뇨의 고향은 버고관구(Bago Division)의 따웅우이다. 그곳은 스고 카렌이 많이 살고 그녀 역시 스고에 속하고 기독교도이다. 그곳에서 자동차로 얼추 한 시간 정도만 가면 KNU의 근거지 중 하나인 카렌주의 딴다웅지(Than Daung Gyi)에 다다를 수 있다. 그 때문에 그녀의 고향 사람들은 미얀마 정부군으로부터 갖은 고초를 겪었다. 정부

16) 모사린의 개인사에 관한 이야기는 주로 2015년 12월 11일에 그가 운영하는 부평의 음악 주점에서 수행한 심층면담에서 들은 것이다.

군은 KNU를 공격하기 위한 기지로서 따웅우를 활용했다. 동네의 남자들은 군대의 짐꾼으로 부역을 바쳐야 했다. 군인들보다 먼저 지뢰밭을 지나가야 했고 이 탓에 다리에 상처를 입은 사람들이 많았다. 라에뇨는 따웅우에서 고등학교까지 마친 후 대학에 다니기 위해 양곤으로 가서 양곤대학교 지리학과에 들어갔다. 대학을 졸업한 뒤에는 카렌주의 정부 학교에서 10년 정도 교사로 재직했다. 이후 다시 양곤으로 가서 양곤교육대학교에 들어갔다. 5년 과정의 전문(professional)대학교였지만 라에뇨는 현장 교사 경력을 인정받아 2년만 다니면 되었다.

라에뇨가 한국인 남편을 만나게 된 때가 바로 양곤교육대학교를 다니던 시기였다. 당시 해운회사에서 일하던 라에뇨의 친구가 한국인 선교사와 가깝게 지내던 중에 알게 된 한국인 남성을 라에뇨와 연결해 주었다. 그 선교사 역시 적극적으로 그 둘 사이를 주선했다. 솔직히 라에뇨는 그 남자를 좋아하는지, 그렇지 않은지 갈피를 잡지 못했지만, 교육에만 신경을 쓰는 사이에 나이가 이미 39세에 이르렀고, 인생에서 동반자가 필요하겠다 싶었고, 신뢰하는 선교사가 소개해 준 사람이라서 믿고 결혼하기로 마음먹었다. 그리고 1998년 4월 1일, 거짓말처럼 잘 알지도 못하는 한국에 들어왔다. 이때까지도 라에뇨는 여차하면 미얀마로 돌아갈 생각이었다. 대학교 이상의 교육까지 받은 그녀로서 일이 뜻대로 안 풀리면 직접 대사관에 찾아가서 해결하고 미얀마로 돌아갈 자신이 있었다.

한국에 와서 처음에 남편이 살던 도봉동 아파트에 터전을 마련했다. 아내가 독실한 기독교 신자인 것을 알았던 남편은 여기저기 수소문하여 A교회에서 미얀마인들이 모인다는 것을 알아내 그녀를 그곳으로 안내했다. 김선임(2012, 114-116)에 따르면, 1994년에 당산동교회에서 불교도인 미얀마인들이 미얀마노동협회(Myanmar Labor Association)를 조직했다고 한다. 그러나 종교가 다른 미얀마인들이 불편을 겪었고 모임의 지도자가 미얀마로 돌아가자 1년 만에 자취를 감추었다고 한다. 비슷한 시기에 A교회도 미얀마인들의 모임이 있었다. 1994년 11월 무렵 A교회는 'A미션'이라는 조직을 만들어 외국인 근로자들을 향한 선교활동을 하던 중 어느 한 미얀마인 목사를 만나게 되고 그 미얀마인 목사가 중심이 되어 1995년 1월부터 미얀마인들의 예배를 시작했다.[17] A교회는 기독교인 미얀마인들의 모임이 최초로 시작된 곳이다. 내가 관여했던 1990년대 후반과 2000년대 초반에, 그곳에 대략 50명 정도가 매주 모였고, 목사를 비롯하여 그 모임에 참여했던 대부분의 미얀마인은 친족이었다. 샨족 출신이 1명 있었고, 가끔 불교도 버마족 몇 명이 오기도 했다. 라에뇨가 이 모임에 왔던 최초의 카렌족이었다. 친족이 이 모임을 주도하다 보니 라에뇨는 신앙은 독실했지만 앞에 나서지 않고 성실히 모임에 오는 정도로만 활동했다. 그녀 역시 모사린처럼 카렌족으로서 정체성은 확실했지만, 아직 조건이 무르익지 않아 친족과 더불어 '비슷한 길'을 걸었다. 모사린이 정치 활동 쪽에서였다면, 라에뇨는 종교 활동 쪽에서 그 비슷한 길을 걸었다.[18]

17) A미션 자료에서 참고.

18) 라에뇨의 개인사는 주로 2015년 12월 13일에 서울의 B교회 근처에서 수행한 심층면담에서 들은 것이다.

갈라지는 길목

모사린이 내툰나잉 등과 함께 NLD 한국지부를 조직하며 디아스포라 정치 활동에 참여해 나갔지만 애초에 자신이 난민이라는 의식도 없었고, 한국에 난민 지위 인정 절차가 있는 것도 몰랐다. 그의 동료인 마웅저(2014, 237-238)에 따르면 미얀마 정치 활동가들이 난민을 연상할 때면 아프리카 아이들과 여성들을 떠올렸고 자신들이 난민이라고는 전혀 생각하지 않았다고 한다. 그러나 한 결정적인 사건이 모사린과 그 동료들의 생각을 바꾸어 놓았다. 2000년 3월 20일에 NLD 한국지부의 국제업무를 담당하던 조샤린이 불법체류자 단속에 걸려 인천 출입국관리사무소에 감금되고 곧 미얀마로 추방될 위기에 처한 것이다. 본국으로 보내지면 정치 활동을 한 그의 운명은 알 수 없는 노릇이었다. '민주사회를 위한 변호사모임'(민변) 등 한국의 민주화단체와 활동가들이 조샤린의 추방을 막기 위해 나섰고, 그 방편으로 법무부에 난민 지위를 신청했다. 그해 5월 10일 모사린을 비롯해 20명의 회원 역시 신변 불안을 해결하려는 방편으로 집단으로 난민 지위를 신청했다(마웅저 2014, 236-238; Suh 2015, 764). 그러나 당시 총무인 내툰나잉을 비롯해 오로지 3인만이 2003년에 난민 지위를 인정받았고 모사린 등 다른 사람들은 불인정 결정을 받았다. 인정을 받지 못한 사람들은 기나긴 소송전에 돌입하게 된다. 난민 지위 신청과 이의 신청 절차를 진행하면서 비로소 그들은 '난민성'을 자각했다. 그들의 디아스포라 정치 활동은 이제 난민 지위 인정 투쟁과 뗄 수 없었다. 그러나 이것은 미얀마 망명가들의 정치적 난민성 자각이었고, 박해받는 소수종족으로서 카렌족의 독립적 난민성 자각은 아직 무르익지 않았다.

모사린이 미얀마 활동가와 더불어 디아스포라 정치 활동에 본격적으로 가담하는 한편, 한쪽에서는 카렌족만의 모임을 만들고 싶은 마음도 서서히 커나갔다. 그러나 생각만 있었지 여기저기 흩어진 카렌족을 규합하기가 쉽지 않았다. 그러나 이즈음에 그 길을 걸어가도록 추동하는 사건이 있었다. KNU의 외교 업무 수장인 데이비드 토(David Taw)가 미얀마 민주화 문제와 카렌족 등 소수종족의 문제를 해외에 알리기 위해 2000년에 한국을 방문했다. KNU 의장을 비롯해 주요 인사들은 태국 정부와 유엔난민기구의 협조를 받아 방콕의 공항을 이용하여 해외 방문을 할 수 있었다. NLD 한국지부를 방문한 데이비드 토는 모사린에게 한국에 카렌족은 얼마나 있으며, 어떻게 사는지를 물어보았으나 모사린은 대답할 수 없었다. 데이비드 토는 그에게 카렌족만의 단체를 만들어 보라고 제안했다. 데이비드 토의 방문과 제안에 자극받아 이때부터 모사린은 카렌족 단체를 조직하기 위해 적극적으로 나서게 된다.

한편, A교회 미얀마인 모임의 구성원들 간 관계가 어려워지자 1999년 10월 라에뇨를 비롯해 일부 무리가 빠져나가 모임을 따로 꾸렸다. 그리고 한 이주노동자의 집에서 10명가량이 매주 토요일에 모였다. B교회의 한 교인이 이 사실을 알고 자신의 교회가 이 무리를 수용할 수 있는지 알아봐 주었다. B교회는 2000년에 공식적으로 교회 내에 미얀마인들을 위한 예배 장소를 제공했다.

B교회의 미얀마인 예배에서도 처음에는 친족이 활동을 주도했으나 라

에뇨가 이때부터 앞장서 적극적으로 활동에 참여하며 또 다른 주역으로 떠올랐다. 그러다 보니 자연스레 카렌족 출신이 점점 늘어났다. 때마침 친족 출신은 가리봉동 쪽에서 자기들만의 모임을 시작하며 B교회에서 빠져나가기 시작했다. 라에뇨는 미얀마에서 카렌족이 한국에 올 때마다 수소문하여 이 교회에 오게 했고, 한국에 잘 정착할 수 있도록 세세히 보살펴 주었다. 카렌족 이주노동자들은 한국 생활에 어려움을 겪을 때면 라에뇨에게 도움을 구했다. 비행기표 구매, 대사관 방문 등 온갖 일을 라에뇨와 상담했다. 라에뇨는 미얀마에서 교사로 지내면서 이미 그런 일에 숙달돼 있었고, 슬하에 자녀를 두고 있지 않아 카렌족 이주노동자들을 자식처럼 돌볼 시간과 여력이 있었다. 다행히 남편도 자기 일을 이해하고 지원하여서 큰 힘이 됐다. 라에뇨의 노력 덕분에 카렌족은 B교회 미얀마인 예배의 주요 참석자가 되었다.

드디어 모사린의 길과 라에뇨의 길이 서로 닿게 된다. 2004년부터 이 둘은 빈번히 만나기 시작했다. 마침 새롭게 도입된 고용허가제를 통해 새로운 부류의 사람들이 한국에 들어오자 카렌족 모임을 만들려는 움직임이 탄력을 받았다. 4년 전의 데이비드 토의 방문처럼 초국가적 자극을 다시 한번 받은 것이다. 고용허가제를 통해 들어온 사람들은 한국어능력시험을 치르는 등 어느 정도 한국 적응에 필요한 준비를 하여 한국에 들어오고, 4년 10개월까지 합법적으로 비교적 오래 머무를 수 있었다. 모사린과 라에뇨는 "카렌족끼리 서로 돕자," "행사를 만들어 우리 카렌족의 문화를 다른 사람에게 보여주자!"라며 의기투합했고, 마침내 2005년에 카렌민족협회(Karen National Fellowship)를 시작했다. 회장은 라에뇨가,

부회장은 모사린이 맡았고, 모임 규모는 25명 정도였다. 첫 모임 장소는 포천의 라에뇨 집이었다. 라에뇨는 도봉동에 살다가, 양주 덕정으로 옮겼다가, 이제는 포천에 정착했던 터였다. 이들은 한 달에 한 번씩 모였고, 회비는 매달 3만 원씩 거두었다. 라에뇨와 모사린은 모임이 있는 전날 밤이면 한두 시간씩 전화통을 붙들고 동료 카렌인이 이 모임에 나오도록 독려했다. 카렌족 공동체 행사 때마다 이들은 카렌 국기(national flag)에 대한 의례를 수행했고 카렌 국가(national anthem)를 제창했다. 모금액은 국경지역 난민촌에 보내기도 했다. 점점 카렌족은 독자적인 길, '같지 않은 길'을 걸어 나갔다.

같지 않은 길과 한국의 재정착 난민 제도

카렌족 공동체를 시작하며 무엇보다 중요하게 생각하며 추진한 것은 새해 행사 개최였다. 그것은 카렌족의 고유성을 대내외에 알리는 의미를 지녔다. 카렌 달력에 따른 새해 행사는 보통 양력 12월이나 1월 중에 열린다. 미얀마에서 카렌족 새해 기념은 그리 오래되지 않았다. 1938년에 카렌족 지도자들이 영국 식민 당국에 공식적인 날로 지정해달라고 요구하고 그것이 받아들여지면서부터 개최되기 시작했다.[19] 그것은 만들어진

19) 카렌족은 오늘날 미얀마에 기원전 739년에 들어왔다고 하며 그것을 첫 번째 해로 간주한다. http://www.burmalibrary.org/reg.burma/archives/199801/msg00225.html(검색일: 2023. 12. 5).

전통으로서 카렌족의 고유성을 주장하는 중요한 행사로 의미를 키워갔다. 나는 카렌족 새해 행사를 매솟에서 현지조사를 하고 있을 때인 2005년 1월 10일에 처음으로 참석했다. 강렬한 원색의 카렌족 의상을 입은 참석자들이 목청껏 카렌 국가를 부르고, 대형 카렌 국기로 배경을 장식한 무대에서는 카렌족 정치가들이 당시 미얀마 군부정권을 신랄하게 비판하는 연설을 한 장면이 아직도 눈에 선하다. 그 새해 행사는 그야말로 카렌족의 고유성과 정치의식을 마음껏 표현하는 장이었다.

한국의 카렌족 공동체도 바로 이 행사를 치르면서 카렌족의 고유성을 주장하고 공동체 의식을 키워나가려 했다. 처음에 새해 행사는 서울의 어느 한 교회를 빌려 개최했다. 이듬해에는 라에뇨가 다니는 B교회에서 개최했다. 이후로는 이동의 편의를 위해 카렌족이 많이 거주하는 부천과 인천에서 장소를 빌려 개최했다. 이 일에 모사린과 라에뇨가 계속 깊게 관여했고, 라에뇨의 남편도 적극적으로 도와주었다. 이를 계기로 카렌족 공동체는 점점 성장했다.

모사린을 비롯해 젊은 이주민들을 중심으로 미얀마에서 억압받는 카렌족을 한국 사회에 알리고 싶은 마음도 커갔다. 2007년 무렵 그중 몇 사람이 불법체류자 단속에 걸려 감금되었다. 모사린과 그에 동조하는 사람들은 법률적 보호망을 모색했다. 7년 전 NLD 한국지부 회원들이 단속과 추방의 위협으로부터 자신을 보호하기 위해 난민 지위를 신청했듯이, 이제 그들도 난민 지위를 '약자의 무기'로 활용하려고 했다. 모사린을 비롯해 12명의 카렌족은 2008년부터 어떤 조직을 만들지 협의했고 2009년 초에 마침내 카렌청년회(KYO, Karen Youth Organization) 한국지부를 창립했다.[20] 그리고 본부로부터 정식 지부로 승인을 받았다. 이로써 그들은 박해받는 소수종족의 권리와 미얀마의 민주주의를 위한 투쟁의 길에 나섰음을 공식적으로 표방하고 NLD 한국지부 등 다른 미얀마 민주화 활동 단체들과 연대하며 주한미얀마대사관 앞에서 시위를 벌이기도 했다. 그리고 이를 난민 지위 인정 투쟁의 근거로 삼기도 했다. 여기에 모사린의 경험과 지식이 큰 도움이 되었다. 모사린은 오랜 소송전 끝에 2008년 난민 지위를 받은 터였다. 2000년에 신청했으니 8년이 걸렸다. 모사린은 KYO 한국지부 창립 구성원들이 난민 지위를 신청하는 데 도움을 주었다. 갖추어야 할 서류와 강조해야 할 자기소개 부분과 인터뷰에 응하는 방법 등 자기가 경험한 바를 전수했다. 그리고 민변 소속의 한국인 변호사와 연결해 주기도 했다. 이렇게 하여 그들 중 세 명이 난민 지위를 받았다. 거부당한 사람 중 일부는 행정소송을 진행했다.

모사린은 난민 지위를 받자마자 본격적으로 초국적 활동에 가담했다. 난민 지위를 받으면 난민여행증명서를 발급받아 해외여행을 할 수 있다.[21] 공항의 출입국관리 직원조차 이것을 몰라 특별심사 장소에 데려가기도 하고, 유효 기간이 짧아[22] 연장해야 하는 번거로움이 있었지만, 모

---

20) 1949년에 미얀마에서 창립된 KYO는 KNU의 중요한 직속 기관으로서 활동해 오고 있으며 현재 그 본부를 매솟에 두고 있다(Lee 2001, 53; McConnachie 2014, 45-46).

21) 난민 지위를 받으면 거주 비자(F-2-4)를 받고 난민여행증명서 발급 이외에도 대한민국 국민과 같은 수준의 사회보장, 기초생활보장, 교육 보장을 받고 사회 적응 교육도 받을 수 있다.

22) 출입국관리법 제76조의5(난민여행증명서)에서 한동안 유효 기간을 1년으로 규정했었으나, 2010년 5월 4일에 개정(11월 15일 시행)한 후부터는 2년으로 늘렸고 1년

사린의 초국적 연대 활동 열망을 가로막지는 못했다. 2009년 모사린은 일본을 방문하여 그곳의 카렌족 단체 행사에 참여했다. 시인이자 음악가인 모사린은 그곳에서 노래를 부르며 연대를 돈독히 했다. 이때 일본 카렌족 단체에서 주도적으로 활동해 오던 소바라떼잉[23]을 만나서 우의를 다지고, 태국-미얀마 국경지역에서 열리는 범카렌족 연대 행사인 카렌 민족 통합 세미나에 같이 참여하기로 했다. 앞 장에서 언급했듯이, 카렌 민족 통합 세미나는 KNU가 국경지역을 비롯해 세계 곳곳에 흩어진 카렌족을 규합하기 위해 국경지역에서 1999년에 처음 조직된 행사였으며 1년이나 2년 간격으로 개최돼 왔다. 소바라떼잉은 모사린보다 앞서 일본 정부로부터 2006년 1월에 난민 지위를 받은 이후 난민여행증명서를 갖고 태국-미얀마 국경지역을 방문하며 카렌 민족 통합 세미나에 참여해오던 터였다. 2010년 모사린은 드디어 KYO 한국지부의 대표로서 태국 방콕행 비행기에 몸을 싣고 태국-미얀마 국경지역에서 열리는 카렌 민족 통합 세미나에 참석했다. 모사린은 거기에서 다시 소바라떼잉을 만나서 호주 등 세계 곳곳에서 활동하는 카렌족 지도자들도 교류하며 카렌족의 상황에 대한 의견을 나누었다. 국경지역의 카렌족 정치 지도자와도 많은 얘기를 나누며 현재의 정치 상황에 대한 이해도 높였다. 모사린을 비롯해 참석자들은 카렌 민족 통합 세미나가 끝난 후에는 방콕으로 내려와

연장할 수 있도록 했다. 난민여행증명서에 관한 조항은 2012년 난민법 제정 이후에도 여전히 출입국관리법 사항으로 남아 있다. 출입국관리법 개정 내력을 보기 위해서는 다음의 사이트 참고. http://www.law.go.kr/lsInfoP.do?lsiSeq=151991&efYd=20140619#0000(검색일: 2023. 12. 12).

23) 일본 사례를 다룬 다음 장에서 소바라떼잉에 관한 이야기가 나온다.

리포터클럽에서 기자회견을 개최하며 그 세미나의 성과를 비롯해 미얀마의 정치 상황과 카렌족의 견해를 알리기도 했다.

모사린이 이렇게 KYO의 지도자로서 카렌족을 위한 활동을 주로 해나가자 NLD 한국지부 활동에는 자연스레 소홀해졌다. 몸은 하나인데 두 조직에 똑같이 열심을 내기가 여간 힘든 일이 아니었다. 더군다나 주말에만 시간을 내서 참여해 오던 터였다. 시인으로서, 음악인으로서, HIV 환자를 돕는 독지가로서 활동도 하고 있어서 더욱더 시간을 내기가 어려웠다. 더군다나 NLD 한국지부는 밤 11시까지도 회의를 했고, 매달 두 번씩 대사관 앞 시위에도 참여해야 했다. 당시 화성에 살던 때라서 이동 시간도 만만치 않았다. 시간을 줄이라고 여러 번 요구했으나 관철되지 않았다. NLD 한국지부로서는 카렌족 모임에만 열심을 내고 자기네에는 소홀히 하는 모사린에 대해 눈치를 주었다. 모사린의 서운한 감정도 커 갔다. 1988년 당시 카렌족이 국경으로 도망친 버마족 학생과 민주화 운동가들을 품어주었고, 현재 난민촌에서도 카렌족이 이들을 품어주는데 왜 카렌족을 이해하지 못하는가 하는 섭섭한 마음이 생겼다. 마침내 모사린은 2010년에 NLD 한국지부를 탈퇴하고 KYO 한국지부의 일에만 관여했다.

그 무렵 한국 정부는 좀 더 발전적인 난민 정책을 모색했다. 앞서 언급했던 것처럼 그간 난민 관련 조항은 출입국관리법에 들어가 있었으나 분리하여 별도의 난민법을 제정하려 했고, 제3국 재정착 제도도 도입하려고 했다. 2000년에 NLD 한국지부 회원의 집단 난민 지위 신청으로 촉발된 난민 이슈가 해를 거듭하며 한국 시민사회의 관심을 받았고, 인권 국가를 대내외에 표방하려는 정부의 관심도 받았다. 마침내 2012년 2월 10일, 아시아에서 최초로 난민법이 제정됐다(Soh and Lund 2014; Wolman 2013). 정부는 재정착 난민을 수용하기 위해 영종도에 출입국·외국인지원센터를 2011년 착공하여 2013년에 완공했다.[24] 그리고 시범사업을 추진하면서 어디에서, 어떤 난민을, 어떤 규모로 데려올지 관련 단체와 논의했다. 유엔난민기구 한국대표부는 위급한 난민을 우선순위로 여겼으나 법무부는 한국 사회에 통합되기 쉬운 난민을 우선순위로 여겼다.[25] 마침 일본 정부가 2010년부터 시범사업의 일환으로 매솟 주변의 난민촌에 거주하는 카렌족을 매년 30명 정도 데려왔다. 한국 정부는 일본 정부의 정책을 그대로 본받아 그 난민촌에서, 그 사람들을, 그 규모로 데려오기로 했다. 더군다나 한국에 이미 카렌족 공동체가 자리 잡고 있어서 재정착 난민들이 한국 사회에 비교적 쉽게 통합될 수 있다고 생각했다.

주무 부처인 법무부로서도 재정착 난민 제도는 전인미답의 길이었고, 이 제도를 성공적으로 안착시켜야 하는 부담을 크게 갖고 있었다. 더군다나 난민이 배후로 추정된 2015년 11월 파리 테러 이후 국내외를 막론하고 난민에 대한 선주민의 태도가 부정적으로 바뀌고 있는 상황에서 이 제도를 추진하는 것도 부담이었다. 시민단체와 활동가로부터는 국내에

24) 당초에 그 센터의 이름은 '난민지원센터'였으나, 지역주민이 혐오시설이라 여겨 출입국·외국인지원센터로 바뀌었다. http://news.khan.co.kr/kh_news/khan_art_view.html?artid=201309012228515&code=950201 참고(검색일: 2016. 3. 23).

25) 유엔난민기구 한국대표부 법무담당관과 면담(2015. 10. 20).

서 난민 지위를 신청하는 자들에게는 까다롭게 대하면서(2013~2020년 평균 인정률 3.3%) 재정착 난민들에게만 대우를 잘해주며 생색낸다는 비판을 받기도 했다. 이런 조건 속에서 재정착 난민들이 혹시라도 한국 생활에 부적응하여 낙오하는 일이 발생한다면 그 책임은 오롯이 법무부의 몫일 터였다.

따라서 법무부는 재정착 난민을 대상으로 고강도 초기 적응 프로그램을 마련해 두었다. 소툴라는 출입구·외국인지원센터에서 6~9개월 동안 머물며 600시간의 한국어 과정, 192시간의 문화 이해 과정, 294시간의 현장경험 과정, 292시간의 심리, 종교, 체육 활동 과정을 이수해야 했다. 한곳에 오래 앉아 공부해 본 적이 없었던 소툴라를 비롯한 대다수의 재정착 난민들이 그러한 고강도의 적응 프로그램을 이수하기란 절대 쉽지 않을 일이었다. 프로그램이 온통 '한국 적응'에만 맞추어져 있지, 카렌어와 카렌 문화 등을 살리는 프로그램은 없었다.

그러면서 법무부 담당관은 이들과 그 센터와 생활하고 나중에 지역사회에서 이들의 정착을 도울 수 있는 카렌족을 찾아 나섰다. 그러던 중 라에뇨를 알게 되고 그녀가 다니는 B교회와 포천의 라에뇨 집까지 방문하여 그 일을 맡아달라고 부탁했다. 구체적으로 재정착 난민이 영종도의 센터에서 지내는 동안 통역을 하고 세탁기 사용법이나 샤워 방법 등을 알려주는 등 전반적인 생활 안내자의 역할을 하는 일이었다. 포천에서 영종도까지 날마다 출퇴근하는 것이 만만치 않을 일이었으나 라에뇨는 자기 동족을 돕는 일인 만큼 의미가 크다고 생각하여 흔쾌히 동의했고, 남편도 라에뇨의 결정을 존중해 주었다.

카렌족 난민이 온다는 사실은 이미 한국의 카렌족 공동체에 널리 퍼져 나갔다. 그들은 공항에 어떻게 마중을 나갈까, 꽃다발을 전해줄까, 어떤 선물을 전해줄까 얘기를 나누며 설레는 마음을 감출 수 없었지만, 자기들이 그동안 한국 사회에서 겪은 온갖 어려움을 생각하면 그 난민들이 한국 사회에 잘 적응할 수 있을까 걱정도 되었다. 기존 난민 지위 인정자 몇몇은 자기네들에게는 별 도움도 주지 않으면서 재정착 난민을 특별히 대우하는 한국 정부의 '생색내기' 태도에 불만을 품기도 했지만, 이들을 따뜻하게 품고자 하는 마음은 진심이었다.

초국적 길

해외 카렌족 공동체의 지도자들도 범카렌족 네트워크를 강화하기 위해 한국의 카렌족을 초국적 연대 활동에 더 깊이 끌어들이려고 했다. 범카렌족 네트워크는 KNU를 정신적·물질적으로 후원하는 주요한 자원이 되어왔다. 마침 카렌족 난민이 재정착된다고 하니 한국도 그 네트워크에 포함할 시기가 무르익었다고 보았다. 호주의 카렌족 공동체 모임과 해외 카렌족 연합활동에서 주도적인 역할을 해오던 가네미 쿠누가 그 일을 추진했다. 가네미는 2015년 10월 7일부터 21일까지 한국을, 바로 이어 11월 5일까지 일본을 방문하려고 했다. 그에 앞서 9월 30일 모사린과 일본의 카렌족 몇 명에게 다음과 같은 편지를 보냈다.

한국과 일본의 토메빠(Tohmaepa)[26] 가족을 방문하며

사랑하는 가족들에게,

내 한국과 일본 방문 일정을 보냅니다.

……

KNU 본부는 나에게 계속 한국과 일본에 가서 그곳에 사는 우리 카렌 가족들을 만나보라고 부탁해 왔습니다.

그러나 다른 급한 사정 때문에 인도와 안다만섬, 이스라엘에 먼저 가서 그곳의 우리 카렌족을 만나야 했습니다.

마침내 내 꿈이 이루어졌습니다. 내가 곧 출발할 것입니다. 2015년 10월 7일에 멜버른을 떠나 한국과 일본으로 향합니다.

여기 요청한 대로 내 일정과 이력서를 첨부합니다.

평안을 빕니다.

가네미

이 편지 내용을 보면 KNU 본부 차원에서 해외 거주 카렌족을 엮는 활동, 특히 한국과 일본에 관심을 크게 기울이고 있다는 것을 알 수 있다. 그 역할을 맡은 가네미 쿠누는 1977년에 KNU 혁명에 가담하여 사단장으로서 전투에 참여했고, 맬라 난민촌의 건립에도 크게 관여했으며,

26) 토메빠는 우리의 단군처럼 카렌족의 시조이다. 우리가 단군의 자손이라는 표현을 쓰는 것처럼 카렌족도 토메빠의 자손/가족이라는 표현을 곧잘 쓴다.

KNU 의장의 비서와 보좌관 역할 등을 역임하다가 1994년 호주에 재정착한 인물이었다. 호주 카렌족 공동체 조직에도 크게 관여하며 회장을 맡았고, 자주 태국–미얀마 국경지대를 방문하며 KNU와 해외 카렌족의 연대에 관한 활동을 해왔다. 그 결과 2014년 9월 20일에 범해외카렌족 연합조직체인 '국제카렌회'(IKO)를 조직했다. IKO는 그 아래 아시아태평양지부, 유럽지부, 북미지부를 두었다. 그 자신 IKO 초대 회장을 맡아서 편지에 언급된 것처럼 카렌족이 거주하는 해외 이곳저곳을 방문해 왔다.

가네미가 한국에 도착할 무렵 모사린은 나에게 전화를 걸어 가네미가 매우 중요한 인물이니 꼭 만나보라고 제안했다. 모사린에게는, 아니 카렌족 공동체에게는 가네미의 방문은 15년 전 데이비드 토의 재현이었던 셈이다. 가네미가 부평의 KYO 모임터에서 묵고 있는데 마침 그 주 일요일(10월 11일)에 KYO 회원들과 모임도 하고 그 뒤에는 부천의 NLD 한국지부도 방문할 예정이라고 했다. 나는 10월 11일 KYO 모임터인 부평역 근처의 단독주택에 갔다. 30명가량의 카렌족이 전통의상을 입고 옹기종기 모여서 가네미가 방에서 나오기를 기다리고 있었다. 이윽고 역시 전통의상을 입은 가네미가 나와 그 무리 앞에서 연설했다. 그 연설에서 카렌족이 한동안 고유한 왕국을 유지했다는 것, 버마족 왕들이 카렌족을 학대했다는 것, 제2차 세계대전 시기에 버마족이 카렌족을 잔혹하게 학살했다는 것, 버마족 중심의 역사 교과서가 카렌족의 고유성을 배제했다는 것, 미얀마의 현재 민주화는 신뢰할 수 없다는 것을 위주로 얘기했다. 그리고 끝에 IKO를 설명하고 한국의 카렌족도 IKO 한국지부를 세워 그 아래로 들어올 것을 당부했다. 이 연설을 마치고 가네미는 부천역 근처의 NLD 한국지부 사무실에 갔다. 한 달여 전(9월 4일)에 타계한 내툰나잉 회장을 대신하여, 이제 얀나인툰 부회장이 가네미를 맞이했다. 그날 모인 12명의 회원 앞에서 가네미는 바로 직전과는 다른 어조로 1988년 미얀마 군부가 민주화운동을 탄압할 당시에 버마족 학생 활동가들과 NLD 회원들이 국경으로 피난 왔을 때 KNU가 어떤 도움을 주었는지, 어떻게 서로 연합활동을 했는지를 위주로 연설했다.

10월 18일 일요일에 가네미는 몇몇 KYO 회원들의 인도를 받아 서울의 B교회를 찾아왔다. B교회의 라에뇨 등 카렌족을 만나기 위해서였다. 예배 도중의 소개 시간에 가네미는 간략하게 자기의 이력과 한국 방문 목적을 소개했다. 예배가 끝나자 재미있는 광경이 벌어졌다. 갑자기 카렌족과 비카렌족이 분리됐다. 라에뇨가 나에게 다가와 카렌족은 따로 모이니 같이 나가자고 살며시 얘기했다. B교회의 주요 구성원은 카렌족이지만, 담당 목사는 버마족이고, 까친족 등 다른 종족도 구성원으로 참여했고, 일부 카렌족은 카렌족 정체성을 갖고 있지 않았다. '순수' 카렌족만 라에뇨의 안내를 받아 조용히 하나둘씩 빠져나가 라에뇨가 예약한 근처의 중국음식점에 모였다. 가네미와 라에뇨가 한가운데 자리한 채 20명가량이 빙 둘러앉았다. 이윽고 가네미의 연설이 시작됐다. 가네미는 그들에게 해외에서 살고 있지만 카렌족으로서 정체성을 확고하게 지켜나가는 것이 중요하다는 말을 먼저 했다. 이어 버마족이 카렌족의 재산을 어떻게 탈취했는지 설명하며, 그 한 예로, 쌀 소출이 많은 에야워디 델타가 원래 카렌족의 땅이었는데 미얀마 정부가 버마족을 그곳으로 데려오며 카렌족을 쫓아냈다는 것을 들었다. 미얀마의 국부로 추앙받는 아웅산 장군도 비판했다. 카렌 새해를 정할 때 아웅산 장군이 반대를 했다는 것이다. 가네미는 이어서 해외에서 살 때 카렌족 공동체가 정체성을 지켜나가는 데 얼마나 중요한지 설명하며 자기가 관여한 호주 카렌족 공동체를 모범 사례로 들었다. 끝으로 한국의 카렌족 공동체가 IKO의 지부로 들어와 초국적 연대 활동에 함께 힘써달라고 당부했다.

이틀 뒤(10월 20일), 가네미와 새로 KYO 회장직을 맡은 묘떼잉, 그리고 나 이렇게 셋은 유엔난민기구 한국대표부를 방문했다. 가네미는 10월 11일 부평에서 만났을 때 이미 나에게 한국의 난민 정책 관련 책임 기관을 방문할 수 있도록 주선을 부탁했던 터였다. 법무부 난민과는 여러 사정 탓에 방문이 어려웠고, 나는 대신 그 대표부를 주선했다. 가네미와 그 대표부의 주요 인사는 12월 23일에 들어오게 될 재정착 카렌족 난민에 관한 얘기를 주로 나누었다. 가네미는 호주에 재정착한 카렌족 난민이 얼마나 성공적으로 호주 사회에 적응했는지 예를 들며 기존 공동체의 역할이 새로 올 난민의 정착에 중요하다고 말했다. 그리고 카렌족은 버마족과 다르다는 점을 힘주어 말하며 특히나 재정착될 난민들은 버마족에게서 고통을 받은 자로서 그 누구보다도 버마족을 신뢰하지 않으니 이들 곁에서 생활을 안내하고 의사소통을 도와주는 통역인은 반드시 카렌족이어야 한다고 역설했다. 그 점을 한국 정부에게도 꼭 전달해달라고 요청했다.

그다음 날 가네미는 일본으로 떠났다. 가네미가 한국의 카렌족 공동체에 준 초국적 자극은 매우 컸다. 가네미가 떠난 뒤 한국의 카렌족은 가네미의 요청과 당부를 받아들여 조직을 새롭게 구성했다. 2015년 말에 기존의 카렌민족협회를 해체하고 새로이 한국카렌회(KKO, Korea Karen Organization)를 구성하여 IKO 아래로 들어갔다. 초대 회장은 라에뇨가 맡았고, 그 이래 부회장, 총무, 부총무, 회계, 청년국, 여성국, 문화국, 자문단, 모금위원회, 언론위원회 등을 두었다. 이로써 한국 카렌족의 주류종족과 '같지 않은 길'은 해외 카렌족과 '같이 걷는 길'로 접어들었다.

울퉁불퉁한 길: 국가의 통제와 혼종성

2015년 12월 23일, 인천공항에서 라에뇨는 나와 잠깐 인사를 나눈 뒤 법무부 재정착 담당관과 더불어 소툴라 등 재정착 난민을 인솔하여 미리 대기한 버스에 올라탔다. 그 버스는 곧바로 근처의 출입국·외국인지원센터를 향해 출발했다. 집에서 나올 때는 어두웠으나, 집으로 돌아갈 때는 햇살이 환하게 비쳤다. 어둡게 시작했을지 몰라도, 재정착 난민의 한국 삶에 환한 빛 비추길 진심으로 바라며 돌아왔다. 오늘 재정착 난민들이 내 앞을 스치듯 지나가서 아쉬웠지만, 얼마 있지 않아 이들을 뜨겁게 만나게 될 것이다. 바로 2016년 1월 10일 카렌 새해 행사에 이들이 올 예정이기 때문이다. 라에뇨도, 모사린도, 묘떼잉도 나에게 여러 번 그렇게 말했었다. 진짜 '선물'처럼 이들이 그 현장에 나타날 것이라고.

2016년 1월 10일 아침, 부푼 기대를 한가슴 안고 카렌 새해 행사가 열리는 인천상공회의소(인천 남동구 소재)로 갔다. 도착해 보니 아직 행사 시작 전이다. 입구에는 KNU 초대 의장인 소바우지(Saw Ba U Gyi)를 비롯해 혁명을 이끌었던 카렌족 정치 지도자들의 초상이 늘어섰다. 나는 행사장 주위를 둘러보며 혹시나 재정착 난민들이 도착했나 살펴보았다. 라에뇨가 단상에서 행사 준비를 하다가 나를 보고는 이쪽으로 다가와 인사한다. 나는 바로 재정착 난민이 언제 올 것인지 물어보았다. "못 올 거예요." 라에뇨가 대답했다. 실망감을 감추지 못한 채 라에뇨에게 그 사정을 물어보았다. "(출입구·외국인지원)센터에서 재정착 난민들이 여기에 참석하는 것을 허락하지 않았어요." 라에뇨의 목소리에는 아쉬움과 불만이 잔뜩 묻어 있었다. 라에뇨는 말을 이었다.

> 나는 여러 번 담당관에게 이 행사가 카렌족에게 매우 중요하니 참석을 허락해달라고 요청했어요. 처음에는 그렇게 해도 될 것 같은 분위기였어요. 재정착 난민 아이들도 여기 온다며 잔뜩 기대하고 노래와 춤도 준비하고 있었어요. 그런데 허사가 됐어요. 나뿐만 아니라, KYO 차원에서도 공문도 보내며 요청했으나 받아들여지지 않았어요.

조금 있다 KYO 회장인 묘떼잉도 나에게 다가와 인사를 하며 사정을 얘기했다. "새해 행사가 정말 중요하다며 공문도 보내며 요청했는데, 결국에 허락을 못 받았어요." 묘떼잉이 말했다.

한국 정부로서는 소툴라 등 재정착 난민을 당분간 외부 영향으로부터 보호하며 천천히 노출하자는 태도를 견지했던 것 같다. 하지만 이것은 마치 한국의 설날이나 추석 명절 행사에 가족을 못 가게 한 것이나 다름없어서 카렌족 공동체의 절망감은 이루 말할 수 없을 정도로 컸다. 재정착 난민의 한국 도착이 기존 카렌족 공동체에 생기를 불어넣고 '같지 않은 길'을 가도록 더욱더 부추기는 사건이었으나 아직 그들 품속에 들어온 선물이 아니었다. 전적으로 한국 정부의 '은혜'를 입은 재정착 난민으로서는 한국 정부의 말을 더 들을 수밖에 없고, 기존 카렌족 공동체도 재정착 난민의 특수성을 인정할 수밖에 없다. 아직은 '유예된 선물'로서, 출입국·외국인지원센터 적응 교육이 끝나야 기존 카렌족 공동체가 그들을 품을 수 있다. 그러나 그 기간이 끝나도 한국 정부가 계속 관심을 두고 지켜볼 예정이라 때때로 한국 정부와 재정착 난민을 둘러싸고 소유권 경쟁을 벌이며 쉽지 않은 길을 가야 한다.

재정착 난민이 오지 못했지만, 카렌족 새해 행사는 성대히 진행됐다. 카렌족 공동체는 이를 바라보며 1년을 살아온다고 말해도 과언이 아니다. 이번 행사에 참석한 인원은 200~250명 되어 보였다. 미얀마 공동체 의장, NLD 한국지부 부회장, 미얀마센터 회장, 몬족 공동체 회장 등 미얀마인들을 비롯하여 인천외국인력지원센터장 등 한국인들도 초청받아 참석했다. 단상 벽면에는 대형 카렌 국기가 걸려 있고, 그것을 바탕 삼아 '2755년 카렌 새해 행사'라는 명칭이 영어, 스고 카렌어, 서부 포 카렌어, 동부 포 카렌어로 각각 쓰여 있다. 11년 전(2005년 1월 10일) 매솟에서 같은 행사에 참석할 때도 재미있으면서도 의아해한 것인데, 여전히 이 행사에서도 모든 식순을 버마어로 진행했다. 카렌 새해 행사 명칭을 세 하위 카렌족 언어로 표기했다는 것 자체가 이미 카렌족의 언어 현실을 알려준다. 스고 카렌족이 KNU를 비롯해 많은 카렌족 단체에서 주도하고 있지만, 그 언어가 카렌족 모두를 아우르는 공용어가 되지 못하고 있다.

더군다나 동부 포 카렌족과 서부 포 카렌족은 버마족과 어울려 지내다 보니 많이들 동화되어 불교도도 많고 버마어를 더 편하게 사용한다. 내 옆에 앉은 한 카렌인에게 인사를 한다며 간단한 스고 카렌어를 말했더니, 그 언어를 잘 구사하지 못한다면서 그는 버마어로 답한다. 이 행사에서 카렌족은 자기의 역사를 소개하는 동영상을 순서의 앞부분에서 상영했다. 그 동영상은 카렌족이 오늘날 미얀마 땅에 맨 처음 들어온 민족이며, 오랫동안 버마족으로부터 핍박을 받았으며, 특히 제2차 세계대전 시기의 잔혹상은 잊을 수 없으며, 1940년대 말부터 오늘에까지 이어지는 카렌족의 투쟁은 정당하고 빛난다고 했다. 그러나 카렌족 고유성의 핵심이라고 할 수 있는 언어를 통일하지 못하고 있다. 초국적 자극을 주었던 가네미도 앞서 소개한 부평의 KYO 모임터에서도, B교회의 예배 후에

사진 3.2 한국 카렌족의 새해 행사 | 출처 | 저자

모인 중국음식점에서도 버마어로 연설했다. '같지 않은 길'은 언어 탓에 여전히 '쉽지 않은 길'이다.

한편, 모사린은 인천공항에서도 못 봤는데, 이번 행사에서도 보지 못했다. 카렌족 공동체 형성에 큰 역할을 했던 모사린이 이제는 쉬고 싶고 당분간 제 시간을 갖고 싶어 하는 것 같다. 한 달 전에 이미 그의 마음을 알 수 있었다. 1997년 한국에 도착한 뒤 NLD 한국지부에서 활동하고, 한국 카렌족 공동체를 조직하고, KYO 한국지부를 설립하고, 태국 국경 지역을 방문하고, 초국적 연대 활동에 참여하는 등 쉴 새 없이 달려왔다. 몸도 마음도 지쳤고, 이제는 자기가 2010년부터 해 온 사업인 미얀마 음악 주점에 집중하고 싶어 했다. 그래서 이번에 조직된 IKO 한국지부의 임원단에도 이름을 올리지 않았다. 이런저런 조언을 해주는 역할은 여전히 하고 있지만 앞에 나서지는 않고 있다. 누구보다도 초국적 활동을 많이 해 온 모사린의 경험과 지도력이 필요한 IKO 한국지부 처지에서는 그의 부재가 무척 아쉽게 됐다. 일본과 태국 국경과 호주의 카렌족을 한국의 카렌족과 엮어 활기차게 초국적 연대의 기치를 높이 들고 나갈 수 있는 사람이 모사린인데 말이다. 그가 없이 리에쏘를 필두로 하여 한국의 카렌족 공동체는 초국적 연대의 길을 개척해 나가야 한다.

재정착 난민의 분투와 새로운 지도자의 등장

카렌 새해 행사에 오지 못한 소툴라는 출입구·외국인지원센터에서 소정의 프로그램을 마치고 본격적으로 한국 생활을 시작했다. 이제부터는 스스로 일하며 돈을 벌고 생계를 꾸려 나가야 했다. 재정착 난민 제도가 아직 정부 유관 부처의 유기적인 협조 아래 운영되지 않고 있어서 법무부 해당 담당관들은 고군분투하며 이들이 정착할 지역과 일할 곳을 물색했다. 다행히 인천의 지자체와 지역사회 유관 단체의 협조를 받아 주거지와 직장을 찾을 수 있었다. 소툴라 가족 등 재정착 난민들은 1,000만 원 보증금(2년 후 반환)과 월세 60~70만을 법무부로부터 1년 동안 지원받으며 인천 P구의 아파트에 정착했다. 티브이, 냉장고, 세탁기 등 가전제품과 생활용품도 모두 새것으로 지원받았다. 법무부로서는 나름 난민들에게 최선의 혜택을 제공한 것이었다. 소툴라 가족은 대한민국이 베풀어 준 은혜에 감사하고 행복할 따름이었다. 이렇게 번듯한 주거환경에 살아보지 못한, 외국인 근로자로 살아가고 있는 주변의 카렌족에게서 부러움과 시기심을 살 정도였다. 한동안 재정착 난민들의 아파트는 재한 카렌족 공동체가 주말이면 모이는 사랑방이 되어갔다. 그러나 1년 뒤가 문제였다. 월세 60~70만 원은 자기가 내기에는 너무나도 부담이 되는 금액이었다. 게다가 1,000만 원 보증금을 갚을 준비도 해야 했다. 그래서 소툴라와 재정착 난민들은 더 싼 곳을 찾아 아파트가 아닌 빌라나 주택으로 옮길 수밖에 없었다.

소툴라는 몇몇 동료 재정착 난민들과 법무부가 알선해 준 LED 제조업체, 알루미늄 프레임 제조업체, 용접업체 등에서 일하기 시작했다. 3개월 동안의 수습 기간에는 기본급의 50%를 받되 업무 강도는 낮게 하는 계약을 맺었다. 이 기간에 잔업까지 하면 남자는 130만 원, 여자는 110

만 원을 받았다. 한국에서 모든 게 자동화되어 편하게, 짧게 일하면 될 줄로 알았던 난민들에게 이 일은 예상보다 힘든 일이었다. 특히 소툴라의 제1기 동료로서 국경지대에서 지뢰 사고로 한 발목을 잃고 의족을 착용하고 있는 에투뇨에게는 너무나도 힘든 일이었다. 에투뇨는 2개월 동안 참고 일해 보았으나 업무 강도를 도저히 견디지 못하여 결국 다른 직장으로 옮겼다. 다른 재정착 난민들도 처음 업체가 아닌 다른 곳으로 옮겨가 일을 했다. 2020년에 소툴라는 냉장고와 에어컨 부품을 만드는 업체에서 일을 했는데, 기본급으로 월 160~170만 원, 야근까지 하면 보통 200만 원을 벌었다. 처음에는 아이들이 모두 학교가 가 있어 부부가 같이 일하면서 그런대로 생계를 스스로 꾸려나갈 수 있었는데, 다섯째 아이가 태어나면서부터(2018년 5월), 아내가 육아에 전념하느라 일을 하지 못해, 소툴라 혼자서 버는 월급으로는 살아가기 어려웠다. 소툴라 가족은 기초생활수급자로서 주민센터로부터 월세 23만 원 등 모두 100만 원 정도 지원받으며 살아갔다. 라에뇨는 퇴소 이후에도 소툴라 가족 등 재정착 난민 곁에서 지내며 이들의 적응을 도왔다.

그 무렵 재정착 난민을 비롯한 한국의 카렌족은 에포(1986년생)라는 새로운 지도자의 등장을 목도한다. 에포는 미얀마 카렌주 파안에서 태어나 성장하고 그곳의 대학교에서 2007년 학사 학위(물리학)를 획득하고서 맬라 난민촌에 들어가 신학을 배우기로 마음먹었다. 카렌족 출신 중에는 에포처럼 동족의 사정을 알고자 난민촌으로 들어온 사람들이 있다. 난민촌 신학교에 다니면서 에포는 동족의 고통을 더 이해할 수 있게 되었다. 2012년에 그 신학교를 졸업하고 에포는 맬라 난민촌의 한 교육 기관에서 가르치며 카렌족 리더를 양성하는 교육을 담당했다.

에포의 초국적 여정은 한국으로 이어졌다. 미얀마 여권을 소지한 에포는 2014년 고용허가제를 통해 입국해 여느 외국인 노동자의 삶을 살아갔다. 그러면서도 청량리 B교회의 활동에 열심히 참여했다. 나는 라에뇨를 그 교회에서 만나면서 자연스레 에포도 알게 됐다. 에포가 맬라 난민촌 출신이어서 눈여겨봤고, 에포 역시 나를 이미 알고 있는 듯했다. 에포의 주변 한국인들과 카렌인들은 에포의 지적 능력과 리더십을 높이 평가하며 그가 이렇게 노동자로서 살아가기보다 신학대학원 과정에 진학하여 그 자질을 펼칠 수 있기를 바랐고 나에게도 그 길을 문의해 왔다. 결정적으로 당시 맬라 난민촌 신학교의 교수이자 나중에 교장까지 지낸 소알윈이 2016년 12월~2017년 1월 카렌족을 돕는 한국 단체인 킨미니스트리(KEEN Ministry)의 초청으로 한국을 방문하여 나에게 에포가 그 길을 갈 수 있도록 알아봐달라고 요청했다. 나는 2000년에 이미 소알윈을 알았던 터였다.

그 사이에 에포는 노동자로 지내면서도 인천에 정착한 카렌족 난민들을 돕고 있었고, 그곳 지역교회의 공간을 빌려 일요일이면 예배를 인도하기도 했다. 에포는 맬라 난민촌에서 살았기 때문에 누구보다 재정착 난민들의 사정을 잘 알고 있었다. 그 자신 카렌어를 비롯해 버마어, 한국어, 영어를 구사할 수 있어 여러 이해 당사자 사이를 조율하며 그들의 한국 생활을 도왔다. 에포는 2016년 12월 18일과 2017년 12월 17일에 개최된 카렌족 새해 행사를 조직하는 데도 주도적인 역할을 했다. 법무부는 1기 때와 달리 2기와 3기 재정착 난민에 대해서는 그 행사에 참여할 수 있도록 허용했다.

에포는 드디어 아시아, 아프리카, 라틴아메리카 등 미개발 지역 출신의 기독교 리더를 양성하기 위해 설립된 연세대의 글로벌신학대학원(GIT, Global Institute of Theology, 송도캠퍼스 소재, 2015년 설립)에 2018년에 입학한다. 그곳에서 2020년까지 학업을 이어가면서도 틈틈이 재정착 난민의 정착을 도왔고, 주말이면 카렌족 자녀들에게 카렌어를 가르치고 예배도 인도했다. 이제 에포의 대학원 학력은 주변 카렌인들의 부러움을 샀고, 에포는 그것에 힘입어 카렌족 공동체 내에서 리더십을 자신 있게 발휘했다.

에포는 2020년 2월에 그동안 글로벌 카렌족 연합행사를 주도해 왔던 싱가포르 카렌족 여성과 결혼한다. 그 부부는 한국에서 소툴라 가족 등을 돕는 데서 더 나아가 전 세계 카렌족의 연대에 더욱더 매진하게 된다. 에포 역시 노르웨이와 미국 등에 흩어진 가족을 두고 있던 터였다. 2020년에 미국에서 열릴 예정이던 범카렌족 연합행사가 코로나 사태로 취소된 것은 아쉬운 일이었다.

에포의 활약은 한국을 넘어서 이미 태국 국경에도 전해졌고, 그곳의 기독교 지도자들은 에포에게 공식적인 지위를 부여할 준비를 했다. 카렌족 기독교 관행에 따르면 성찬식과 침례 등 주요 기독교 전례를 집전할 수 있는 목사인 '떠라도'(Thrado, 영어로는 reverend)와 그렇지 않은 목사인 '떠라'(Thra, 영어로는 pastor)를 구분한다. 떠라 중에서 품성과 지도력을 갖춘 자를 교단에서 안수를 주어 떠라도의 지위를 부여한다. 그동안 에포는 떠라로서 예배를 인도해 왔지만 성찬식 집전은 한국을 방문 중인 오영철 선교사 등에게 부탁해 왔다. 태국-미얀마 국경지역과 난민촌의 교회 대다수를 관장하는 꼬뚤레카렌침례교는 에포의 떠라도 안수식을 2022년 10월 1일 한국의 한 교회에서 개최하며 이를 집전할 목사를 파송했다. 한국의 재정착 난민을 비롯하여 싱가포르의 부인 가족, 호주와 캐나다의 지인들도 그 자리에 함께했다. 에포의 떠라도 안수식은 카렌족의 초국적 축하 잔치였던 셈이다. 이후 소틀라 등 재정착 난민을 돌보는 에포의 사목적 권위는 더욱 인정받았고, 한국과 싱가포르와 태국 국경을 엮는 초국적 유대도 공고해졌다.

내를 건너 숲으로 고개를 넘어서 마을로

지금까지 한국의 카렌족이 어떤 길을 걸어왔는지 주요 인물을 중심으로 살펴보았다. 이들이 한국에 들어오기 시작한 시기는 미얀마인을 비롯하여 외국인 노동자들이 들어오기 시작했을 때와 겹친다. 모사린과 라에뇨는 처음에 다른 미얀마인들과 같이 어울려 지내며 비슷한 길을 갔다. 모사린은 버마족 정치 활동가들과, 라에뇨는 친족 기독교인과 더불어 그 길을 갔다. 카렌족으로서 의식은 있었지만 자체의 공동체를 조직할 환경이 무르익지 않았다. 이들의 이주는 초국가성을 띠었지만, 공동체 만들기의 자원인 초국가적 연대를 발전시키기에 이르지 못했고, 고유성을 발현할 계기도 찾지 못했으며, 난민성도 자각하지 못했다. 모사린과 라에뇨의 길도 아직 마주치지 않았던 때였다.

2000년대에 접어들며 카렌족 공동체는 갈라지는 길목에 들어섰다. 여기에 KNU 핵심 인사의 한국 방문이라는 초국적 자극이 큰 영향을 끼쳤다. 한편 모사린은 2000년에 다른 NLD 한국지부 회원들과 함께 난민 지위 신청을 하면서 카렌족 중에서는 최초로 난민성을 자각한 사람이 되었다. 라에뇨는 새로운 교회에서 주도적인 사람이 되고 친족은 그들 나름대로 자기 길을 걸어가며 분리되기 시작한다. 드디어 모사린의 길과 라에뇨의 길이 마주쳐 그 둘은 공동체를 만들려는 길을 함께 내딛기 시작한다. 마침 고용허가제로 들어온 카렌족의 초국적 이주가 새로운 기운을 불러일으켜 자신감을 갖고 그 길로 나서 2005년에 마침내 카렌민족협회를 결성하고 고유성을 발현하는 새해 행사를 기획하기에 이른다. 이렇듯 이 시기에 초국가성, 난민성, 고유성에 바탕을 둔 공동체 만들기가 시작되었다. 그러나 초국가성은 아직 쌍방향적 연대의 수준에 이르지 못했고, 난민성은 아직 소수종족의 고난이 아닌 민주주의 수난에 바탕을 두었고, 고유성을 발현하는 장은 그 규모가 아직 크지 않았다.

2007년부터 카렌족 공동체 만들기는 정치색을 띠었다. 그 무렵 몇몇 공동체 구성원들이 불법체류자 단속에 걸리면서부터 법률적 보호망을 구축하려고 시도하기 시작했고, 그 결과 2009년 초에 KYO 한국지부를 설립했다. 이로써 이들은 이제 박해받는 소수종족으로서 독자적인 난민성을 표방하며 한국 정부의 난민 신청 제도를 약자의 무기로 활용했다. 카렌족의 초국가적 연대도 이때부터 본격적으로 발전하기 시작했다. 난민 지위 인정을 받은 모사린은 KYO 한국지부의 대표로서 태국-미얀마 국경지대 등을 방문하며 KNU 본부를 비롯하여 일본, 호주 등 해외 각처의 카렌족과 초국적 연대를 증진하는 활동에 참여했다. 그리고 그가 몸담았던 NLD 한국지부에서도 2010년 탈퇴하면서 더욱더 독자적인 길, '같지 않은 길'을 걸어 나갔다.

2010년 이후의 한국의 난민 제도의 변화, 특히 2012년 난민법 제정으로 본격화된 제3국 재정착 제도는 카렌족 공동체의 난민성과 초국가성을 강화하는 계기였다. 이제 재정착 난민은 카렌족 공동체에 새로운 기운을 불러일으킬 새로운 자극이자 자원이었다. 난민성은 안팎으로 카렌족 공동체의 핵심 성격으로 자리 잡게 되었다. 또한 재정착 난민의 도착은 해외 카렌족 연대 활동에도 새로운 기운을 불러일으켰다. IKO 회장의 2015년 10월 한국 방문은 한국의 카렌족이 해외 카렌족과 더불어 초국적 연대의 길을 갈 수 있도록 자극하는 결정적인 사건이었다. 이 방문을 계기로 기존의 카렌족 공동체는 IKO 한국지부로 재구성되어 해외 카렌족과 같이 걷는 길을 본격적으로 나섰다. 그리고 그 길은 카렌족의 고유 행사인 카렌 새해 행사에서 극적으로 표출됐다.

이렇듯 해를 거듭하며 초국가성, 고유성, 난민성, 이 세 특성은 서로 역동적으로 엮이며 카렌족의 독자적 정체성을 구축해 왔다. 카렌족 재정착 난민이 들어오는 2010년대 후반~2020년대 초반에는 그 세 특성 중에 난민성이 강력하게 발현되며 초국가성과 고유성을 견인하고 카렌족의 자기 정체성을 강화하고 있다. 물론 카렌족의 이러한 자기 정체성 구성이 카렌족만의 독특한 것만은 아니다. 한국에 거주하는 방글라데시 치타공 산악지대 소수종족인 줌머족 역시 이러한 세 특성에 바탕을 두고 자기 정체성을 확립했다(오경석 2011; 재한줌머인연대 2012; 차크마 나니로넬 2014). 박해받는 소수종족이 초국적 이주를 단행하여 수용국에서 공동체를 구성할 때 이러한 특징을 띨 수 있다. 카렌족이 그러한 사례에 해당하면서도 다른 점은 한국의 난민 정책 환경, 특히 재정착 난민 제도가 직접적으로 카렌족과 관련을 맺으면서 카렌족의 난민성을 더욱더 강화했고, 카렌족이 국가와 대면하는 장을 조성했다는 점이다. 이 점에서 재한카렌족 공동체는 다른 소수종족 공동체와 견줘 더 역동적인 길을 걷는다고 말할 수 있다. 그 역동적인 길에서 카렌족은 그간 초국적 연대 활동에 큰 역할을 했던 모사린의 부재를 겪어야 하고, 고유성을 강조하는 새해행사에서는 미얀마인과 비슷함을 확인하는 역설적인 상황과 마주해야 하고, 재정착 난민의 '소유권'을 두고는 한국 정부의 통제/관리와 맞서야 한다. 그렇게 부침을 겪으면서도 에포와 같은 새로운 지도자의 등장과 초국적 연대에 힘입어 길을 헤쳐 나간다.

양곤 등 미얀마에서도 그랬듯이, 한국에서도 카렌족은 버마족 등 미얀마인과 언어·문화·종교에서 완전하게 분리되지 않은 채 비슷한 일상을 살아간다. 그 한계 속에서도 그들은 공동체를 만들어 주류종족과 '같지 않은 길'을 추구해 왔다. 그만큼 '비슷하되 같지 않은 길'은 어렵지만 주체적인 길이다. 포스트식민주의 학자들(바바 2002; 영 2008)이 주장하는, 주류의 인정을 받지 못하고 또다시 예속으로 빠지는 피지배자의 '희되 완전히 희진 않은 길'과 같은 체념적인 길이 아니다. 그 주체적인 길을 걷는 여정에서 그들은 초국가적 연대를 자원으로 삼았고, 한국의 난민 제도를 적극적으로 활용했으며, 자신들의 고유성을 드러내는 행사를 대대적으로 조직했다. 그들의 공동체는 태국 국경을 비롯해 여러 국가의 카렌족이 소통하는 초국가적 사회공간(Faist 1990)이 되었으며 기존의 방법론적 일국주의(Wimmer and Glick Schiller 2002)를 넘어서 초국적 시야를 가져야 이것을 제대로 파악할 수 있다. 한편, 카렌족의 초국적 길은 국가 권력의 개입과 카렌족 내부의 혼종성과 맞서며 걷는 길이라는 점에서 그 초국주의가 간과할 수 있는 '내셔널' 차원의 정치와 '로컬' 차원의 혼종성을 환기하고, 세 차원(트랜스내셔널, 내셔널, 로컬)의 교차성과 그 사이의 경합성에 주목해야 한다는 것을 다시 한번 제기한다. 결국 카렌족이 걷는 '비슷하되 같지 않은 길'은 윤동주의 '새로운 길'에 나오는 '내를 건너 숲으로 고개를 넘어서 마을로'[27]라는 시구에서처럼 그 여정마다 낯선 정치 지형과 맞서 헤쳐 나가는 새롭고도, 어렵고도, 주체적인 길이다.

27) 처음 이 글 작업을 하던 무렵 '동주'라는 영화가 상영됐다. 그 영화에서 윤동주가 고향 간도를 떠나 연희전문(연세대학교)에 입학하기 위해 경성행 기차를 타고 가던 중에 '새로운 길'을 쓰는 장면이 나온다. 그때부터 시작되는 윤동주의 초국적 여정이 나에게는 한국 카렌족의 여정과 겹친다.

제4장

국가, 종족 공동체, 그리고 재정착 난민 제도:

일본 카렌족의 분투와 연대

이웃 국가의 난민

2016년 1월 22일, 도쿄의 오사키역 근처의 커피숍에서 나는 소바라떼잉을 드디어 만났다. 2015년 10월 가네미가 한국에 왔을 때, 내가 몇 달 후에 일본에 거주하는 재정착 카렌족을 만나러 갈 예정이라고 말했더니, 그는 나에게 소바라떼잉을 꼭 만나보라고 제안했다. 가네미는 한국에 이어 곧바로 일본을 방문했는데, 그를 안내해 줄 인사가 소바라떼잉이었다. 그 두 사람은 이미 국경지역에서 열리는 카렌 민족 통합 세미나에 참석하며 알게 된 사이였다. 12월에 내가 모사린을 부평에서 만났을 때, 나의 일본 방문 얘기를 꺼냈더니, 그 역시 소바라떼잉을 추천하며 상세한 연락처를 알려주었다. 앞 장에서 언급했듯이 모사린은 난민 지위를 받은 후 난민여행증명서를 발급받아 2009년 처음으로 일본을 방문하여 소바라떼잉의 주선으로 카렌족 행사에서 공연했으며, 역시 그의 제안으로 이듬해에 국경지역의 카렌 민족 통합 세미나에도 참여하여 가네미 등 세계 곳곳에서 활동하는 카렌족 지도자들과 교류했다. 소바라떼잉은 한일 간 및 글로벌 카렌족 연대에서 중요한 역할을 해왔다.

소바라떼잉 가족은 혁명가 가족이었다. KNU의 외교 수장으로서 한국을 방문하여 모사린을 만난 데이비드 토가 바로 당숙이었으며, 데이비드 토의 아내와 소바라떼잉 부인의 아버지, 즉 소바라떼잉의 장인은 남매지간이었다. 아버지를 비롯해 혁명 운동에 참여한 자가 가족과 친척 중에 많았다. 그 역시 고3 때인 1988년 민주화 항쟁에 참여했다. 군부에 쫓기던 그는 국경지역으로 피신했다가 군부의 유화책으로 잠시 양곤으로 돌아와 지내기도 했다. 하지만 감시와 통제가 지속되자 해외로 나갈 궁리를 하고 아예 국경을 넘어서 방콕으로까지 진출했다. 거기에서 브로커를 통해 여권을 구하고 관광비자로 일본에 들어왔다. 그때가 1992년이었다. 처음에는 한두 달 지내다 돌아가려고 했지만 미얀마 상황이 나아지지 않아 돌아갈 엄두가 나지 않았고, 여비도 바닥나 돌아가기보다는 여기에서 생존할 궁리를 찾는 게 더 급한 일이었다. 그렇게 하루하루 버티며 살면서도 카렌 새해 행사를 조직하는 등 공동체 활동에도 깊게 관여했다. 그 역시 한국의 미얀마 활동가처럼 난민성을 자각하고 또한 좀 더 안정적인 체류를 위해 2004년 9월에 난민 지위를 신청했다. 그 과정에서 열네 번이나 인터뷰하는 등 우여곡절을 겪은 끝에 2006년 1월 19일에 난민 지위를 받았다. 난민 지위를 받은 그해 8월, 떠난 지 14년 만에, 태국 국경지역으로 갔다. 아버지가 2005년에 양곤에서 돌아가신 뒤, 어머니는 돌봐줄 사람이 있는 맬라 난민촌으로 옮긴 터였다. 그곳에서 어머니와 감격의 재회를 하고 카렌족 정치 지도자와도 교류하며 초국적 연대 활동을 모색했다.

그는 일본 사회에서, 특히 난민 지원 활동에서 영향력 있는 인물이었다. 그 계기는 2010년에 일본이 시작한 제3국 재정착 난민 제도였다. 일본은 이 제도를 시행하며 난민의 위급성보다는 일본 사회 적응성을 최우선 사항으로 고려했다. 그리하여 같은 아시아권의 미얀마 카렌족 난민을 그 대상으로 선정하여 맬라 난민촌에서 그해 27명(5가족)을 데려온 것을 시작으로 시범사업 5년 동안 총 86명(18가족)을 수용했다. 재정착 난민 제도는 일본에서도 전례가 없는 일이었다. 일본은 유엔난민기구에 큰 금액을 공여해 오고, 1970~1980년대 인도차이나 난민을 수용했지만, 국제사회는 일본이 다른 선진국과 달리 장기화하고 있는 난민 문제를 해결하는 데 나서지 않는다고 비판해 왔다. 난민 문제에 대한 해결책에서, 즉 자발적 본국 귀환, 현지 통합, 제3국 재정착에서, 마지막 해결책은 선진국의 의무로 여겨져 왔는데, 일본이 이를 외면해 왔다는 것이다. 재정착 제도를 시행하는 일본은 아시아 최초로 '재정착 클럽'에 합류했고, 이 제도를 성공적으로 운영하여 그간에 받았던 비판을 상쇄하려고 했다. 그러나 이러한 자부심은 자만으로 이어져 다른 파트너, 특히 기존 소수종족 공동체와 협력하는 것을 무시하면서 이 제도를 운영하다가 재정착 난민들을 위기에 몰아넣었다. 이 위기를 해결하는 데에 소바라떼잉을 비롯한 카렌족 공동체가 적극적으로 나서게 되면서 난민 거버넌스에 정당한 행위자로 등장한 것이다. 일본 정부의 시행착오와 소바라떼잉을 비롯한 카렌족 공동체의 개입은 재정착 난민을 둘러싼 일종의 거버넌스 경쟁을 보여주는 사례에 해당한다. 다음 절에서 이를 논의해 보고자 한다.

재정착 난민 제도를 둘러싼 국가와 종족 공동체 사이의 경합

앞서 언급했듯이 유엔난민기구를 비롯한 국제사회는 제3국 재정착 제도를 장기화하는 난민 문제를 해결하는 방안으로서 추진해 왔고, 미국, 호주, 캐나다, 스웨덴 등 서구권 국가들이 이에 동조해 왔다. 재정착 난민의 적응에 관한 논의는 범위와 초점에 따라 두 가지로 나눌 수 있다. 첫째는 난민의 적응을 결정짓는 정부의 정책 등 구조적인 요인에 관심을 갖는다(Akbari and MacDonald 2014; Bloch and Levy 1999; Hein 1993; Zucker 1983). 두 번째는 재정착 난민들이 수용국에서 어떻게 초국적 네트워크를 활용하면서 수용국 사회에 적응해 나가는지를 살펴본다(Levitt and Glick Schiller 2004; Rath and Schutjens 2016; Salaff et al. 2003). 특히 종족 공동체/네트워크가 중요한 사회적 자본으로서 재정착 난민의 삶을 지속시키고 비즈니스까지에도 성공하는 데 어떠한 이바지를 했는지 다룬다(Menzies et al. 2003; Vertovec 2003). 그러나 종족 공동체가 난민 정책의 추진과 이행에서 국가와 경쟁하면서 영향력을 행사하는 정치적인 역할에 대해서는 거의 주목하지 않는다. 이것은 기존 논의가 이미 재정착 제도를 일찍부터 운영해 온, 그래서 비교적 안정적인 정책 환경을 구축한 서구권 국가를 다루었기 때문일 것이다. 이들 사례에서는 국가, 엔지오, 종족 공동체 등 이해 관계자 사이의 관계가 어느 정도 일정하게 구축되어 있다. 하지만 2010년에 이르러서야 재정착 제도를 도입한 일본은 그 관계 구축에서 시행착오를 겪게 마련이다. 일본의 사례는 이 제도가 처음 시행될 때, 특히 재정착 난민이 정착하는 초기 단계에서 국가가 어떠한 시행착오를 겪으며, 그에 따라 이해 당사자가 난민에 대한 거버넌스를 둘러싸고 어떻게 경합하는가를 보여주는 참조가 될 수 있다.

이해 당사자 중에 국가와 종족 공동체가 가장 크게 관련된 당사자라고 할 수 있다. 물론 엔지오와 지역민 역시 일정 정도 역할을 한다(Lee 2014b; Whitaker 2002). 시퍼(Shipper 2008)가 밝히듯이, 시민사회단체와 지방정부가 일본 내 외국인의 권리 증진에 이바지하기도 한다. 그러나 재정착 난민 제도의 성격상 다른 어떤 행위자보다 재정착 난민의 거버넌스에 정당성을 주장할 수 있는 국가와 종족 공동체가 직접적인 당사자로 등장하게 마련이다.

나는 국가와 사회를 경쟁 상대자로 보고 저마다 어떠한 전략으로 자신의 이익을 관철하려는지에 관심을 두는 국가-사회관계 관점(Dauvergne 1998; Migdal 1988)에 바탕을 두고 그 두 당사자의 경합과 그에 따른 사회적·정치적 변화의 과정을 살펴보고자 한다. 제이콥슨(Jacobsen 2002)이 다루듯, 재정착 난민의 유입은 국가와 종족 공동체가 저마다 자신의 역량을 기울 수 있는 계기가 된다. 국가는 재정착 난민 제도를 추진하여 난민들을 비참한 난민촌에서 '구원'하고 그들이 좋은 환경에서 삶과 인간성을 회복할 수 있도록 새로운 길을 마련해주었다는 점을 정당성의 근거로 내세운다. 특히 초기 단계에서 그들의 일상을 규제하고 한시라도 빨리 통합시키려고 몰아간다. 동아시아의 대표적인 강한 국가로서 그간 동화주의 관점에서 이민 정책을 펴온 일본은 이른바 '인도주의' 정책이라는 재정착 난민 제도를 추진하면서도 그러한 태도를 포기하지 않는다

(Castles 2003).

종족 공동체는 재정착 난민의 거버넌스에서 '친밀성'을 가장 중요한 자원으로 활용한다. 이미 언어와 문화 지식을 갖추고 있어서 재정착 난민과 친밀한 관계를 수월하게 발전시킬 수 있다. 친밀성은 수용국의 언어, 즉 일본어를 제대로 구사하지 못하여 답답함과 부당함을 느끼는 재정착 난민을 위로하는 원천이 된다. 무엇보다 종족 공동체는 재정착 난민의 유입과 적응 과정에 개입하며 그 역량을 키울 수 있고 사회적 자본인 네트워크를 확장할 기회를 얻게 된다(Vertovec 2003).

재정착 난민을 둘러싸고 벌이는 경쟁에서 국가가 강력한 행위자로서 난민의 삶을 구조화하고 수용국 사회에서 그 자체로 생존해야 하는 종족 공동체를 규제할 수 있는 여러 자원과 수단을 갖고 있다는 점은 당연하다. 그러나 동족 출신의 유입은 기존 종족 공동체가 연계와 역량을 확장할 수 있고 국가가 제공할 수 있는 것과는 다른 거버넌스와 지원을 제공할 수 있는 계기를 마련한다. 종족 공동체와 재정착 난민이 문화와 언어에 바탕을 두고 발전시킨 친밀성은, 스콧(2020)이 말하는, 국가가 눈치챌 수 없는 저항의 방식, 곧 은닉 대본(hidden scripts)을 생산한다. 힘의 추가 겉보기에는 국가 쪽으로 기울 수 있으나, 종족 공동체가 실제로는 더 많은 영향력을 갖고 있을 수 있다. 이렇듯 국가와 종족 공동체가 재정착 난민의 거버넌스를 둘러싸고 벌이는 경쟁은 재정착 난민의 생활 방식을 크게 결정짓는다. 물론 재정착 난민의 주체성을 무시하지는 않지만, 그들이 수용국 사회에서 새로운 삶을 꾸려나가는 동안에 그 두 행위자의 영향력을 완전히 벗어날 수는 없다.

좀 더 자세히 살펴보면 시간에 따라 그 두 행위자 사이에 힘의 추가 진동한다. 재정착 제도의 추진과 입국 후 초기 단계에서는 국가가 그 정책의 개요를 짜고 대상자를 선정하며 주기, 재정, 언어와 직업 교육 등 일련의 정착 프로그램을 운영하는 당사자로서 절대적인 힘을 갖는다. 유엔난민기구와 엔지오 등 여타 당사자의 압력을 받아 국가가 재정착 제도를 도입하긴 했지만, 실제로 시행하는 것은 전적으로 국가의 재량이다. 국가가 그 정책을 도입하기로 한 이유는 다양하다. 일본의 경우 국제사회 압력, 인도주의 이미지 제고, 노동력 부족, 다문화주의 등을 들 수 있다(Osanami Törngren 2015; Takizawa 2011). 일본은 아시아에서 그 제도를 처음 시행한 국가로서 자부심을 품을 만했다. 그래서 조심스러웠고, 책임감도 느꼈다. 이 제도를 성공적으로 운영하여 그간 난민에 대한 글로벌 책무를 외면해 왔다는 비난을 상쇄하고자 했다. 조급증에 사로잡혀 일본 정부는 이 제도를 종족 공동체, 엔지오, 지방정부 등 여러 당사자와 협력 관계를 구축하여 운영하기보다는 단독으로 관리하려 했다. 이 독단의 결과, 특히 종족 공동체의 참여를 배제한 결과, 정부는 재정착 난민의 과거의 경험, 현재의 욕망, 미래의 계획을 제멋대로 해석했다. 예컨대 재정착 난민들이 미얀마와 난민촌에서 농사를 지었으므로 일본식 농사일에도 쉽게 적응할 것이라고 단정하며 그들을 외딴 농장 지대로 배치했다. 그러나 일본식 농사는 그 방식과 노동 강도에서 차원이 달랐다. 또한 집과 학교가 멀리 떨어져 있어서 난민들은 자녀를 등하교시키는 데에도 큰 어려움을 겪었다.

정부의 미숙한 일 처리는 역설적으로 카렌족 공동체가 재정착 난민의 거버넌스에 관여할 수 있는 길을 열어주었다. 난민들은 이 상황을 타개하기 위해 구원을 요청했고, 공동체는 응답했다. 같은 언어로 소통하며 그들의 어려움에 공감하고 친밀한 관계를 쌓아나갔다. 이 친밀성이 종족 공동체가 재정착 난민의 거버넌스에 정당한 당사자로 부상하도록 힘을 실어주는 무기가 되었다. 엔지오와 언론 등도 힘을 합쳐 카렌족 공동체가 재정착 난민이 거버넌스에 개입하도록, 그리하여 정부에 맞서도록 지지했다. 이 단계의 겨루기에서 힘의 추가 종족 공동체 쪽으로 기울었다. 재정착 제도의 미숙한 운영에 대한 세찬 비판 앞에서 정부는 그간의 태도를 바꿔 종족 공동체와 협력해야 했다.

재조정된 정책 환경에서 종족 공동체는 재정착 과정에서 중요한 역할을 맡으며 정당한 파트너로 자리매김했다. 우선 일본어와 카렌어로 의사소통할 수 있는 능력을 활용하며 정부와 재정착 난민 사이를 중재했다. 종족 공동체는 정부에게 그들이 일상에서 겪는 여러 어려움을 전달했고, 그중 일부는 통역인으로 정부에 의해 직접 고용이 되기도 했다. 더 나아가 종족 공동체는 난민들에게 일자리를 찾아주고, 재일 한인이 일본 거주 외국인의 권리를 향상하는 사례에서처럼(Chung 2010), 특정 종족 출신만이 아닌 난민 전반의 복지 수준을 향상하는 역할까지 수행했다. 점점 카렌족 공동체는 네트워크를 강화하여 재정착 난민이 수용국 사회에 적응하는 데 필수 불가결한 사회적 자본으로 진화했다. 이 점에서 이 사례는 종족 공동체가 난민과 이주민에게 유용한 사회적 자본이라고 밝힌 기존 연구를 입증한다(Lamba and Krahn 2003; Lerner and Hendeles 1996; Portes and Yiu 2013). 그러나 나는 카렌족 사례는 사회적 자본 기능을 넘어서 종족 공동체가 재정착 난민의 삶의 모든 영역에 관여하는 사목 권력을 행사하는 데까지 나아갔다는 점을 보여주고자 한다. 이것은 푸코(Foucault 1983)가 그 통치 대상자에 대하여 총체적인 돌봄을 행사하는 국가 권력의 형태로서 제시한 사목 권력과는 차이가 있다. 국가의 사목 권력은 일본 사례에서 보듯이 재정착 난민의 내면 감정과 영적 상태, 일상의 필요를 세심하게 이해하는 데에는 한계가 있다. 종족 공동체가 바로 이 틈새를 비집고 들어가 세세하게 재정착 난민의 일상을 돌보고 위로하며 회복시켜 나간다. 이러한 일련의 거버넌스 구조에 영향을 받으며 재정착 난민은 새롭게 삶을 꾸려나간다. 그러면 일본은 어떻게 그들을 받아들이게 됐는지, 그 효과는 어떠했는지 살펴보자.

일본의 재정착 난민 제도와 그 효과

일본은 한동안 난민에 대하여 문호를 개방하지 않아 국제사회의 비난을 샀다. 1978~2005년에 11,319명의 인도차이나 난민을 수용했지만, 자발적으로 한 것은 아니었다(RHQ 2016). 인도차이나 난민의 유입을 겪으며 일본 정부는 일련의 법률과 제도를 마련했다. '베트남 난민 대책에 관한 각의양해(1977. 9. 20),' '베트남 난민의 정주허가에 관한 각의양해(1978. 4. 28),' '인도차이나 난민 대책의 확충·강화에 관한 각의양해(1979. 7. 13)' 등 정부 차원의 협력 기반을 마련하고 난민 지원시설 개설 등 필요한 조치를 취했다. 특히, 인도차이나 난민 정주지원 사업을 시행하기 위한 정부의 위탁기관으로 1979년 11월 재단법인 아시아복지교육재단 난민사업본부(RHQ, Refugee Assistance Headquarters)를 설립했다(신예진·신지원 2013, 197). 1981년에는 난민협약과 의정서에 가입했고, 그 이듬해에 출입국관리법을 개정하여 난민 지위 인정 절차를 포함했다(Dean and Nagashima 2007, 482). 그러나 이러한 조치가 비호신청자에 대한 우호적인 태도로 이어지지는 않았다. 1982년부터 2016년까지 41,046명의 난민 지위 신청자 중 688명만, 즉 1.7%만 난민 지위를 부여받았다.[28)]

1990년대 중반 인도차이나 정치 상황의 안정으로 난민 유입이 크게 줄어들자 일본은 2006년 3월에 공식적으로 지원 프로젝트를 종결했다(RHQ 2016). 그간 일본은 국제적 책임을 소홀히 했다는 이유로 국제사회로부터 거센 비판을 받자 막대한 기부를 통해 책임을 회피해 왔다. 1991~2000년에 유엔난민기구에 두 번째로 공여를 많이 한 국가가 일본이었다. 그러나 유엔난민기구 수장(고등판무관)인 사다코 오가타(Sadako Ogata, 1991~2000년 역임)를 배출한 국가로서 글로벌 위기에 계속 눈을 감는다는 것은 체면이 서지 않는 일이었다. 2000년대 전반에 유엔난민기구는 일본을 재정착 난민 제도 서클에 포함하려고 적극적으로 나섰다. 특히 2002년 재정착 확대에 초점을 맞춘 '보호 의제'(Agenda for Protection)를 도출한 이후 노력을 더 기울였다. 현(2024년) 유엔사무총장인 안토니우 구테흐스(António Guterres)는 당시 유엔난민기구의 수장

---

28) http://www.moj.go.jp/nyuukokukanri/kouhou/nyuukokukanri03_00666.html(검색일: 2017. 3. 7).

(2005~2015년 역임)으로서 2006년 일본을 방문하여 외무성 및 법무성과 이 문제를 논의했다. 또한 법무성 출신으로 유엔난민기구 일본지부의 첫 번째 대표였던 사부로 타키자와(Saburo Takizawa)는 2007년 2월에 법무성의 주요 관계자와 재정착을 추진하기 위한 심도 있는 회의를 개최했다(Takizawa 2015, 213). 일련의 협의를 거치며 일본 정부는 전향적인 태도를 보였다. 그리하여 2007년 6월에 당시 법무성 이민국장의 주도로 재정착 난민 프로그램을 이해하기 위한 연구 모임을 조직했고 최초로 참관인으로서 제네바에서 열리는 '재정착에 관한 연례 삼자 협의'(Annual Tripartite Consultation on Resettlement)에 참가했다(Takizawa 2015, 214).

국내 요인 또한 난민 수용에 배경이 되었다. 고령화 위기에 따른 노동력 부족을 해결해야 했다. 그래서 동화주의와 별 다를 바 없다고는 하지만 다문화주의를 촉진하여 외국 인력을 수용해야 했다(Nagayoshi 2011). 재정착 난민 제도가 그 일환이 될 수 있었다. 마침내 일본은 2008년 12월 16일 재정착 난민 제도의 도입을 공식화하는 각의양해를 발표했다. 그리고 같은 해 12월 19일 '난민대책연락조정회의 결정'을 통해 이 정책에 대한 구체적인 실행 계획을 밝혔다. 우선 시범사업을 2010년부터 3년간 운영하며 맬라 난민촌에서 가족 단위로 연 30명을 수용한다는 것이 핵심 내용이었다(신예진·신지원 2013, 201; 難民對策連絡調整會議 2008b; Osanami Törngren 2015, 189).

정부 문서를 보면 일본이 새로운 정책을 추진한 동기가 드러난다. 각의양해에서 난민에 대한 국제적 부담을 일본이 분담하려는 것을 다음과 같이 밝힌다.

> 제3국 재정착 난민 제도를 통하여 난민을 수용하는 것은 본국 귀환, 최초 수용국에서의 통합과 더불어 난민을 위한 영구적 해결책 중의 하나이다. 이것은 또한 국제사회와 함께 공평하게 난민 문제에 대한 부담을 분담하는 관점에서도 중요한 것이다(難民對策連絡調整會議 2008a; Osanami Törngren 2015, 189).

다른 정부 문서에서는 난민을 노동력과 지역사회에 기여하며 다문화적 공생에 이바지하는 자로서 언급하며 그 의도로서 국내 요인을 들기도 한다(難民對策連絡調整會議 2014; 有識者會議 2013; Treviranus and Osanami Törngren 2015, 16). 재정착 난민을 수용함으로써 일본은 부담을 분담하라는 국제적 압력을 종식하고 인도주의적 이미지를 홍보할 수 있게 되었고, 난민을 활용하여 국내의 노동 수요를 맞출 수도 있게 되었다. 재정착 제도는 일본이 안팎으로 유용하게 활용할 수 있는 수단이 된 것이다. 일본은 재정착 난민 제도를 시행한 최초의 아시아 국가라는 자부심이 있었고 최선을 다해 국제사회의 기대에 부응하겠다는 결의를 보였다(Ueda 2010). 유엔난민기구와 엔지오도 일본이 내딛는 걸음에 박수를 보냈다(UNHCR 2010b).

각의양해와 시행 결정에는 카렌족을 명시적으로 언급하지 않고 미얀마를 언급했지만, 문서에 있는 '맬라 난민촌'이라는 문구는 정부가 그 난민촌 인구의 90%를 차지하는 카렌족을 지정했음을 드러낸다. 정부가 카렌족 난민을 선택한 이유는 이들이 농업에 종사했기 때문이며, 따라서 일본의 문화와 전통에 잘 적응할 것으로 예상했기 때문이었다(有識者會議

2012; Osanami Törngren 2015, 189). 난민사업본부의 주요 관계자와 2016년 1월 29일 면담했을 때 나는 똑같은 이유를 그에게서 들었다. 일본 정부에게는 순조로운 통합이 중요했고, 따라서 가족 단위가, 유엔난민기구가 재정착 대상자를 선정할 때 우선순위로 두는 위급한 상황에 부닥친 개인보다, 더 중요했다(UNHCR 2011, 37).

마침내 2010년 9월과 10월에 맬라 난민촌에서 카렌족 난민 27명(다섯 가족)으로 구성된 첫 번째 그룹이 일본에 도착했다. 카렌족 난민 18명(네 가족)으로 이루어진 두 번째 그룹은 2011년 10월에 도착했다. 3년 차(2012년)에는 재정착 난민이 도착하지 않았는데, 애초 수용이 결정된 16명(세 가족)의 난민이 기존 재정착 난민이 겪는 어려움을 듣고서 재정착을 거부했기 때문이었다(Yamashita 2015, 68). 그럼에도 정부는 시범사업을 2년 연장하기로 하여(難民對策連絡調整會議 2012), 2013년에 18명(네 가족), 2014년에 23명(다섯 가족)의 난민이 일본에 들어왔다. 5년 동안의 시

| 표 4.1 | 일본 내 카렌족 재정착 난민의 인원과 정착지

도착연도	2010	2011	2013	2014
인원(가족)	27명(5 가족)	18명(4 가족)	18명(4 가족)	23명(5 가족)
초기 정착지	미에현 스즈카(3 가족), 지바현 도가네(2 가족)	사이타마현 미사토 (4 가족)	사이타마현 가스카베 (4 가족)	지바현 지바 (5 가족)
현 정착지	미에현 스즈카(1 가족) 사이타마현 미사토(1 가족) 사이타마현 시키(1 가족) 도쿄시 에도가와(1 가족) 도쿄도 히가시무라야마 (1 가족)	사이타마현 미사토 (4 가족)	사이타마현 가스카베 (4 가족)	지바현 지바 (5 가족)

| 출처 | Treviranus and Osanami Törngren(2015, 7)

범사업 기간에 총 86명(18 가족)의 카렌족 난민이 도착했다. 〈표 4.1〉는 그들의 인원과 정착지를 보여준다.

프로그램 전반에 걸쳐 정부는 인도차이나 난민을 수용할 때 확보한 경험과 시설을 활용했다. 준정부기관인 난민사업본부(RHQ)는 언어 과정, 일본 생활 안내, 직업 상담 서비스 등 일련의 정착 지원 프로그램을 운영하는 등 이 정책을 집행하는 주요 기관이었다. 정부가 난민대책연락조정회의를 통해 마련하는 정책을 난민사업본부가 시행하는 것이다. 재정착 난민은 일본에 도착해서 도쿄 신주쿠에 있는 RHQ 지원센터에서 6개월의 정착 지원 프로그램에 참여했다. 그 기간에 RHQ가 마련한 센터 근처의 숙소에 거주했다. 난민들은 일주일에 6일(월~금: 9:30~15:50, 토: 9:30~12:10) 그 센터에 다니면서 572단위의 일본어 과정(읽기, 쓰기, 듣기, 말하기), 120단위의 일본 생활 안내(사회보장, 납세 등)를 이수하고, 진로 상담 및 취업 지원을 제공하는 직업 상담 서비스에도 참여했다(RHQ 2016). 그 기간에 RHQ는 난민에게 일일 수당 1,500엔[29](11세 이하 750엔), 교통비 및 의료비 실비를 제공하고, 6개월 프로그램 종료 시 정착 수당 156,900엔(15세 이하 78,450엔)을 제공했다(RHQ 2014).

처음 6개월 동안 정부는 재정착 난민들의 생활을 엄격히 통제했고, 그들에 관한 정보를 다른 이해 당사자들과 공유하지 않았다. 종족 공동체와 엔지오가 그들을 접촉하는 것도 허락하지 않았다. 지원센터는 난민들에게 첫날부터 생활 방식을 규율하는 집중 훈련 캠프와도 같았다. 이 단

29) 1엔은 2024년 11월 기준 약 9원이다.

계에서 정부는 종족 공동체를 비롯한 다른 이해 당사자를 배제한 채 재정착 난민에 대한 완전한 '소유권'을 주장하는 단독 행위자였다. 정부가 재정착 난민의 생활비 전부를 부담한다는 점에서 정부의 영향력은 더 커졌다. 정부의 자신감은 하늘을 찔렀고, 그만큼 힘의 추는 정부 쪽에 쏠렸다.

재정착 난민들은 6개월 과정을 마친 뒤 정착 도시로 이동해 6개월간 현장실습을 받았다. RHQ가 이를 준비하고 지원했으며, 이 기간에도 여전히 재정적으로 그들을 지원했다. 정착 도시에 따라 일일 수당 3,530~4,310엔, 훈련 등록비 500엔, 구직활동에 필요한 교통비 및 숙박비 실비, 이주 지원비(도착 후 수당: 독신 12,700엔, 가족 25,400엔; 이주 비용: 독신 31,000~94,000엔, 가족 62,000~188,000엔)를 제공했다. RHQ는 고용주에게 월 최소 21일 동안 직업 훈련을 제공하는 조건으로 훈련 지도비 25,000엔, 그룹(난민 2명 이상) 훈련을 8일 이상 제공하는 조건으로 추가 지급비 25,000엔, 1년간 1/3(대기업의 경우 1/4)의 임금 보조 지급 등 다양한 인센티브를 제공했다(RHQ 2014). 중앙정부와 지방정부 사이에 긴밀한 협력이 없는 가운데 RHQ는 재정착 난민을 수용할만한 직장과 정착 도시를 찾기 위해 고군분투했다. RHQ의 관계자는 200개가 넘는 직장에 연락했지만 재정착 난민 채용에 관심이 있는데가 거의 없었다고 나에게 밝혔다. 고용주가 그들의 일본어 능력과 일본 노동 환경에 대한 이해를 확신하지 못했기 때문이었다.[30)]

---

30) RHQ 관계자와 면담(2016. 1. 29).

직장과 정착 도시를 마련하는 과정에서 정부의 지배적 영향력은 약해지기 시작했다. 정부는 난민들에게 재정적 지원을 계속했지만, 지원센터를 떠난 이후에 난민들을 배치하는 데에는 한계가 있었다. 그러나 이 문제를 해결하는 과정에서 정부는 정착 과정에 대한 정보를 공개하지 않은 채 여전히 종족 공동체의 참여와 중재를 고려하지 않았다. 가장 큰 비판을 받을 점은 정부가 재정착 난민의 삶의 경험과 욕구를 제멋대로 해석했다는 점이다. 예를 들어, 정부는 카렌족 난민들이 농부이기 때문에 일본식 농업에도 잘 적응할 것이라고 가정하여 첫 번째 그룹을 거기에 배치했다. 그러나 카렌 전통 농업과 일본식 농업은 방식과 노동 강도에서 그 차원이 달랐다. 미얀마와 난민촌 또는 태국 마을에서 벼와 옥수수, 채소 등을 재배하며 농부로서 지낼 때 그들은 오전에만 일하고 하루 종일 쉴 때가 많았다. 그러나 이제 그들은 완전히 다른 작업 환경에 처했다. 예를 들어 내가 만난, 지바현 도가네에 정착한 첫 번째 그룹의 한 가족은 견딜 수 없을 정도로 덥고 습한 비닐하우스에서 일주일에 6일씩 이른 아침부터 저녁까지 일하며 채소를 재배해야 했다. 내가 만난 또 다른 가족은 미에현 스즈카에 처음 정착하여 버섯을 재배하는 일을 했는데, 마찬가지로 혹독한 환경에서 고강도 노동에 시달렸다. 일본인 농장주로서는 일본어가 서투른 이들을 농장에 내버려 둔 정부가 원망스러웠다. 게다가 도가네의 가족은 자신들이 살고 있는 외딴 마을에서 가장 가까운 학교가 한 시간 거리에 있었기 때문에 다섯 자녀를 학교에 보내는 데 큰 어려움을 겪었다. 아내는 집과 학교를 왕복 두 번씩 오가며 픽업에만 하루 네 시간을 보냈고, 남편은 온종일 더위 및 습기와 씨름하며 비닐하우스에서 일했다. 그녀는 나에게 이렇게 말했다.

당시 고생을 이루 다 말할 수 없어요. 날마다 울었어요. 그 어려움을 견딜 수 없었고, 정신적으로도 거의 무너졌어요. 맬라 난민촌으로 어서 돌아가고 싶었어요.

그 가족은 도가네에 배치된 다른 난민 가족과 더불어 2011년 7월 결국 그 농장에서 일하는 것을 거부했다. 이 사건은 전국적인 쟁점이 되어 정부와 시민사회 모두를 놀라게 했다. 정부는 재정착 관행, 특히 다른 이해당사자들과 정보를 공유하지 않은 태도에 대해 언론과 엔지오로부터 호된 비판을 받았다. RHQ와 외무성, 후생노동성 등 모든 관련 정부 기관 관계자가 그 가족을 방문해 사건을 조사했다. 그러나 각 부처가 다른 부처에 책임을 전가할 뿐이어서 그 가족은 더욱 당혹스러웠다. 어떤 정부 관계자는 자녀 픽업에 어려움을 겪던 아내가 여섯 번째 아이를 밴 것을 질책하기까지 했다.[31] 정부는 그 가족의 신뢰를 완전히 잃어버렸다. 자원봉사 변호사와 엔지오는 정부를 계속 비판하면서 종족 공동체의 참여를 강력하게 제안했다. 재정착 난민에 대한 정부의 자신감과 영향력은 완전히 무너졌다. 재정착 난민은 자신들의 언어로 친밀한 소통을 하며 그들이 겪고 있는 난관을 이해해 줄 수 있는 종족 공동체로 향했다. 종족 공동체는 그들에 대한 거버넌스에서 정당한 행위자로 등장했다.

31) 이 말은 일본난민지원협회 관계자와 소바라떼잉에게서 각각 2016년 1월 21일과 22일에 들었다.

카렌족 공동체의 개입

내가 연구할 당시 일본에서 카렌 정체성을 내세우고 종족 공동체 활동에 참여하는 카렌족은 소바라떼잉에 따르면 1백 명 정도였다. 주류종족인 버마족과 여러 소수종족을 포함한 미얀마인은 9천 명으로 추정했다(Osanami Törngren 2015, 185). 재일 카렌족 공동체의 역사는 1980년대 후반으로 거슬러 올라간다. 당시 1988년 민주화 항쟁을 제압한 군부의 탄압을 피해 미얀마를 떠난 사람들이 많았다. 다른 미얀마인과 더불어 카렌족이 관광객으로 또는 이주노동자로 자유와 새로운 삶을 찾아서 일본에 왔다. 카렌족은 1995년부터 모이기 시작해 마침내 1996년에 60~80명이 참여하는 '카렌 문학과 문화 모임'(Karen Literature and Cultural Organization)을 결성했다. 그리고 1997년에 카렌족에게 가장 중요한 상징적 행사인 카렌 새해 행사를 개최했다. 1990년대에는 주로 문화적 활동에 치중했다면 2000년대에는 정치적 이슈와 국제적 연계에 더 큰 관심을 기울였다. 미얀마 군부에 대한 그들의 저항을 널리 알리고, 해외의 다른 카렌족과 연대를 추구하며, 일본에 거주하는 카렌족의 복지를 증진하고자 2000년 1월에 카렌민족연맹(Karen National League) 지부를 결성했다.[32] 이후 또 다른 카렌 조직이 결성되었는데, 2003년에는 카렌민족연합(Karen National Union) 지부, 2006년에는 해외카렌회(Overseas Karen

32) 소바라테잉과 면담(2016. 1. 22). 카렌민족연맹은 세계에 흩어진 카렌족의 연대를 발전시키는 견인차의 역할을 하는 조직으로서 활동하기 위해 1997년 캐나다 오타와에서 결성됐다(Karen National League 1998).

Organization) 지부를 결성했다.[33] 카렌 문학과 문화 모임을 제외하고 다른 세 조직은 여전히 활동 중이다. 어떤 사람은 복수의 멤버십을 갖고 있기도 하다. 이들 조직은 노선과 영향력을 둘러싸고 경쟁할 때도 있지만 카렌 새해 행사를 조직할 때의 경우에는 협력하기도 한다.

이들 조직 중에서 40명의 회원이 참여하는 카렌민족연맹이 재정착 사안에 가장 적극적으로 개입해 왔다. 부회장인 소바라떼잉이 그것에 전념해 왔기 때문이었다. 앞서 얘기했듯이 민주화 항쟁에 참여한 뒤 은신처를 찾아 22세에 일본에 건너온 그는 종족 공동체 활동을 하면서 난민성을 자각하게 되고 합법적인 체류와 사회적 안전을 보장받기 위해 난민 지위를 2004년 9월에 신청했고, 2006년 1월 19일에 마침내 난민 지위를 받았다. 카렌족 중에서는 처음이었다. 당초에 다른 카렌족 사람들은 그의 난민 지위 신청을 부정적으로 바라보았다. 그 정치적 라벨이 일본 내 카렌족의 삶을 불안하게 만들 수 있기 때문이었다. 그러나 그가 성공적으로 난민 지위를 획득하자 다른 사람들도 그 지위가 주는 합법성과 안정감을 깨닫고 난민 지위를 신청하기 시작했다. 그 결과 20여 명의 카렌족이 그 지위를 받게 되었다. '난민성'이 재일 카렌족의 정체성 형성에 깊게 연루된 것이다. 태국 국경에 거주하는 동족 난민이 일본에 재정착된다는 소식을 듣고 이들은 자신들의 난민성을 더 자각했고 동족 난민이 일본 사회 적응하는 데에 나름의 역할을 하고자 했다. 재정착 난민이 동

---

33) https://cyberbbn.blogspot.com/2013/08/oko-japan.html(검색일: 2017. 3. 10). 더 자세한 사항에 대해서는 카지무라(梶村美紀 2014)와 시퍼(Shipper 2008)를 참고할 것.

족 출신이기에 마땅히 정당한 행위자로서 그들의 정착 과정에 관여해야 한다고 생각하고 준비해 왔다.

그러나 그들의 기대와 달리 정부는 카렌족 공동체가 재정착 프로그램에 관여하는 것을 허락하지 않았다. 소바라떼잉이 이끄는 카렌민족연맹은 RHQ에 재정착 난민을 만날 기회를 달라고 계속 요청했으나 허사였다. 정부가 보기에 그 카렌족 공동체는 조약 난민이 주도하는 정치 단체로서 그 요구를 들어주면 재정착 난민이 안 좋은 영향을 받을 것이었다.[34] 사실 조약 난민들은 군부가 장악하는 모국의 민주주의뿐만 아니라 일본에 거주하는 이주노동자와 비호신청자를 위해서도 적극적으로 활동해 왔던 터였다. 정부는 새로 도착한 난민이 조약 난민의 영향을 받아 이러한 활동에 동조하여 혹시라도 정부에 대항하고 일본 사회를 불안하게 만들까 봐 걱정했다. 앞서 언급한 지바현 도가네에 정착한 가족과 관련된 위기가 터지고 나서야 카렌민족연맹이 재정착 난민에 관여할 수 있었다. 정부는 카렌민족연맹이 그들을 만나는 것을 허락할 도리밖에 없었다. 그들의 고통을 친밀성을 바탕으로 깊게 이해할 수 있는 유일한 당사자가 그 공동체였기 때문이다.

일본어와 카렌어, 버마어, 영어까지 구사하는 소바라떼잉은 RHQ와 엔지오 등 여러 이해 당사자와 재정착 난민 사이를 중재하며 문제 해결에 나섰다. 그와 아내는 재정착 난민 가족을 방문하여 카렌어로 의사소통하며 신뢰를 쌓고 일본어로 풀어내기 힘든 그들의 요구를 정부와 엔지

34) RHQ 관계자와 면담(2016. 1. 29).

오에 전달했다. 난민 가족의 위기에 미숙한 대처로 신랄한 비판을 당한 정부로서는 카렌족 공동체의 개입과 그 활용성을 계속 인정할 수밖에 없었다. 엔지오는 종족 공동체를 전폭적으로 지지하며 그 문제를 해결하는 데 힘을 모았다. 카렌족 공동체와 다른 이해 당사자들과의 중재와 협력으로 마침내 지바현 도가네의 두 가족이 2011년 9월에 도쿄로 이주했다 (Yamashita 2015, 68).

소바라떼잉과 종족 공동체의 역할은 중재에서 그치지 않았다. 이해 당사자와 여러 카렌족 사람과 협력하여 재정착 난민에게 맞는 일자리를 찾아주었다. 그리하여 두 가족은 2011년 말에 이르면 각각 세탁 공장과 재활용 회사에 고용되었다. 내가 2016년 1월에 한 가족을 방문했을 때 남편은 가구와 전자제품을 취급하는 그 재활용 회사에서 여전히 일하고 있었다. 아내는 다른 카렌인의 도움을 받아 여섯 자녀를 돌보면서도 2015년 11월부터 시간제 지하철 청소원으로 일했다. 부부가 번 돈이 한 달에 17,000~18,000엔밖에 되지 않아 정부의 지원을 받고 있지만 도가네에서 살았던 때보다 훨씬 안정적으로 지내고 있었다.

내가 방문한 또 다른 가족 역시 종족 공동체 덕분에 일자리를 얻게 된 사례였다. RHQ는 처음에 미에현 스즈카의 농장에 그 가족을 배치했다. 그 가족은 그 일이 마음에 들지 않았는데 카렌족 공동체의 도움으로 2012년에 도쿄에 인접한 사이타마로 옮겼고 역시 그 공동체의 도움으로 남편이 집에서 지하철로 20분 정도 걸리는 곳에 있는 역에서 비정규직 지하철 청소원으로 일할 수 있게 되었다. 나중에 그는 정규직으로 전환되어서 월수입으로 3십만 엔을 받았다. 이후 아내도 그와 함께 지하철 청소원으로 일하게 되었을 때 남편과 다른 카렌족이 새로운 작업 환경에 잘 적응할 수 있도록 도와주었다. 이것은 초기에 도착한 재정착한 난민이 좀 더 안정적인 생활을 하게 되고 기존 카렌족 공동체에도 힘을 실어 그 공동체가 신규 노동시장 진입자에게 유용한 연결고리와 도움을, 즉 사회적 자본을 제공하는 역할을 했다는 것을 드러내는 사례였다(Lamba and Krahn 2003).

카렌족 공동체는 난민 자녀들의 교육에 특별한 관심을 기울였다. 소바라떼잉은 일본인 자원봉사 교사, 대학생과 협력하여 난민 자녀들의 학습을 도와주었다. 또한 초등학생 난민 자녀들이 해당 학년에 맞는 일본어 능력 수준에 도달할 수 있도록 과외를 받을 수 있게 여러 자원을 동원했다. 그의 소개로 나는 자원봉사 교사를 하는 고바야시 히로코를 다카다노바바역 근처의 한 커피숍에서 만났는데, 그 역시 난민 자녀들의 일본어 능력을 강조하며, 일본어 능력 미달은 대학에 들어갈 수 없다는 것이고 결국 일본 사회에서 주변적인 위치에 머무를 수밖에 없다는 것을 의미한다며 그 일의 중요성을 힘주어 말했다. 소바라떼잉은 더 나아가 다른 난민 활동가와 유엔난민기구 등과 협력하여 대학에 진학한 난민 학생들에게 장학금을 수여하는 프로그램까지 만들기도 했다.[35)]

종족 공동체는 정부에 대응하여 난민 이슈에서 자신의 정당한 지위를 강화하려고 여러 전략을 구사했다. 우선 다른 이해 당사자들과 연대를 구축했다. 소바라떼잉을 비롯해 카렌민족연맹의 구성원 일부는 다른 난

35) https://rhep-japanforunhcr.org/en/(검색일: 2024. 1. 19).

민 활동가들과 협력하여 난민조정위원회(RCCJ, Refugee Coordination Committee Japan)를 재정착 난민이 도착하기 전인 2010년 8월에 결성했다. 다분히 재정착 사안에 관여하려는 의도에서였다. 소바라떼잉은 RCCJ에서 핵심 역할을 수행하며 정부 관계자와 엔지오를 상대할 때 정당한 파트너로 자신을 내세웠다. 초기에 RCCJ는 정부로부터 무시당하였지만, 2012년에 이르면 정당한 당사자로서 인정받았다. RCCJ는 2012년 4월과 6월에 외무성 차관과 유력 국회의원, 변호사를 초청하여 재정착 난민에 관한 온라인 세미나를 두 차례 개최했다. 수천 명이 이 행사를 지켜볼 정도로 성황을 이루었다(Takizawa 2015, 234-235). 소바라떼잉은 일본 내뿐만 아니라 미얀마 내 난민을 위해 활동을 전개할 목적으로 2012년 7월에 '엔피오 피스'(NPO Peace)를 창립하는 데도 결정적인 역할을 했다. 그 단체에 카친족, 카렌족, 친족, 팔라웅족, 몬족, 여카잉족 등 미얀마 소수종족 출신이 구성원으로 참여했다. 그는 NPO Peace의 부국장이라는 지위를 맡아 정부와 상대해 나갔다. 소바라떼잉과 카렌 동료들은 정부를 상대하는 방법을 터득했다. 정부가 개인보다는 네트워크나 단체를 적절한 대화 상대자로 고려하는 경향이 있다는 것을 간파했다. 따라서 엔지오와 연대도 강화했다. 예컨대 15개 엔지오의 네트워크인 일본난민포럼(FRJ, Forum for Refugees Japan)은 재정착 사안에서 카렌 공동체와 긴밀히 협력했다.[36] 이러한 연대와 지원에 힘입어 종족 공동체는 재정착 난민의 거버넌스에서 당사자성을 더욱더 강하게 주장할 수 있었다.

36) FRJ 미에코 이시가와 대표와 면담(2016. 1. 26).

종족 공동체는 역할을 더 발전시켜 재정착 난민에게 사목적(pastoral) 돌봄을 제공하기까지 했다. 그들에게 당장 급한 문제는 없어도 소바라떼잉과 공동체 구성원들은 꾸준히 도쿄와 다른 현에 거주하는 난민 가족을 방문하고 그들의 일상을 듣고, 혹 닥치게 될 어려움에 대처하는 방법을 알려주며, 일본 사회에서 좋은 삶을 살 수 있도록 격려했다. 재정착 난민에게 이러한 방문은 마음의 안정을 얻고 살아갈 힘을 얻는 에너지원이었다. 내가 2016년 1월에 방문했던 사이타마와 도쿄의 가족은 소바라떼잉과 그의 아내에게 자주 전화를 걸어 일상을 세세히 공유했다. 소바라떼잉은 주말을 이용하여 아내와 세 자녀까지 동반하여 난민 가족들을 방문할 때가 많았다. 당연히 자녀들 사이에서도 우정이 싹트고 자라났다. 나는 그의 SNS를 통해서 그와 RCCJ 대표가 재정착 난민을 만나서 필요한 지원을 하려고 미에현으로 가는 기차를 타는 장면을 확인하기도 했다. 이러한 사목적 돌봄은 정부로서는 도저히 도달할 수 없는 경지이다. 재정착 난민과 언어와 문화를 공유하는 종족 공동체만이 이러한 경지의 돌봄을 실천할 수 있다. 이 점에서 친밀감에 바탕을 둔 종족 공동체의 사목 권력은 재정착 난민에 대하여 제한된 이해만을 갖고서 행사하는 국가의 사목 권력과는 차원이 다르다(cf. Foucault 1983).

종족 공동체는 정부로부터 공식적인 지위를 인정받는 데까지 나아갔다. 종족 공동체가 수용국 정부의 정책 운영에 깊숙이 개입할 수 있게 된 위대한 성과였다. 2012년 5월부터 2013년 12월까지 정부의 난민대책연락조정회의 아래 학계 인사와 NPO Peace 대표자, 지역사회 관계자가 참여하는, 재정착전문가회의(REC, Resettlement Experts Council)는 정부에게 재정착과 관련된 사안에서 종족 공동체를 파트너로 고려할 것을 계속 제안했다. 마침내 정부는 2014년에 공식적으로 기존 카렌족을 재정착 난민의 멘토로 지정하는 시스템을 출범시켰다(Osanami Törngren 2015, 198-199; Treviaranus and Osanami Törngren 2015, 36). 소바라떼잉은 RHQ의 자문위원이 되어 때때로 재정착과 관련된 사안에서 여러 아이디어를 제공했다. 실로 종족 공동체가 재정착 난민의 거버넌스에서 필수 불가결한 행위자로 자리 잡은 것이다.

사진 4.1 일본에 재정착한 카렌족 여성 | 출처 | 저자

사진 4.2 일본 카렌족 공동체 | 출처 | 저자

종족 공동체를 딛고서 초국적 연대의 길로

이 장에서 나는 일본 정부가 재정착 난민 제도를 어떻게 시행했고 카렌족 공동체는 동족 출신의 재정착 난민의 돌봄에 어떻게 관여했는지 다루었다. 국가와 종족 공동체가 재정착과 관련된 사안에서 중요한 행위자라는 점을 드러내며 그 두 행위자가 재정착 난민의 거버넌스를 두고 겨루는 경쟁을 밝혔다. 재정착 제도는 한동안 난민에게 문을 닫았던 일본으로서는 역사의 새로운 페이지를 작성하는 일이었다. 일본은 그간 유엔난민기구에 거대한 규모의 재정적 지원을 하면서 국제적인 난민 부담을 분담(회피)해 왔다. 그러나 2000년대 들어 비난과 압박이 가중되자 2008년에 재정착 프로그램을 도입하기로 하고 2010년 태국 국경 소재 난민촌에서 카렌족 난민을 데려왔다. 국제사회는 이러한 움직임에 박수를 보냈고 일본은 아시아에서 그 프로그램을 최초로 시행한 국가로서 자부심을 느꼈다. 일본은 과거 인도차이나 난민을 다루었던 관행과 경험이 있어서 자신감이 넘쳤고 이 프로그램을 성공시켜 과거의 비난을 상쇄하고자 했다. 과도한 자신감과 책임감에 사로잡혀 다른 이해 당사자, 특히 종족 공동체와 협력할 필요성을 자각하지 못했다. 정부는 재정착 난민이 RHQ 지원센터에서 언어와 문화 교육과정을 이수하는 처음 6개월 동안 절대 권력을 행사했다. 새로운 삶을 선사한 '구원자'로서 생활 전반을 통제했다. 종족 공동체가 동족 난민을 만나는 것을 허락하지 않았다. 재정착 난민이 지원센터에서 나와 정착지로 옮겨가 직업 실무 교육을 받는 6개월의 기간 동안 정부의 자신감과 신뢰는 떨어지기 시작했다. 그럼에도 여전히 종족 공동체의 접근을 막으면서 독단적으로 프로그램을 운영하려 했다. 무엇보다 재정착 난민의 과거의 삶과 현재의 조건, 미래의 계획을 제멋대로 해석하며 그들을 참을 수 없는 곤경에 빠뜨렸다. 결국 많은 난민이, 특히 지바현 도가네의 두 가족은 그 곤경을 견딜 수 없어 카렌족 공동체에 도움을 요청했다.

이 문제를 해결해 나가며 종족 공동체는 재정착 난민에 대하여 정당한 당사자로서 우뚝 섰다. 카렌족 공동체는 같은 언어로 친밀한 대화를 나누며 그들이 겪는 어려움에 공감했다. 친밀성은 종족 공동체가 재정착 난민의 신뢰를 얻고 정부를 상대로 그들에 대한 정당한 '소유권'을 주장하는 데 강력한 자원이었다. 종족 공동체는 난민의 요구를 정부에 전달하고 엔지오와 정부 등 여러 당사자 사이를 중재했다. 마침내 곤경에 처했던 난민 가족은 도쿄와 사이타마로 옮겨 종족 공동체와 가까운 관계를 유지하며 삶을 회복했다. 종족 공동체는 일자리를 알선하고 자녀의 교육을 돌보는 등 역할을 확대했다. 그러면서 소바라떼잉의 사례에서 보듯이 RCCJ와 NPO Peace에서 중요한 자리를 맡으며 일본의 여러 엔지오와 유엔난민기구와도 적극적으로 협력했다. 이러한 활동을 통해 소바라떼잉이 재정착과 관련된 사안에서 지도자로 확고하게 자리 잡게 되자 결국 정부도 그를 자문위원으로 인정하고 종족 공동체를 멘토로 인정하기에 이르렀다.

나는 일본 사례를 다루면서 유엔난민기구가 장기화하는 난민 문제에 대한 하나의 해결책으로서 추진하는 재정착 난민 제도를 둘러싸고 어떤 동학이 발생하는가를 밝히고자 했다. 국가-사회관계와 국가-난민관계(Dauvergne 1998; Jacobsen 2002; Migdal 1988)를 분석틀로 삼으며 국가와 종족 공동체가 각자의 역량을 강화할 수 있는 자원이 되는 재정착 난민에 대한 거버넌스를 둘러싸고 어떠한 경쟁을 벌이는지 다루었다. 기존 연구는 그 제도를 비교적 일찍 도입하여 비교적 안정된 정치적·사회적·문화적 조건에서 재정착 난민을 수용하는 서구를 주로 다루었다. 그와 달리 나는 새롭게 그 제도를 도입한 경우에서는 어떠한 사태가 전개되는지 국가와 종족 공동체의 경쟁을 중심으로 살펴보았다. 상대적으로 약한 종족 공동체가 동아시아의 강한 국가를 상대로 어떻게 정당성을 확보해 나가는가를 살피며 또 다른 힘의 동학을 제시했다. 그 점에서 이 사례는 수용국 사회에서 이주민이 자신의 권리를 신장하는 데 했던 역할을 다룬 징애란(Chung 2010)과 시퍼(Shipper 2008)의 연구와 맞닿아 있기도 하다. 그러나 이른바 글로벌 인도주의 정책인 재정착 제도가 신규 이민자의 거버넌스를 둘러싸고 벌이는 국가와 종족 공동체 사이의 역동성을 보여주었다는 점에서 기존 논의를 확장했다고 할 수 있겠다.

내가 여기에서 강조한 것은 종족 공동체와 재정착 난민이 언어와 문화에 바탕을 두고 쌓은 친밀성이 스콧(2020)이 말한 은닉 대본을 생산하여 종족 공동체가 국가를 상대하는 데 유용한 자원이 되었다는 점이다. 이 점은, 특히 종족 공동체가 재정착 난민에게 사회적 자본을 제공하는 역할은, 사회적 자본을 다룬 기존 논의와 일치하는 면이기도 하다(Faist 2000; Laurence 2009; Portes 2000; 2014; Vertovec 2003). 그러나 종족 공동체가 재정착 난민의 일상생활 전반에 깊게 관여하며 제공하는 사목적 돌봄은 이 연구가 제시하는 새로운 점이라 할 수 있겠다. 친밀한 관계에 바탕을 두고서 실천하는, 양을 돌보는 것 같은 사목 권력은 국가의 사목 권력이 도저히 흉내 낼 수 없는 차원이다(cf. Foucault 1983). 이 친밀성은 재정착 난민의 거버넌스를 둘러싼 미래의 경쟁에서도 국가를 상대하는 지렛대로 계속 활용될 것이다.

2018년 4월의 어느 맑은 아침, 나는 소바라떼잉과 카렌족 공동체를 만나러 그들이 모이는 교회를 찾아 나섰다. 시간이 좀 남아 근처의 릿쿄대학교를 둘러보았다. 연희전문(오늘날 연세대)을 졸업한 윤동주가 1942년 일본 유학길에 올라 처음에 공부했던 곳이 바로 이 대학교였다(이후 윤동주는 교토의 도시샤대학교로 옮겼다). 릿쿄대의 교정은 연세대와 비슷해 나는 마치 익숙한 곳에 와있는 느낌이 들었다. 거기에서 윤동주를 떠올릴 수밖에 없었고, 또 곧 만나게 될 카렌족 디아스포라와 그의 운명을 겹쳐 생각할 수밖에 없었다. 한국 카렌족을 다룬 글을 쓸 때 '동주'라는 영화가 나온 것도 예사롭지 않았는데, 일본 카렌족이 윤동주의 유학 대학교 근처에서 모인다는 것도 예사롭지 않았다. 이곳은 초국적 여정을 시작한 윤동주와 카렌족 디아스포라의 보금자리였다. 이곳을 거쳐 윤동주는 교토로 가는 추가적인 이동을 실천했고, 소바라떼잉 등 카렌족 디아스포라는 이곳을 디딤돌 삼아 동족 간 우정을 나누고 일본 내뿐만 아니라 태국 국경 난민과 세계 곳곳에 흩어진 카렌족과 연대를 구상해 나간다. 76년의 사이를 두고 윤동주의 길과 재일 카렌족의 길은 겹쳤다. 그렇게 100%의 충일한 느낌을 갖고서 나는 카렌족 디아스포라를 만나러 갔다.

나는 2019년 6월에도 게이오대학교에서 열린 연세-게이오 사회과학 학술대회를 마치고 짬을 내 소바라떼잉과 카렌족을 만나러 다시 그곳에 갔다. 소바라떼잉은 카렌족을 넘어서 미얀마 출신 난민을 전반적으로 지원하는 활동가로 우뚝 서 나갔다. 그 사이에 일본 정부는 말레이시아 도시에 거주하는 미얀마 출신 난민을 수용해 왔고, 그는 까친족 여성 지도자와 더불어 NPO Peace를 활동의 중심지로 삼고서 정부와 상대하며 이들의 재정착 과정에 관여했다. 그 자신 편의점에 가공 닭고기를 납품하는 공장에서 이주노동자로서 일하면서도 그 활동에 매진했다. 그 노고를 인정받아 2020년에 RHQ의 모재단인 아시아복지교육재단으로부터 공로

상을 받았다.

그의 리더십은 2021년 2월 1일에 발생한 미얀마 군부 쿠데타를 계기로 더 확장됐다. 쿠데타에 반발하여 망명정부인 국민통합정부(NUG, National Unity Government)가 세워지고 세계 곳곳에 지부가 설립됐는데, 소바라떼잉이 바로 국민통합정부 일본대표부의 대표를 맡아 여러 종족을 아우르는 범디아스포라 연대 활동을 도모하고 있다. 그는 카렌 정체성을 유지하기 위해 귀화를 생각하지 않고 있다. 그의 카렌다움은 일본 내 미얀마 난민들의 복지와 본국의 민주주의를 위한 초국적 연대로 향하고 있다.

제5장

또 다른 경로의 통합:

호주 카렌족의 통합 전략과 공동체

늘 곁에 있던 호주

카렌족 난민 연구를 하면서, 아니 동남아시아와 관계를 맺으면서 호주는 늘 곁에 있는 존재 같았다. 지도교수를 비롯해 동료 학자들 여럿이 호주에서 학위를 했고, 어느 연구 기관에서나 학술 발표회에서나 호주 출신은 두드러졌다. 난민 지원 활동에서도 마찬가지였다. 난민촌에 머물 때 호주 출신 자원봉사자들이 영어와 컴퓨터를 가르치는 경우를 많이 봤다. 호주 정부 역시, 자국 해안에 보트로 접근하는 비호신청자에게는 발도 못 붙이게 하는 것으로 악명이 높지만, 해외에서 비행기로 데려오는 난민에 대해서는, 즉 재정착 난민에 대해서는 관대한 정책을 펼쳐왔다. 카렌족 난민도 그 혜택을 받았다. 난민촌에서나 도시에서나 재정착에 관한 정보를 주고받는 대화에서 호주는 가고 싶은 나라 중 첫 번째로 꼽힐 정도로 인기가 높았다. 영어를 쓰는 데다 미국, 캐나다, 유럽에 비해 거리도 가깝고, 기후도 좋고, 지원도 좋다고들 하기 때문이다. 시간대도 크게 차이가 나지 않아 가족들이 실시간으로 연락하기도 편했다. 내 연구 보조원이었던 플라투(1984년생) 역시 그 대화에 적극적으로 끼어들며 호주를 욕망했으며 여러 시도 끝에 마침내 2008년에 호주 퍼스에 재정착하게 됐다.

그가 그곳에 재정착하자 나도 그곳을 꿈꾸게 됐다. 호주 연구에서부터 나는 옛 친구를 만나는 여정을 시작했다. 2015년 2월 말 호주국립대에서 열린 학술행사에 참석한 계기에 예비 조사차 시드니 리드컴(Lidcombe)에 있는 한 카렌족 교회를 찾아갔다. 리드컴역에 내리니 한글 간판이 눈에 많이 띄었다. 한인타운이 이곳에 자리를 잡은 것이다. 코리안(Korean) 곁에 카렌(Karen)이 있다는 것이 예사롭지 않았다. 그때가 토요일이었는데 마침 시드니에 있는 네 개의 카렌족 교회가 연합하여 태국 치앙마이에서 활동하는 인기 카렌족 복음성가 가수 부부를 초청하여 콘서트를 진행했다. 초국적 연대의 장이었다. 그 커플은 공연 도중에 청중의 출신을 확인한다며 맬라, 매라모, 움삐얌마이, 누포, 탐힘 등 각각의 난민촌 이름을 불렀다. 그때마다 청중들의 환호 소리가 터져 나왔다. 시드니에는 탐힘 난민촌 출신이 주로 거주하고 있어서 그들의 목소리가 가장 컸다. 행사 이후 나는 호주카렌회(AKO, Australian Karen Organization) 대표인 소르윈우 등 주요 지도자와 인사를 나누었고 본격적인 연구를 위해 다시 오겠다고 했다.

본격적인 조사를 위해 2017년 2월에 다시 호주로 향했다. 시드니대에서 열리는 연세대-시드니대 학술회의에 참석하는 계기에 나는 멜버른에 먼저 들러 1주일 정도 머물며 2000년 3월부터 알고 지내던 게일모 집도 방문하고, 그가 담임목사로 재직하는 교회에도 가보았다. 카렌족은 멜버른 교외의 웨리비(Werribee)에 주로 거주하고 있어, 멜버른의 서던 크로스(Southern Cross)역에서 전철을 타고 45분 정도 가야 했다. 웨리비가 바로 초국적 연대 활동에서 독보적인 인물인, 한국과 일본을 다루었던 장에서 소개했던 가네미가 살고 있는 곳이었다. 가네미에게도 미리 연락했는데, 해외 출장 중이어서 만나지는 못했다. 게일모의 교회에 가자, 나는 마치 맬라 난민촌에 다시 온 듯한 느낌을 받았다. 곳곳에 익숙한 얼굴들이 많았다. 그중에는, 나중에 소개하게 될, 제2차 세계대전에 참전한 보디 위쿠(Bordy Weeku, 1920년생)도 눈에 띄었다. 그들에게도 마찬가지였다. 내게 다가와 난민촌 시절 나를 봤다고 얘기하는 사람이 많았다.

시드니로 옮겨 학술회의를 마치고 2월 11일 토요일 아침 시드니 교외 빌라우드(Villawood)에서 개최되는 카렌족 행사에 동료 연구자들과 같이 참여했다. 그날이 마침 제68회 카렌 혁명일, 제69회 카렌 민족의 날, 제70회 카렌민족연합(KNU) 창립일을 동시에 기념하는 날이었다.[37] 소르윈우가 우리 일행을 반갑게 맞이했다. 순국선열에 대한 묵념으로 그 행사를 시작했다. 그리고 세 기념일에 대한 소개가 이어진다. 건너편에 누군가 낯이 익은 사람이 앉아 있다. 투구였다. 내 논문 "백인 구원자와 카렌족"의 서두 일화 속 중년 여성이 바로 그녀다. 영국에 재정착된 그녀가 이곳에 와있는 것이다. 그녀도 나를 보고 미소를 짓는다. 호주와 뉴질랜

37) KNU는 1947년 2월 5일에 설립됐다. 1948년 2월 11일, 카렌족은 독립을 요구하며 대대적으로 시위를 벌였는데 이후 그날을 카렌 민족의 날로 지정하여 기념한다. 카렌족의 무장 혁명은 1949년 1월 31일에 시작됐다.

드에 거주하는 카렌족을 만나는 여정 중에 여기를 들른 것이라고 소르윈우가 알려준다. 우리 일행을 소개하고 나서 소르윈우는 연설을 했다. 당시 아웅산 수찌가 실질적인 국가수반이었던 민주화 시기임에도 소르윈우는 아웅산 수찌 정권이 소수종족 문제를 해결하는 데 진심이 없고 군부가 소수종족에 가하는 군사 공격을 막을 능력도 전혀 없다며 호되게 비판했다. 이어서 투구가 연설을 했다. 국제카렌회(IKO)의 유럽지부 코디네이터의 역할을 맡고 있다고 자신을 소개하며 이렇게 호주와 뉴질랜드를 다니며 카렌족 난민들의 초국적 연대를 도모하는 활동을 하고 있다고 말했다. 투구는 연설 도중 나도 언급하며 이제 박사도 마치고 어느 정도 자리를 잡았을 테니 카렌족을 위해 애써달라고 당부했다. 카렌 국가 제창으로 모든 식을 마무리했다. 이후 나는 투구에게 달려가 반갑게 인사를 나누고 서로의 가족에 대한 안부를 물었다. 그녀는 영국에 재정착한 이후에 유럽뿐만 아니라 자주 태국 국경도 방문하여 연대 활동에 힘쓰고 있다고 했다. 몇 사람과 더 이야기를 나누고 우리 일행은 자리를 떴다.

사진 5.1 시드니 카렌족 공동체 | 출처 | 저자

그다음 날이 일요일이라 카렌족을 만나기 위해 나는 오번(Auburn)에 있는 한 교회를 찾아갔다. 거기에서 소르윈우를 다시 만나 그의 개인사에 관한 얘기를 들을 수 있었다. 양곤에서 태어난 그는 한동안 싱가포르에서 살다가 1987년 호주에 오게 됐다. 1988년에 미얀마에 항쟁이 발생하여 돌아갈 수 없게 되자, 국내(Onshore) 난민 지위 인정 절차를 진행하여 그 지위를 인정 받았다. 그 교회에는 난민 출신이 아닌 일반 카렌족도 몇 있었다. 그들도 역시 싱가포르에서 살다가 호주에 이주한 사례였다. 맬라 난민촌에서 살았던 케케포도 거기에서 보았다. 그녀는 나를 알고 있었다. 나도 자세히 보니 어린 시절 그녀의 얼굴이 떠올랐다. 어느새 성년이 되어 결혼도 하고 자녀도 두었다. 그녀와 남편인 블르포는 이틀 후에 따로 다시 만났다. 파라마타(Parramatta)역에서 일단 만나 그들의 차를 타고 블랙타운(Blacktown)에 있는 집에 가서 식사하며 얘기를 나누었다. 마침 함께 호주에 재정착해 근처에 살고 있는 블르포의 어머니도 와있었다. 그녀는 해먹에 누워서 자기가 예전에 돌봤던, 지금은 미국에 재정착된, 한 카렌족 청년과 인터넷 화상통화를 하고 있었다. 이러한 방식의 소통이 이들에게는 일상이었다.

2017년 8월, 나는 호주로 다시 향했다. 이번에는 서호주의 퍼스였다. 플라투를 만나기 전까지 내 호주 조사는 완결된 것이 아니었다. 퍼스는 좀 에둘러서 갔다. 한국에서 일단 학술행사가 열리는 치앙마이로 갔다. 이후 차를 타고 매솟까지 갔다. 딱(Tak)에서 매솟으로 이어지는 기존 2차선 도로를 4차선으로 확장하는 공사 현장을 보고 싶어서였다. 이른바 미얀마 특수로 관문인 매솟으로 향하는 길이 대대적으로 개선되고 있었고,

오가는 대형 화물트럭도 많았다. 매솟에 며칠 머물며 국경 상황을 업데이트한 뒤 육로로 국경을 넘어 먀와디로 갔다. 그리고 계속 육로로 꼬꺼레익(Kawkareik), 쫀도(Kyondoe)를 거쳐서 몰라먀잉에 도착하여 며칠 머무르며 애도니럼 저드슨의 활동지도 돌아보고 조지 오웰에 빙의하여 코끼리는 어디 있나 둘러보기도 했다. 우기의 한복판, 하늘이 뚫린 듯 퍼붓는 비를 맞으며 저드슨이 설립한 교회의 뒷마당에서 그의 아내와 1년 7개월 만에 죽은 아들이 묻힌 곳도 비애에 젖어 돌아봤다. 이후 양곤으로 이동하여 며칠 지내면서 민주화 시기 도시의 활력을 몸소 경험했다. 그리고 나서 비행기로 싱가포르를 경유하여 퍼스에 온 것이다. 플라투를 만나러

사진 5.2 퍼스에 재정착한 난민 아동의 교실 학습 현장 | 출처 | 저자

오는 내 길 역시 여러 나라를 거친 초국적 여정이었다. 나는 퍼스에서부터 자동차를 본격적으로 렌트하여 재정착 난민들을 만나러 다녔다. 플라투가 에블리(Aveley)라는 교외에 살고 있고 다른 재정착 카렌족도 퍼스 시내에서 떨어진 곳에 살고 있어서 자주 편하게 오가려면 그렇게 할 수밖에 없었다. 그러면서 구글맵도 필수 동반자가 되었다. 내 조사가 모빌리티 기술에 점점 의존하게 된 것이다.

플라투와의 재회는 뜨거웠다. 성공한 난민 사례에 드는 그는 멋진 집에서 살고 있었다. 내가 오기만을 기다린 듯 손수 요리를 하여 나와 또 이 여정에 함께한 우리 가족을 대접했다. 또 여러 사람을 만날 수 있게 다리를 놓아주었다. 그리하여 생일 잔치 등 여러 카렌족 행사에 참여했고, 또 호주 카렌족에서 존경받는 지도자인 폴쪼(Paul Kyaw)도 만났고, 또 난민 자녀를 많이 수용하는 지역 학교에서 일일 지원 교사로 참관도 하는 등 바쁘게 지냈다. 이들을 만나고 자동차로 숙소로 돌아올 때쯤이면 아름다운 퍼스 시내의 전경이 석양에 물들어 있었다. 뭉클했다. 나는 어느새 이 도시를 사랑하게 됐다.

시드니, 멜버른, 퍼스를 방문하고 나서 나는 카렌족 난민의 호주 사회 내 '통합'(integration)에 대한 논의에 비판적으로 개입하고자 했다. 앞서 언급했듯이 미얀마 난민 문제가 장기화하자 유엔난민기구는 해결책의 일환으로서 재정착 프로그램을 2000년대 중반에 미국, 캐나다, 호주, 유럽의 여러 국가와 협력하며 본격적으로 추진했는데 〈표 2.1〉에서 보았듯이 2006년부터 2015년까지 그 프로그램의 혜택을 받아 10만 명 이상이 제3국에 재정착했고, 이중 호주에 재정착한 난민은 약 11,000명이었다.

이들이 대거 호주에 거주하게 되자 통합의 문제가 호주 정부에게뿐만 아니라 재정착 난민 당사자와 카렌족 공동체에게도 현안으로 떠올랐다. 호주 정부는 난민이 현지 사회에 원활히 적응하여 호주에 유용한 인적 자원이 되도록 정착 지원 프로그램을 가동해야 했다. 난민도 자기 과거의 경험과 지식을 활용하여 전혀 다른 환경에서 생활세계를 재구축해야 했다. 기존의 종족 공동체도 수용국의 주요 인사 및 기관과 전략적으로 협력하며 새로 유입된 난민들의 적응을 도와야 하는 임무를 부여받게 됐다.

일반 이주민에 대한 정책과 달리 수용국 정부 대부분은 재정착 난민의 초기 정착을 대폭 지원하기에 난민의 통합이 수용국 정부의 정책에 큰 영향을 받기 마련이다. 따라서 기존의 연구는 이러한 정책 환경과 구조에 초점을 맞추어 난민들의 통합에 관여해 왔다(Ager and Strang 2008). 그러다 보니 개별 난민들의 주체성과 전략, 난민 공동체의 역할이 기존 연구에서는 크게 드러나지 않았다(Fozdar and Banki 2017). 또한 기존 연구가 주목하는 시공간이 매우 제한되어 있어 난민이 국경을 넘나들며 기획하고 실천해 나가는 삶의 과정을 볼 수 없는 한계를 갖고 있다. 나는 플라투 등의 사례를 통해 시공간을 확장하며 재정착 난민의 도착 전 삶의 궤적, 도착 후 통합 과정, 수용국과 본국을 오가는 초국주의 기획을 강조하며 난민의 통합을 바라보고자 했다. 다음 절에서 통합을 좀 더 깊게 다루어 보자.

통합 논의에 대한 비판적 검토: 국가의 시선, 난민(공동체)의 시선

난민이 수용국에서 살아가는 삶에 대한 논의에서 수용국 문화를 일방적으로 수용하기를 강요하는 동화와 문화 다양성을 인정하는 듯싶지만 사실상 수용국 문화를 절대적 가치로 두는 다문화주의보다는 통합이라는 개념이 학자들 사이에서 선호되고 있다. 유엔난민기구 차원에서도 재정착 프로그램을 본격적으로 추진하면서 2002년에 통합에 대한 틀을 개발하고 2011년에 이를 재개정하며 재정착 관련 당사자들에게 모범 사례를 제시했다(UNHCR 2013, 11). 그러나 통합이 무엇인지에 대해서는 의견이 분분하다(Castles et al. 2002, 123). 국제 난민법에서도 그에 대한 공식적 정의가 등장하지 않는다(Crisp 2004). 통합이 수용국과 개인과 맥락에 따라 다르게 이해되는 경합적인 개념으로(Robinson 1998, 118), 무엇보다 누가 어디에 통합되는지가 불분명한 채로 남아 있다(Sigona 2005). 그럼에도 학자들이 대체로 공유하고 있고 유엔난민기구도 강조하는 바는 통합은 법적·경제적·사회문화적 차원에서 발생하는, 역동적이고 다면적인 쌍방향 과정의 산물이라는 점이다(Ager and Strang 2004; UNHCR 2013: 14). 이 견해는 동화나 다문화주의보다는 재정착 난민의 주체성과 수행성을 강조하는 견해라고 평가할 수 있다.

통합을 다루는 연구자라면 에이거와 스트랭(Ager and Strang 2008)을 그 출발점으로 삼는다. 그 두 연구자가 통합에 대한 틀을 〈그림 5.1〉과 같이 본격적으로 도식화했기 때문이다. 나는 이 장에서 그 틀을 자세히

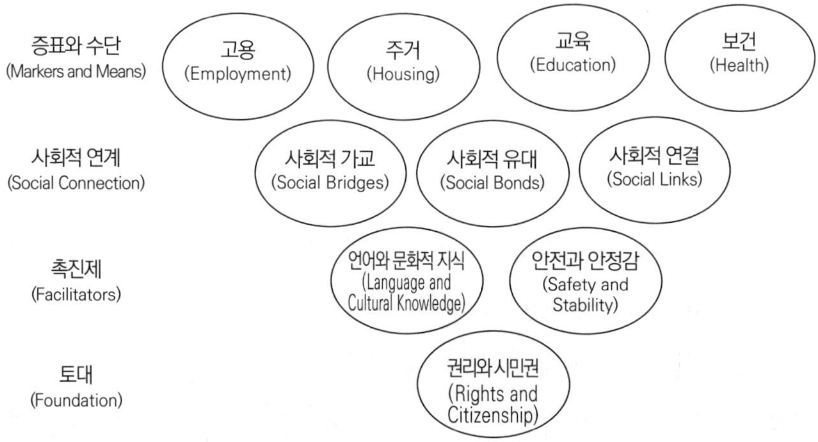

그림 5.1 통합의 핵심 영역에 대한 개념틀 | 출처 | Ager and Strang(2008, 170)

소개하고자 한다.

에이거와 스트랭(2008, 169)은 우선 통합의 증표와 수단이 되는 범주를 다루면서 고용, 주거, 교육, 보건을 파악한다. 난민들이 수용국 사회에 통합된 여부와 정도를 그 네 영역에서 이룬 성과를 보고 확인할 수 있다고 하며 동시에 그 네 영역은 난민들의 성공적인 통합으로 가는 데 수단이 될 수 있다고 본다. 실제로 통합에 관한 많은 연구가 그 네 영역을 중심으로 이루어지고 있다(Castles et al. 2002). 수용국 정부를 비롯해 엔지오, 지방정부 등 난민을 지원하는 여러 관계자와 관련 기관들로서도 난민 정책의 효과가 그 영역들에서 드러나므로 그것들에 각별한 관심을 둔다. 당사자인 난민들도 이 영역들에서 성공적인 수준에 다다르고자 노력을 기울인다.

나아가 에이거와 스트랭(2008, 170)은 한 사회 내에 통합된다는 것은 근본적인 자격과 관련된다는 점을 지적하며 '권리와 시민권'을 통합의 토대로서 제시한다. 이것은 곧바로 국가의 책무와 관련을 맺는다. 수용국 정부가 난민에게 마땅한 권리를 부여하거나 인정하지 않고 영주권과 시민권 획득을 어렵게 만든다면 난민이 수용국 사회에 통합된다는 것은 근본적으로 어려운 일이다. 권리와 시민권의 영역은 난민의 법적 지위에 해당하는 것으로서 통합의 기초를 이룬다.

에이거와 스트랭(2008, 177)은 토대(권리와 시민권)와 통합의 산물이 되는 네 영역(고용, 주거, 교육, 보건) 사이의 결합 과정인 사회적 연계에 주목한다. 퍼트넘(Putnam 1993)에 따라 그들은 사회적 연계를 난민 공동체 내부 구성원들 사이의 관계를 일컫는 사회적 유대(social bonds), 난민 공동체와 지역사회 공동체 사이의 관계를 말하는 사회적 가교(social bridges), 난민 공동체와 수용국 정부 기관 사이의 관계를 일컫는 사회적 연결(social links) 등 세 부분으로 구분한다. 난민 공동체 내부의 유대가 깊을수록, 난민과 지역사회의 가교가 튼튼할수록, 난민이 수용국 정부 기관에 쉽게 접근하여 필요한 지원을 제때에 받을수록, 난민들의 통합 정도는 높아진다.

사회적 연계가 원활히 이루어지려면 언어와 문화적 지식 그리고 안전과 안정감 등 촉진제가 필요하다고 에이거와 스트랭(2008, 182)은 언급한다. 특히 언어 능력은 통합이 쌍방향으로 이루어지는 데 필수 조건이다. 난민이 수용국의 언어에 능통해야 하지만, 수용국 역시 보건과 같은 영역에서는 통역 서비스를 제공해야 연계와 통합이 원활히 이루어진다. 문화적 지식 측면에서도 상호이해도가 높을수록 연계와 통합이 수월하게 일어난다.

마지막으로 에이거와 스트랭(2008, 183)은 안전과 안정감을 통합의 중요한 영역으로 언급한다. 난민이 지역사회에서 편안함을 느끼고 지역사회 역시 난민을 위협 세력으로 느끼지 않을 때 통합이 원활하게 이루어진다는 점을 그들은 강조한다.

스트랭과 에이거(Strang and Ager 2010)는 그간의 논의와 자신들의 논의를 다시금 검토하며 통합의 과정에서 소속감, 권리, 가치 등의 중요성을 재인식하며 여러 요소 간의 선순환을 강조한다. 또한 이전의 논의에서 다룬 사회적 자본이 통합에서 중요한 역할을 담당하고 있음과 통합이 쌍방향의 과정인 것과 여러 요인이 연관된 역동적 과정인 것을 다시금 강조한다.

여러 학자가 에이거와 스트랭의 개념틀에 입각하거나 발전시키며 통합에 대한 논의를 개진해 왔다. 예컨대 하이니 등(Hynie et al. 2016)은 에이거와 스트랭의 틀에 소속감(feelings of belonging)과 편안한 감정(feelings of being at home)과 같은 주관적 요소를 추가하며 총체적 통합모델(Holistic Integration Model)을 제시한다. 이 모델은 사회적 요소, 상호적 요소, 주관적 요소를 구분하며 사회적 요소에는 사회적 연계(유대, 가교, 연결), 공동체 환대, 제도적 적응, 상호적 요소에는 언어, 문화, 기능적 통합(고용, 주거, 교육, 보건), 주관적 요소에는 소속감과 안전과 안정감이 들어간다고 한다. 하이니 등은 에이거와 스트랭에 견주어 지역사회의 태도가 난민의 통합에 중요한 구실을 한다는 것을 더욱 강조한다. 이것이 곧 난민들의 소속감과 편안한 감정과 직결되기 때문이다. 또한 하이니 등은 각각의 요소들이 서로 관련을 맺고 상호 강화하는 구실을 하고 있음도 강조한다.

그러나 에이거와 스트랭을 비롯한 여러 학자는 통합에 대한 논의에서 개별 난민의 주체성과 전략, 난민 공동체의 역할, 초국주의에 대해서는 주목하지 못하거나 중요하게 취급하지 않았다. 통합을 다룰 때 '측정'과 '척도' 등에 집착하다 보니 난민을 집단으로 다루려고 한다. 물론 개별 난민의 서사가 등장하기도 하지만 측정된 결과를 부연 설명하는 증빙으로서만 등장하는 경우가 많다. 난민 공동체의 역할은 사회적 연계에서 특히 사회적 자본과 관련을 맺고 다루는 경우가 많았다. 공동체의 네트워크가 난민들의 생계와 비즈니스에 중요한 사회적 자본이 된다는 것이다(Khosravi 1999; Lerner and Hendeles 1996; Portes and Yiu 2013). 초국주의는 사회적 자본과 관련될 때는 주목을 받고 있지만 통합에 관한 논의에서는 거의 관심을 받지 못하고 있다.

수용국 정부의 정책이 난민 당사자에 미치는 영향이 크기에 그러한 경향이 나타났다고 할 수 있다. 일반 이주민과 달리 재정착 난민은 대부분 초기 정착 과정부터 주거지원, 언어학습지원 등 여러 서비스를 받으며 수용국 정부가 마련한 정착 과정 프로그램을 이수해야 한다. 이런 과정을 거치며 난민은 통합 프로그램의 '대상자'가 되고 성과에 대한 각종 지표와 보고서에 알아보기 쉬운(legible) 숫자로 등장한다. 스콧(2010)의 표현대로 '국가의 시선'이 처음부터 강력하게 재정착 난민의 통합 과정에 투사되는 것이다. '통합'이라는 용어는 사용하지만 수용국 정부는 사실상 재정착 난민들이 이른 시기에 현지 사회에 동화되도록 하는 데 목적을 두고 지원 프로그램을 운영한다.

그 시선을 극복하며 나는 개별 난민과 종족 공동체에 주목하고자 한다. 난민들은 호주에 들어오기 전부터 초국가성을 발휘하며 자신들의 처지를 극복하고자 했다.[38] 재정착 프로그램의 수혜를 입고자 치밀하게 전략을 세우고 여러 자원들을 동원했다. 호주에 들어온 뒤 정부 지원 프로그램을 넘어서 정착 주기별로 자신에게 맞는 직업과 교육과 주거를 찾으며 또 다른 경로의 통합을 개척해 나간다. 여기에서 종족 공동체는 생계 추구와 감정 안정의 수단을 제공할 뿐만 아니라 사회적 연계를 국내외적으로 발전시키며 재정착 난민의 삶의 장을 확장한다. 특히 수용국 정부 기관과 사회적 연결을 공고히 하며 재정착 난민이 수용국 사회의 정당한 구성원으로서 살아가는 자격을 획득하도록 한다. 여기에서 역사 자원을 활용하며 종족 공동체와 수용국이 운명 공동체인 것을 강조한다. 예컨대 카렌족은 호주처럼 영국민의 지휘 아래 제1차 세계대전과 제2차 세계대전에 참전했었는데 호주의 현충일이라 할 수 있는 안작데이(ANZAC Day)[39]에 정당한 일원으로서 참여하며 수용국 사회 속으로 깊숙이 들어간다. 그리고 그 행사는 해외의 카렌족도 참여하는 초국적 행사로 발전한다. 이처럼 이 장은 개별 난민과 공동체의 전략 그리고 초국가성을 중심으로 난민의 수용국 사회의 통합을 다루며 기존 연구를 발전시키고자 한다.

38) 이 논문은 재정착 난민 사례를 다루고 있지만 이주민도 초국적 전략을 구사하여 삶을 구성해 나간다는 것을 여러 연구가 밝히고 있다(김정선 2010 등 참고).

39) 안작데이에 대해서는 이후의 절에서 자세히 설명하겠다.

호주의 난민 정책: 규제와 관리의 통합지원

1788년 영국이 유형수들을 오늘날의 시드니에 내려오면서 호주에서 이주의 역사가 시작됐다. 1820년대에 이르면 영국의 식민 통치 아래 죄수와 별도로 자유민들이 새로운 삶을 찾고자 호주에 들어오기 시작했다. 1850년대 빅토리아주의 금광산업 호황으로 수천 명의 중국인들이 노동자로 몰려들었다. 이에 위협을 느낀 백인 노동자들은 자신들의 이익을 보장받으려고 시도하게 되고, 1880년대 이르면 중국인들의 이민을 규제하는 백호주의정책이 시작된다. 1901년 호주연방(Federation of Australia)이 창설되며 유색인종에게 불리한 '받아쓰기 시험'(dictation test)이 포함된 '이민 규제법'(Immigration Restriction Act)이 제정되며 백호주의정책은 노골화되었다(김철효 2010; Jupp 2007, 8-9). 호주의 국가건설(nation-building)은 '이민 규제'와 더불어 시작된 것이다.

제2차 세계대전의 여파로 호주 정부는 적은 인구가 경제발전에 걸림돌이 된다고 여기며 이민부(Department of Immigration)를 1945년 7월에 설립하고, 대규모의 이민자들을 주로 영국에서 들여오는 작업을 본격적으로 착수했다. 이와 더불어 전쟁의 여파로 발생한 동유럽계와 남유럽계 난민들도 1947년부터 데려오기 시작했다(Mence et al. 2015). 이 난민들은 영국계는 아니었지만 백인이어서 백호주의에 들어맞았고, 또 공산주의 정권에서 피난을 온 사람들이었기에 자유주의 가치를 수호하려는 정부의 정책과도 어울렸다. 그리하여 1947년에서 1970년대 초까지 30만 명가량의 유럽계 난민이 들어왔다(Higgins 2017, 13; Jupp 2007, 176). 이러한 이주의 물결 속에 받아쓰기 시험은 1958년에 폐지되고, 백호주의 정책도 1960년대를 거치며 심한 비판을 받아오다 1972년에 휘틀럼(Whitlam) 정부(노동당)에 의해 공식적으로 폐기되었다(Jupp 2007, 11). 이후 호주 정부는 1975년 다문화주의를 표방하고 그 구체적인 실현 계획을 마련해 나갔다(이규영 · 김경미 2010, 451-452).

호주의 다문화주의와 난민 정책은 1976년 4월에 발생한 베트남 난민들의 대거 유입으로 시험대에 오른다. 갑자기 닥친 '보트피플'은 호주 사회에 아시아인의 유입에 대한 두려움과 혐오감을 불러일으켰고 백호주의 폐기에 대한 진정성을 되물었다. 이 시험을 통과하며 프레이저 정부(자유당)(1975~1983년)는 1978년 갈발리 보고서(Gabally Report)[40]를 통해 다문화주의 실행 계획을 마련했으며 난민 정책도 체계화한다(Higgins 2017, 13-14; Jupp 2007, 38-39). 무엇보다 이 사건을 계기로 호주 정부는 1977년 난민 지위 인정 절차를 도입하고 그 이듬해부터 난민 지위 신청을 받기 시작했다. 보트피플을 막는 목적으로 난민을 해외에서 직접 데려오는 재정착 프로그램을 1978년 4월에 미국과 협의하여 마련했고, 호주의 시민이나 영주권자가, 인권침해를 겪고 자국 밖에 살고 있는, 자기의 가족이나 친척을 데려올 수 있게 하는 '특별 인도주의 프로그램'(SHP, Special Humanitarian Program)도 1981년에 도입했다(Higgins 2017, 86-88, 171). 보트피플의 유입은 혼란을 불러일으키는 것 같았지만 역설적으로

40) 이 보고서에 대한 내용에 대해서는 주프(Jupp 2007, 83) 참고.

호주의 이민 규제를 체계화하고 강화하는 기회가 되었다. 소국(Soguk 1999)의 주장처럼 난민은 호주가 통제와 관리능력을 향상하는 데 자원으로 활용된 것이다.

이후 현재까지 호주 정부는 해외에서 항공편으로 데려오는 재정착 프로그램을 운영하는 동시에 불법으로 상륙을 시도하는 보트피플을 차단하거나 강제로 수용하는 두 얼굴의 난민 정책을 기조로 삼고 있다. 해마다 12,000명 이상 가량을 재정착시키는 호주는 미국, 캐나다와 더불어 3대 재정착 난민 수용국으로서 국제 인권 문제 해결에 이바지한다는 호평을 받지만, 불법 보트피플을 비인간적인 방식으로 대우한다는 비난을 받기도 한다(Inglis 2018). 이 양면성은 호주 정부가 얼마나 강력하게 출입국을 통제하며 관리하는지 드러낸다. 호주 정부는 재정착 난민 제도를 노동력 부족을 해결하려는 현실적 방책과 난민 보호라는 국제적 책무를 성실히 수행하고 있다는 구실과 면피용으로 활용하고 있다.[41] 주프(Jupp 2007)의 주장처럼 재정착 난민 제도에서 현대 호주의 성립 이래로 오늘날까지 면면히 흐르는 '규제의 문화'(culture of control)를 확인할 수 있는 것이다.

호주는 1947년부터 2018년까지 88만 명가량의 난민을 수용했다(Australian Department of Home Affairs 2019, 3). 호주의 난민 정책은 인도주의 프로그램(Humanitarian Program)이라는 이름으로 운영됐다. 이것은

41) 윤리적 측면에서 재정착 난민 제도를 비판하는 논의를 보려면 오설리반(O'Sullivan 2016) 참고.

두 부분으로 구성되어 있는데, 하나는 해외(Offshore) 프로그램이고, 다른 하나는 국내(Onshore) 프로그램이다. 전자는 호주 이외의 국가에서 난민을 들여오는 재정착 프로그램을 일컫고, 후자는 소르윈우의 사례처럼, 호주 내에서 절차를 진행하여 난민 지위를 부여해 주는 프로그램을 말한다. 해외 프로그램은 난민(Refugee), SHP, 공동체 지원 프로그램(CSP, Community Support Program) 등 세 범주로 나뉜다. 난민 범주는 1)박해를 받아 자국을 떠난 자가 대상인 '난민 비자'(Refugee Visa, Subclass 200), 2)박해를 받았으나 자국에 머물고 있는 자가 대상인 '내국 특별 인도주의 비자'(In-country Special Humanitarian Visa, Subclass 201), 3)자국 밖에 머물고 있는 자로서 생명과 안전의 위협으로 빠른 보호가 필요한 자가 대상인 '긴급 구호 비자'(Emergency Rescue Visa, Subclass 203), 4)자국에서

| 표 5.1 | 호주 인도주의 프로그램 규모, 2013/14~2017/18 (단위: 명)

구분			2013/14	2014/15	2015/16	2016/17	2017/18
해외(Offshore)	난민(Refugee)	난민(Subclass 200)	4,722	4,848	6,843	8,328	5,890
		내국 특별 인도주의 (Subclass 201)	717	133	162	265	1,078
		긴급 구호 (Subclass 203)	2	11	2	16	1
		위급 여성 (Subclass 204)	1,043	993	1,277	1,044	940
		소계	6,484	5,985	8,284	9,653	7,909
	특별 인도주의 프로그램(SHP)*		4,500	4,996	7,268	10,604	6,916
	합계		10,984	10,981	15,552	20,257	14,825
국내(Onshore)			2,752	2,747	2,003	1,711	1,425
총계			13,736	13,728	17,555	21,968	16,250

* 호주 정부는 CSP 통계를 SHP에 포함시킨다.

| 출처 | Refugee Council of Australia(2019, 17)와 Australian Department of Home Affairs(2019, 7) 종합

박해를 받거나 유엔난민기구에 보호 대상자로 등록된 여성으로 남성 친척의 보호를 받지 못하는 여성을 대상으로 하는 '위급 여성 비자'(Woman at Risk Visa)로 나뉜다. 〈표 5.1〉은 2013/14~2017/18 기간 중 인도주의 프로그램의 규모를 보여준다.

〈표 5.1〉에서 보듯이 총규모에서 해외 프로그램이 압도적으로 많은 부분을 차지하고 있다. 그중 유엔과 협력하여 진행하는 난민 프로그램이 매년 대략 6,000명 이상으로 해외 프로그램의 절반 이상을 차지하고 있다. 호주 정부는 1980년대 이래로 해외 프로그램과 국내 프로그램을 합

| 표 5.2 | 연도별 호주 인도주의 프로그램 규모 (단위: 명)

연도	난민 (Offshore)	SHP (Offshore)	국내 (Onshore)	총계	정부계획
2002/03	4,376	7,280	869	12,525	12,000
2003/04	4,134	7,669	2,020	13,828	12,000
2004/05	5,511	6,585	1,082	13,178	12,000
2005/06	6,022	6,736	1,386	14,144	13,000
2006/07	6,003	5,313	1,701	13,017	13,000
2007/08	6,004	5,110	1,900	13,014	13,000
2008/09	6,499	4,586	2,417	13,502	13,500
2009/10	6,003	3,233	4,534	13,770	13,750
2010/11	5,984	2,966	4,826	13,778	13,750
2011/12	5,988	714	7,043	13,745	13,750
2012/13	11,985	503	7,510	19,998	20,000
2013/14	6,484	4,500	2,752	13,736	13,750
2014/15	5,985	4,996	2,747	13,728	13,750
2015/16	8,284	7,268	2,003	17,555	13,750
2016/17	9,653	10,604	1,711	21,968	13,750
2017/18	6,916	14,825	1,425	16,250	16,250

| 출처 | Karlsen et al.(2011, 28)과 Australian Department of Home Affairs(2019, 7) 종합

쳐서 12,000~13,000명 선을 유지하는 것을 기조로 운영해 왔다. 다만 특별한 사태에 대응하기 위해 특정 연도에 난민을 더 받아들이기도 했다. 예컨대 2015/16년 이후 총계가 증가한 것은 시리아 난민과 이라크 난민에 대한 할당을 늘렸기 때문이다.

국내 프로그램 규모가 해마다 달라지기 마련임을 고려할 때 호주 정부는 어떻게 인도주의 프로그램 규모를 규제하고 관리해 왔을까? 좀 더 긴 기간을 다루는 〈표 5.2〉에서 호주 정부의 관리 수단이 드러난다.

〈그림 5.2〉를 보면 대체로 정부 계획과 인도주의 프로그램 실제 규모가 대체로 일치하고 있다. 또한 정부가 유엔난민기구와 협력하여 진행하는 난민 프로그램도 대체로 일정하게 유지되고 있다. 그러나 SHP와 국내의 규모는 뚜렷하게 상반된 현상이 이어진다. 다시 말해 국내가 적으면 SHP가 많아지고, 국내가 많아지면 SHP가 적어지는 현상이 나타난다. 이것은 정부가 SHP와 국내를 연계하며 전체 인도주의 프로그램 규모를 통제하고 관리하고 있음을 드러낸다. 이것은 실제로 정부가 SHP를 도입할 때부터 이어온 현상이다(Phillips 2017, 2). 난민 지원 단체들은 SHP를 인도주의 프로그램의 총규모를 관리하는 수단으로 활용하는 행태를 비판해 오고 있으나 정부의 태도는 변하지 않고 있다(RCOA 2012, 7). 이 정책이 당사자에게 미치는 영향은 크다. SHP 비자 발급이 뚜렷한 이유 없이 거부되거나 발급 절차가 마무리되었더라도 마냥 기다리는 대기자들이 많다. 기다리다 지쳐 비교적 빠르게 재정착 절차를 진행하는 한국이나 일본 등 다른 국가로 발걸음을 옮기는 예도 있다.[42]

42) 실제로 한국에 재정착한 난민 중에 그러한 사람이 있다.

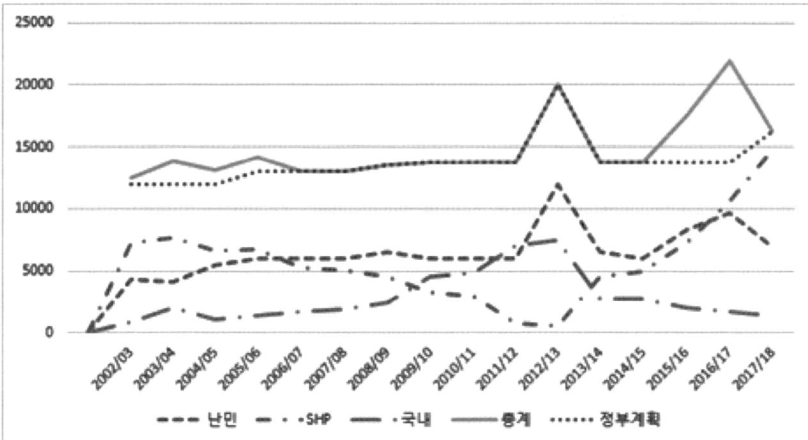

그림 5.2 호주 인도주의 프로그램 연도별 변화추이

〈표 5.3〉은 2013/14~2017/18 기간 중 해외 인도주의 프로그램으로 들어온 입국자의 주요 출신국을 보여준다. 〈표 5.3〉에서 보듯이 주로 중동과 아시아, 아프리카계가 많다. 그중에서 이라크, 시리아, 미얀마, 아프가니스탄은 계속 수위를 차지하고 있다. 아시아에서는 카렌족 출신이 포함된 미얀마가 거의 독보적인 자리를 차지하고 있다. 〈표 5.3〉은 중요한 경향성을 드러내는데, 대체로 여러 해에 걸쳐 호주에 유입되는 재정착 난민의 출신국들이 일정하다는 점이다. 이것은 호주 정부가 일정한 패턴을 유지하며 출신국들을 관리하고 있다는 점, 다시 말하면 호주 정부의 재정착 제도의 근저에는 동족 공동체의 유무가 중요한 고려 사항이라는 점을 말해준다. 이것은 재정착 제도가 유엔난민기구가 제안하는 것처럼 위급성에 기반을 두기보다 기존 사회에 얼마나 수월하게 흡수될 것인지에 기반을 두고 이루어지고 있음을 드러낸다. 호주의 동족 공동체

| 표 5.3 | 호주 내 해외 인도주의 프로그램 입국자 출신국

순위	2013/14	2014/15	2015/16	2016/17	2017/18
1	아프가니스탄	이라크	이라크	이라크	이라크
2	이라크	시리아	시리아	시리아	시리아
3	미얀마	미얀마	미얀마	아프가니스탄	미얀마
4	시리아	아프가니스탄	아프가니스탄	미얀마	콩고
5	부탄	콩고민주공화국	콩고민주공화국	부탄	아프가니스탄
6	이란	에리트레아	부탄	콩고민주공화국	에리트레아
7	콩고민주공화국	부탄	소말리아	에리트레아	에티오피아
8	에리트레아	이란	이란	에티오피아	부탄
9	소말리아	소말리아	에티오피아	남수단	이란
10	에티오피아	에티오피아	에리트레아	소말리아	티벳

| 출처 | Australian Department of Home Affairs(2019)

처지에서 보면 계속된 동족 출신들의 유입은 자신들의 세력과 역량을 훨씬 더 키울 수 있고 출신지와 수용국 사이의 초국적 연계를 튼튼히 하는 계기가 된다. 이처럼 재정착 제도는 국가의 관리 그리고 동족 공동체의 역량과 초국성 강화를 드러내는 양면성을 갖고 있다.

호주 정부는 인도주의 프로그램 입국자들의 정착을 6개월~1년 동안 지원하는 '인도주의 정착 프로그램'(HSP, Humanitarian Settlement Program)을 운영한다. 이러한 지원 프로그램은 1970년대 말에 개발되었다. 그전에는 인도주의 입국자들은 다른 이주민들과 함께 이주민 호스텔에 거주했다. 그러나 그 호스텔에서 지내기를 바라지 않은 인도주의 입국자들을 위한 특별지원이 필요해져 1979년에 '지역사회 난민 정착 제도'(CRSS, Community Refugee Settlement Scheme)를 운영하기 시작했다. 1980년대 중반에는 '도착 시 수용'(OAA, On Arrival Accommodation) 프로그램을 계발했다. 그러나 이주민 지원 체계와 달리 이러한 프로그램은 종합 지원 체계가 아니었다. 1997년에 이르면 정부는 '종합 인도주의 정착 전략'(IHSS, Integrated Humanitarian Settlement Strategy)이라는 일종의 종합 지원 체계를 수립하고 CRSS와 OAA 프로그램을 대체하며 2000년부터 본격적으로 시행한다(Ernst & Young 2015, 14; Young et al. 2003, 4-5). 이 지원 체계는 인도주의 입국자의 정착 초기 단계 지원에 초점을 맞춘다. 이후 정부는 IHSS 평가를 시행하고 취약 입국자들을 대상으로 하는 지원 정책을 별도로 마련하는 방식으로 조정하여 2011년부터 '인도주의 정착 서비스'(HSS, Humanitarian Settlement Services)와 '복잡 사례 지원'(CCS, Complex Case Support)을 운영했다(Ernst & Young 2015). HSS와 CCS 평가를 거친 뒤 2017년 10월부터는 이 둘을 대체하며 현재와 같은 HSP를 시행하기 시작했다(Australian Department of Social Services 2018b, 10). 그 이전에 취약계층에 대한 지원을 별도의 프로그램이 아닌 HSP 아래에 두는 방식으로 재조정했다. 이렇듯 지원 정책의 역사를 보면 1990년대 말부터 호주 정부가 인도주의 입국자를 본격적인 프로그램의 대상자로 삼고서 그간 주기적으로 정책을 재조정하며 입국자들의 정착과 통합을 관리해 오고 있다는 것이 드러난다.

호주 정부가 표방하는 HSP의 기본목적은 인도주의 입국자들이 필요한 기술과 지식을 습득하여 자립할 수 있고 호주 사회의 구성원으로 적극적으로 살아가도록 지원하는 데에 있다. 정부는 시드니, 멜버른, 퍼스 등 인도주의 입국자들의 정착 지역에서 '정착 서비스 인터내셔널'

고용	교육과 훈련	주거
재정관리	언어 서비스	보건
공동체 참여와 네트워킹	가족 기능과 사회적 지원	공정

그림 5.3 호주 정부의 중점 정착 영역 | 출처 | Australian Department of Social Services(2018a)

(Settlement Services International) 등 5개의 서비스 제공 기관과 계약을 맺고 프로그램을 운영하고 있다.

정부는 성공적인 정착을 떠받치는 9개의 중점 영역을 밝히며 서비스 제공 기관이 그 영역을 중심으로 프로그램을 운영하도록 관리하고 있다. 〈그림 5.3〉이 제시하는 정부의 중점 영역들은 앞서 〈그림 5.1〉에서 다룬 바 있는 에이거와 스트랭(2008)의 통합틀 영역들과 대부분 겹친다. 고용, 주거, 교육, 보건, 언어 등의 영역은 일치하고, 다른 영역들도 표현은 다르지만 그 내포는 유사하다고 할 수 있다. 9개의 영역 중에서도 정부는 이른바 '3E'(영어 English, 교육 Education, 고용 Employment)를 강조한다. 이 영역들이 성공적인 정착과 통합에 핵심이라고 여기기 때문이다(Australian Department of Social Services 2018b).

인도주의 입국자들(난민 Subclass 200, 201, 203, 204, SHP[43])이 HSP 아

43) 공동체 지원 프로그램(CSP)으로 입국한 자는 HSP 대상에서 제외된다. 이들은 승인된 제안 기관(Approved Proposing Organisation)에서 그 서비스와 비용을 부담하는 조건으로 CSP를 신청하기 때문이다(Australian Department of Social Services 2018a).

래에서 도착과 더불어 받는 서비스는 다음과 같다.[44)]

- 공항 영접
- 도착 시 숙소와 부대 자산 소개
- 초기 필요 식료품과 생활필수품 패키지 제공
- 센터링크(Centrelink,[45)] 복지수당 제공 기관)와 메디케어(Medicare,[46)] 국민의료보험) 가입 지원, 은행 계좌 개설 지원
- 건강 상태 체크
- 위급 시 행동 방침 및 통역 서비스 접근 설명
- 지역사회에서 제공하는 편의 안내

이외에도 정부는 인도주의 입국자들에게 아래의 서비스를 제공한다.

- 호주 문화 프로그램 교육
- 장기 거주 숙소 알선
- 건강, 가족 지원 서비스 등 일반 사회보장 서비스 접근 지원
- 지역사회 단체와 연계
- 성인 이주민 영어 프로그램(AMEP, Adult Migrant English Program)

44) 사회복지부(Australian Department of Social Services 2018a; 2018b)를 비롯해 그 부처의 홈페이지에서 관련 항목을 참고했다.

45) https://www.humanservices.gov.au/individuals/centrelink(검색일: 2019. 3. 20).

46) https://www.humanservices.gov.au/individuals/medicare(검색일: 2019. 3. 21).

(510시간 이수) 등록과 수강 지원

- 개별 난민에게 특화된 교육 기관 등록 및 기존 기술과 자격 인정 지원
- 일자리 알선, 비즈니스 설립 서비스 지원

일반 이주민들은 2년을 기다려야 가족수당, 청년수당, 출산수당, 양육수당 등 센터링크를 통해서 제공되는 각종 사회복지 수당을 받을 수 있지만 인도주의 입국자들은 도착할 때부터 받는다는 것이 큰 차이점 중 하나이다. 정부는, 장애, 심각한 질병, 정신건강, 주거 불안, 가정폭력, 아동·청소년문제, 가족 붕괴, 사회적 고립, 재정 곤란, 법률문제 등에 처한 자들에 대해서는 '특별 집중 서비스'(SIS, Specialised and Intensive Services)를 제공하며 적절한 지원을 받을 수 있도록 관리한다. HSP는 해외 인도주의 프로그램 입국자만을 대상으로 하지만, SIS는 국내 인도주의 프로그램 대상자를 비롯해 불법으로 호주에 도착하여 난민 지위를 신청한 자들에게 발급하는 '임시보호'(Temporary Protection) 비자 소지자들에게도 보통 5년까지 제공한다. HSP는 앞서 언급한 대로 6개월~1년 사이에 제공되며, 이후 인도주의 입국자들은 '정착보조'(SG, Settlement Grants)로 옮겨가 일자리 알선 등 개별적으로 특화된 서비스를 받게 된다. 정부는 SG 아래에서 인도주의 입국자 및 다른 해당 이민자와 공동체에 입국 후 5년까지 정착 서비스를 제공한다. 예컨대 어느 인도주의 입국자가 1년 동안 HSP 과정을 거쳤다면 나머지 4년 동안에는 SG 아래에서 서비스를 제공받는다. 정부는 SG에 대해서도 평가를 시행한 뒤(Smyth et al. 2017), 2019년 1월부터 3E를 강화하고 취약계층에 좀 더 특

화된 서비스를 제공하기 위해 '정착 개입 및 변환 지원'(SETS, Settlement Engagement and Transition Support) 프로그램으로 명칭을 바꾸었다.

이렇듯 정부는 인도주의 입국자들의 성공적인 정착과 사회 통합을 위해서 중점 영역을 지정하고, 그중에서도 영어와 고용과 교육을 그 핵심으로 여기고, HSP를 수단으로 삼으며 초기에 집중적인 서비스를 제공한다. 이것은 정도를 달리하지만 재정착 난민 제도를 시행하는 국가들에서 공통적으로 나타나는 현상이다. 수용국 사회에 성공적으로 흡수시키는 것만을 염두에 두는 이러한 정책은 쌍방향의 교류를 지향하는 '통합'의 이념에도 어긋날 뿐만 아니라, 재정착 난민의 초국성을 무시하는 처사이기도 하다. 또한 인도주의 입국자들은 정부의 프로그램 대상자가 되어 정부의 정책 성공을 가늠하는 측정의 지표로 변환된다. 프로그램에 대한 각종 평가서(예 Ernest & Young 2015)와 엔지오 보고서(예 RCOA 2017; 2018; 2019), 심지어 학술적인 연구들에서도 정부의 정책 지향에 좌우되고 있다(Neuman et al. 2014). 정부 프로그램의 수혜자들이 어떻게 전략적으로 수용국 사회에 적응하며 정착과 통합의 목적을 달성해 가는지 당사자의 삶의 궤적을 따라가며 살펴보는 것이 필요하다.

호주를 욕망하기: 초국적 출구 전략

플라투가 호주 퍼스 교외에 인도주의 입국자로 도착한 해는 2008년이지만 호주를 품고 욕망하던 시기는 그 이전으로 한참 거슬러 올라간다.

미얀마 카렌주 짜잉세익지(Kyainseikgyi)의 외딴 마을에서 1984년에 태어난 그는 자라면서 카렌군과 미얀마군 사이에 벌어지는 전투를 자주 목격했다. 마을 사람들은 피할 곳을 찾아 옮겨 다녔으며, 상당수가 국경을 넘어 태국 움팡(Umphang)에 있는 누포 난민촌에 살기도 한다. 그를 포함한 그의 가족도 누포 난민촌에 거주자로 등록되어 있기도 하다. 하지만 플라투는 난민촌으로 바로 가지 않고 카렌주의 주도인 파안에서 고등학교를 마친 뒤 그 도시의 A 컴퓨터 센터에서 4개월 동안 컴퓨터 하드웨어를 공부한다. 진로를 모색하다 친척의 도움을 받아 2002년 양곤으로 간 뒤, B 컴퓨터 센터에서 6개월 동안 네트워크 엔지니어링을 공부한다. 그 후 C 컴퓨터 업체에서 파트타임으로 일하며 돈을 벌면서 호주인 강사가 가르치는 영어학원에 다닌다. 플라투는 그 영어 강사와 친하게 지내면서 호주에 관한 사정도 알게 된다. 플라투는 7개월 동안 그렇게 지내다가 영어 공부에 전념하기 위해 회사를 그만둔다. 그 회사에서 일하면서 버마어 능력이 부족하여 고객 응대를 잘 못한다며 사장으로부터 비난을 받았던 터였다. 얼마 후에 고급 엔지니어링 과정을 배우기 위해 B 컴퓨터 센터에 다시 등록하지만 플라투는 진로 고민을 심각하게 한다. 컴퓨터를 배운들 활용할 데가 마땅치 않았고 버마족에게서 무시당하는 것을 참을 수 없었다. 고향으로 돌아가 부모님의 농사를 거드는 것도 고려했으나, 아직 젊은이로서 그렇게 하기에는 청춘이 아까웠고, 또 분쟁 지역인 고향에서는 자기를 군사 자원으로 활용하려는 KNU나 미얀마 정부군을 피해 다녀야 하는 처지였으므로 그 생각은 접었다. 여러 고민 끝에 KNU 보안요원인 삼촌이 거주하는 태국 국경 도시 매솟으로 오기로 마음먹었다. 매솟은 유엔난민기구와 여러 엔지오가 있는 국제도시였고, 그곳에 가면 외국으로 나갈 기회가 있을 것 같았다. 그리하여 2003년 12월에 국경을 건너 매솟으로 왔다.

플라투는 매솟의 카렌족 교회에서 동족 청년들과 축구도 하고, 노래도 부르고, 기타와 피아노를 치는 등 생활을 함께했다. 그 청년들은 주변 난민촌에 거주하다가 카렌족 단체에서 활동하거나 카렌족 교회에서 직책을 맡아 이곳으로 왔다. 플라투와 그들은 그렇게 함께 어울리며 유엔난민기구 등을 통해 미국, 캐나다, 영국, 스웨덴, 노르웨이 등으로 나가는 방법과 그 국가들이 난민들에게 주는 혜택 등을 공유했다. 호주 등 외국은 플라투와 그 동료들의 내러티브 속에 욕망의 공간이자 근접한 미래였다. 이들은 앞서 소개했던 이유로 다른 어떤 나라보다 호주를 선호했다. 당시에 재정착 제도가 본격적으로 시행되지는 않았지만, 개별 국가와 단체들이 유엔난민기구와 협력하여 미얀마 활동가, 특히 정치 난민을 재정착시키는 프로그램은 진행 중이었다. 플라투는 유엔난민기구에 그러한 재정착 프로그램에 지원하는 서류를 제출하고, 몇 달을 기다려 인터뷰까지도 마쳤다. 공교롭게도 유엔난민기구는 플라투의 집과 카렌족 교회 근처에 있어서 자주 기웃거릴 수 있었고 인터뷰 약속에 대한 연락이 오지 않을 때는 직접 찾아가 문의도 할 수 있었다. 2004년 10월부터는 연구보조원으로서 내 연구를 돕는 일을 하게 됐다. 그러면서도 호주에서 온 자원봉사 교사가 가르치는 영어 프로그램에 날마다 다니면서 영어 능력을 키웠다.

플라투는 유엔난민기구의 재정착 난민 대상자로 선정되지 못했다는 것을 2004년 10월 말에 알게 되었다. 카렌족 동료들로부터 인터뷰 기법을 배우고, 쫓겨 다니는 자기 마을 사정 얘기도 하고, KNU에 삼촌이 깊숙이 관여하고 있어 자기도 미얀마 정부의 관심 대상이 된다고 설득했지만, 유엔난민기구가 생각하는 정치 난민으로서 이력을 충분히 갖추지 못했다. 하지만 외국에 나가려는 그의 욕망은 꺼지지 않았다. 그 해말 플라투는 미국 인디애나대학교의 미얀마 난민 청년 입학 지원 프로그램에도 지원했으나 그마저도 선정되지 못했다.

매솟에 머물면서 플라투는 자신도 나갈 수 있을 것이라는 희망을 품고 살아갔지만, 확실한 기회를 아직 잡지 못해 불안했다. 함께 지내던 동료들이 외국으로 떠날 때면 부러웠고, 남아 있는 자신의 처지에 더 큰 좌절감을 느꼈다. 그 사이 호주에 살고 있는 이모와 연락을 주고받으며 그곳의 삶에 관한 얘기는 계속 들었다. 이모는 가끔 편지 속에 호주 돈을 보내오기도 했다. 그럴 때면 내가 환전을 해주기도 했다. 플라투는 '불법' 신분이어서 환전에 필요한 여권 등 합법적 거주증을 소지하지 못했기 때문이었다.

사실 불법체류자 신분 탓에 플라투는 매솟 생활에 두려움과 불편함을 느낄 때가 많았다. 집과 교회 사이를 제외하고 경찰이 두려워 혼자 나서기를 꺼렸다. 매솟에 와서 '초국적 욕망'도 키우고 그것을 실현하려고 여러 시도도 해오고 있지만, 불법 신분은 그의 일상을 불편하게 만들어 이를 해소하고 싶었다. 더군다나 해외로 언제, 어떻게 나갈지 알 수 없는 상황이어서 마냥 기다릴 수만은 없었다. 그리하여 플라투는 삼촌에게서 재정지원(3만 밧)을 받고서 2005년 3월에 태국 시민권을 만들게 된다. 그의 주소지는 움팡군이 되었고, 그는 태국인 양부모를 둔 태국인 자녀로 새롭게 태어났다. 태국 시민권을 만든 뒤 플라투의 자존감과 자신감은 회복됐다. 경찰을 만나도 그리 두렵지 않았고, 자기 집은 움팡에 있다고, 자신은 태국인이라고 스스럼없이 얘기했다. 정규교육을 못 받은 성인들을 대상으로 하는 주말 평생 학교에 열심히 다니면서 태국어와 기초 교과과정을 학습해 나갔다.

그러나 시민권 취득은 플라투의 초국적 전략의 발목을 잡기도 했다. 이제 태국 시민이 되었기에 움팡군에 소재하는 누포 난민촌에 난민으로 재등록하는 데에 위험이 따랐다. 태국 당국이 이 사례를 적발하여 해당자를 교도소로 보낸 적이 있기 때문이다. 2005년 6월이 되면 유엔난민기구와 호주, 미국, 캐나다, 노르웨이, 스웨덴 등 여러 정부가 동시에 추진하는 대규모 재정착 프로그램이 본격적으로 가동되기 시작하면서 대상자를 선정하기 위한 작업의 일환으로 난민촌 호구 조사와 거주자 등록을 진행했다. 이것은 블랙홀처럼 인구 대이동을 촉진했다. 매솟, 치앙마이, 방콕 등에 나가 있던 난민들은 모두 난민촌으로 돌아가야 했다. 등록대장에 이름을 올리지 못하면 재정착 프로그램 대상자가 될 수 없었다. 미얀마에서 살던 사람들도 그 기회를 잡고자 국경을 넘어 난민촌으로 들어가고자 했다. 당시 매솟의 카렌족 교회와 단체들은 텅 비어버렸다. 이런 상황 속에서 플라투의 마음은 타들어 갔다. 시간은 점점 지나가 등록 마감 달인 7월로 넘어와 버렸다. 결국 내 연구보조원 일을 비롯해 그 어떤 일에도 마음을 집중할 수 없었던 플라투는 결국 큰마음을 먹고 누포 난민촌이 아닌, 주민등록상 거주지와 동떨어진 움삐얌마이 난민촌에 등록하기로 하고 그곳으로 떠났다. 그 무렵 나도 현지조사를 마무리하고 떠났다.

플라투는 등록을 마치고 매솟으로 돌아온 뒤 새로운 일자리를 찾아 나섰다. 높은 수준의 영어 구사 능력과 연구보조원 경력은 일자리를 찾는데 도움이 되었다. 그리하여 네덜란드계 엔지오인 ZOA에서 난민촌 교육 조사원으로 얼마간 일했고, 곧바로 산티봉사단(SVA, Shanti Volunteer Association)이라는 일본계 엔지오에서 난민촌 내 어린이 도서관 건립과 도서 보급 사업과 관련된 일을 3년 가까이 했다. 한편으로 꾸준히 평생학교에 다니며 태국어와 기초 교과과정을 이수해 나갔다. 그 학교에서 현재의 부인이 되는 세노포를 2006년에 만나 사랑을 키워나갔다. 세노포는 맬라 난민촌에서 거주하다 역시 태국 시민권을 취득하고 매솟으로 나와 그 학교에 다녔다. 세노포도 호주에 대한 욕망을 난민촌에서 키워나갔다. 그녀는 맬라 난민촌의 에덴밸리아카데미(Eden Valley Academy)에서 수학했는데, 그 기관은 호주의 기독교단체가 호주국제개발청(AusAID, Australian Agency for International Development)의 재정지원을 받아 운영하는, 청년 지도자 양성을 목적으로 하는, 교육 기관이었다. 세노포는 그곳에서 호주의 교사와 선교사들과 함께 지내며 호주에 관한 사정도 알아나갔다. 그리고 재정착할 국가로 호주를 마음에 품고 난민촌 내에서 진행되는 재정착 프로그램 절차도 그에 맞추어 진행했다. 그녀를 포함한 그녀의 가족 여섯 명 모두 맬라 난민촌에 함께 살고 있어서 다 같이 한곳에 재정착하는 과정을 진행했다. KNU의 전 의장인 보먀(Bo Mya) 집안 출신인 세노포는 난민촌 내부 사정을 잘 알고, 부모님 역시 난민촌 학교의 교사와 공동체의 지도자로서 재정착 제도의 진행 과정을 잘 알고 있어서, 플라투에게 재정착과 관련된 이런저런 정보도 제공했다. 마침내 세노포 가족 모두는 2008년 2월에 호주 퍼스 교외에 재정착하게 됐고, 플라투는 같은 해 5월 같은 곳에 재정착하게 됐다.

플라투와 세노포의 사례에서 호주에 가기 전에 그곳이 이미 이들의 마음속에 자리 잡고 있었음을 알 수 있다. 호주인에게서 영어를 배우면서, 호주의 교육 기관에서 공부하면서, 그리고 호주의 이모가 보내준 편지와 용돈을 받으면서, 동료들과 재정착 기회 정보를 주고받는 대화 속에서 이들은 호주를 욕망하고 상상했다. 또한 이 사례에서 난민은 수많은 전략과 시행착오를 거치며 재정착된다는 것을 알 수 있다. 그 과정에서 태국 시민권을 획득했고, 지역(태국) 통합과 해외 재정착 사이의 갈림길에서 후자를 선택했다. 이러한 시도 속에 영어 구사 능력과 컴퓨터활용 능력 등을 향상했다. 고향과 양곤과 매솟과 난민촌을 오가는 삶 속에서 초국적 이동성도 경험하고 계발해 나갔다.

초국적 이동성은 게일모의 사례에서 더욱 극적으로 드러난다. 2000년 3월 어느 날 멜라 난민촌에서 게일모는 나에게 자신의 처지를 한탄했다. 1976년에 미얀마 쪽 국경지대에서 태어난 그는 1980년에 태국으로 난민이 되어 넘어온 뒤에 난민촌과 국경지대에서만 살아가며 자신의 꿈을 펼칠 수 없는, 앞길이 보이지 않는, 20대 중반 청년이었다. 카렌족의 미래에 희망이 보이지 않는다며 지식인과 지도자도 해외로 떠나간다고 했다. 여기에 머물러 있으면 답답하여 그도 일단 난민촌을 떠날 예정이라고 했다. 당장 선진국으로 갈 수 없던 그는 인도의 나갈랜드(Nagaland)로 향했다. 당시 난민촌 신학교에서는 나갈랜드의 오리엔탈신학교(OTS, Oriental Theological Seminary) 출신 교수요원들이 가르치고 있었으며, 그 신학교 졸업생 중 일부는 OTS에서 석사과정을 밟기도 했다. 게일모도 졸업생으로서 그해 3월 말 미얀마 신분증을 만들어 맬라 난민촌을 떠나, 태국-미얀마 국경을 넘고, 카렌주를 지나 미얀마 중부를 관통하고, 친주를 거쳐서, 미얀마-인도 국경을 넘어 나갈랜드까지 이르는 2주 동안의 대장정 육로 이동을 감행했다. 가는 도중 여러 체크 포인트를 만났으나 무사히 통과했다. 그리고 그곳에서 3년 동안 공부하여 석사학위를 취득한 뒤에 다시 그 경로를 거꾸로 거치며 맬라 난민촌으로 돌아와 교수요원으로 난민촌 신학교에서 영어로 가르쳤다. 이미 영어 능력이 우수했었는데 나갈랜드 신학교에서 석사과정을 밟으며 고급 영어를 구사하게 됐다. 2004~2005년 내가 국경에 다시 돌아와 그와 종종 얘기를 나누었을 때, 그는 여전히 난민촌에 마음을 두지 못하고 계속 해외 재정착의 기회를 찾고 있었다. 그 역시 유엔난민기구를 통해 신청도 하고 인터뷰도 했으나 결과는 좋지 않았다. 그 사이 주변 사람들은 난민촌을 속속들이 빠져나갔다. 그는 한국의 영어 신학교도 고려하고 있었으나, 가장 선호하는 국가는 호주였다. 그곳에서 공부를 더 하고 싶고, 비교적 가까워 다시 국경에 돌아오기 쉽기 때문이다. 국경을 떠나고 싶었지만, 재정착해서도 시민권을 획득하면 돌아와서 자기 민족을 위해 봉사하고 싶어 했다. 2005년 중반에 대규모 재정착 프로그램이 가동될 때 그는 호주에 갈 대상자로 이름을 올렸다. 호주 정부의 인도주의 프로그램 규모 관리로 게일모는 한참을 기다리다 2009년에 호주에 재정착됐다. 미얀마와 태국과 인도를 오간 초국적 궤적이 마침내 호주까지 확장된 것이다. 플라투처럼 게일모도 여러 전략과 시행착오를 거치며 초국적 출구 전략을 구사해 왔다. 그 과정에서 영어와 교수 능력 등을 계발하며 호주에 도착하기 전부터 이미 수용국 사회에 적응하고 통합되는 준비를 해온 셈이다.

호주에서 살아가기: 시행착오의 통합 과정

호주에 도착하면 재정착 난민들은 대개 다음과 같은 주기별 매뉴얼을 거치며 호주 사회에 통합되어 나간다.[47] 호주에 도착하기 전 재정착 난민들은 5일 과정의 '호주 문화 이해 프로그램'(Australian Cultural Orientation Program)[48]을 이수하며 통관과 이민 수속, 도착 지원, 호주의 생활 양식, 사회적·문화적 규범, 일상생활(주거, 교통, 은행, 보건 등), 법적 권리 등을 배운다. 맬라 난민촌 출신의 경우 매솟에 있는 국제이주기구(IOM, International Organization for Migration) 센터에서 그 과정을 이수한다. 도착 첫날 재정착 난민은 공항에서 Settlement Services International과 같은 재정착 서비스 제공 기관 소속의 이중언어 구사 안내요원의 마중을

47) 이에 대한 정보는 여러 재정착 난민들과의 면담과 Settlement Services International의 웹사이트를 참고했다. https://www.ssi.org.au/images/HSP/HSP_settlement_timeline_access.pdf(검색일: 2019. 4. 10).

48) https://www.dss.gov.au/settlement-services-programs-policy/the-australian-cultural-orientation-ausco-program 참고(검색일: 2019. 4. 10).

받는다. 카렌족 난민의 경우 보통 카렌족 출신의 마중을 받게 된다. 서비스 제공 기관은 음식과 옷과 의약품 등 처음 며칠 동안 필요한 물품 등을 제공한다. 또한 긴급연락처와 교통 안내 등 호주 생활정보가 담긴 책자와 더불어 웰컴팩도 제공한다.

첫 일 주일을 거치는 동안 재정착 난민은 사례 관리자(case manager)를 만난다. 그리고 각 가족 구성원은 그 사례 관리자와 더불어 초기 단계의 정착 관리 계획을 짠다. 이 계획은 가족 구성원이 영어 능력을 키우고, 장기로 거주할 집을 찾고, 지역사회에 참여하고, 자신에게 맞는 교육과 훈련을 받고 일자리를 찾는 데 맞추어져 있다. 그리고 서비스 제공 기관의 도움을 받아 은행 계좌를 열고, 메디케어에 가입하고, 복지수당을 받기 위해 센터링크에 가입하고, 자녀의 경우 학교에 등록하고, 성인의 경우 영어 프로그램인 AMEP에 등록한다.

3주 차에 이르면 지역의 법률 전문가는 서비스 제공 기관과 협력하여 호주 사회에서 통용되는 공정과 규범에 관한 설명회를 개최한다. 이것은 재정착 난민이 호주에서 살아가면서 알아야 할 권리와 책임에 대한 지식을 향상하기 위해 참석해야 하는 설명회 중 하나에 해당한다. 이때쯤이면 서비스 제공 기관은 여러 재정착 난민 가족들을 데리고 국립공원으로 소풍을 간다. 이때 난민들이 지역의 교통편을 이용하는 데 익숙하게 하려고 대중교통을 이용한다. 이 소풍은 지역사회의 새로운 곳을 소개하고 다른 난민 가족들과 현지인들과도 연계를 만들도록 하려는 목적도 갖고 있다.

한 달 정도 지나면 서비스 제공 기관의 도움으로 재정착 난민은 장기로 거주할 집을 찾게 된다. 그리고 AMEP를 운영하는 교육 기관에서 영어를 배우기 시작한다.[49] 이 과정은 '고용 이전 영어 과정'(Pre-employment English stream)과 '생활영어 과정'(Social English stream)으로 구분되어 운영되는데, 전자는 직업 현장에 필요한 영어 능력을 습득하는 데, 후자는 일상생활에 필요한 영어 능력을 향상하는 데 강조를 두고 있다. AMEP의 운영시간은 탄력적이라서 난민들은 자기 형편에 맞추어 전일제나 파트타임, 주말이나 저녁 시간대를 고를 수 있다. 미취학 아동 자녀를 두고 있는 난민은 수업 시 아이 돌봄 서비스도 받을 수 있다. 총 510시간을 채워야 하지만, 영어 수준을 평가받고 일부 과정을 면제받을 수 있다. 자녀의 경우, 다니고 있는 학교에서 운영하는 제2언어로서의 영어(ESL, English as a Second Language) 과정을 보통 2년 동안 이수한다. 나는 퍼스에 있는 한 초등학교(Dianella Primary College)의 ESL 과정에서 일일교사로서 카렌족 난민 학생의 수학 학습을 도와주었다. 재정착 성인 난민은 영어를 배우면서 이때쯤이면 일자리도 알아본다. 사례 관리자는 정부의 고용 관련 부처와 계약을 맺어 일자리 알선을 대행해 주는 '일자리 서비스 제공 기관'(JSA, Job Services Australia)과 재정착 난민을 연결해 준다.

넉 달 정도에 이르면 재정착 난민은 계속 자기에게 맞는 일자리를 찾으면서, 이제 어느 정도 수준에 오른 영어 능력을 바탕으로 자신의 일자리에 특화된 전문 직업 교육과정에 등록하여 자격증 취득 등을 준비해 나간다. 호주에서는 그러한 교육을 보통 기술전문학교(TAFE, Technical

49) https://www.education.gov.au/adult-migrant-english-program-0(검색일: 2019. 4. 10).

and Further Education)에서 제공한다. 게일모의 경우 신학을 공부하고 싶어 멜버른의 휘틀리대학교(Whitley College)의 신학석사 대학원 과정에 등록한다. 게일모는 학사학위가 없었으나 인도 나갈랜드 신학교에서 받은 석사학위를 인정받아 그 대학원 과정에 입학할 수 있었다.

다섯 달이 차가면 난민들은 보통 일자리를 찾게 되는데, 미숙련 노동자들은 건설업, 육류가공업 등에 1년 계약을 맺고 종사하게 된다. 그리고 그 계약 기간이 끝날 즈음 전문 기업 교육과정도 이수하게 된다. 플라투는 이 기간에 마땅한 일자리를 찾지 못하고 파트타임으로 식당에서 일하기도 하고, 파이프와 호스를 생산하는 공장에서 일했다.

여섯 달이 지나가면 정부와 서비스 제공 기관은 재정착 난민이 장기 거주할 집도 찾고, 영어 능력도 키우고, 일자리도 확보하는 등 여러 성과를 거두었기를 기대한다. 또한 난민들이 서비스 제공 기관이 제공하는 여러 활동에 참여하며 재정관리, 가족 관리, 호주의 법규, 건강 등의 영역에서도 성과를 거두었기를 기대한다. 이제 난민들은 HSP에서 빠져나와 SG로 옮겨가 일자리 알선 등 필요한 지원을 나머지 4년 6개월 동안 받게 된다.

위의 주기별로 난민들이 거치는 과정을 보면 앞에서 다루었던 대로 호주 정부와 서비스 제공 기관이 사회 통합에 중점을 두는 영역들-고용, 교육과 훈련, 주거, 재정관리, 언어 서비스, 보건, 공동체 참여와 네트워킹, 가족 기능과 사회적 지원, 공정-위주로 진행되고 있다. 이 중에서도 3E에 초점이 맞추어져 있어 AMEP, JSA, TAFE 등의 수행기관을 통해서 영어교육과 일자리 알선과 직업 교육을 재정착 난민에게 제공하고 있다.

사실 호주 정부는 이러한 통합지원 프로그램이 세계에서 가장 총체적이고 우수하다고 자부하고 있다.[50)]

그러나 재정착 난민들의 경험에 따르면 초기 정착 과정이 전혀 수월하지 않다. 정부와 서비스 제공 기관의 주기별 매뉴얼처럼 재정착 난민의 사회 통합이 일사천리로 진행되지 않는다. 개별 난민 차원에서 수많은 시행착오를 거치고, 정착 주기마다 새로운 전략과 실천으로 난관을 극복해 나가며 자신의 통합 과정의 역사를 써나간다. 당연히 정부가 기대하는 시간보다 오래 걸리기 마련이다. 호주를 욕망해 왔고 나름대로 정착에 자신감이 있었던 플라투 역시 그런 과정을 거쳤다. 영어로 의사소통하는 데 큰 문제가 없었지만 자기에게 맞는 일을 쉽사리 찾을 수 없었다.[51)] 컴퓨터와 관련된 일을 찾았으나 정식으로 그 일을 하기에는 아직 자격요건을 갖추지 못했다. 사례 관리자의 일자리 알선과 JSA도 크게 도움이 되지 않았다(Ernst & Young 2015, 57). 센터링크 등을 통해 복지수당을 1주일에 300달러(AUD)[52)] 정도 받았지만 생활할 만하지 않았다. 그리하여 정착 초기에 위험을 무릅쓰고 정식 근로계약 없이 식당에서 1시간에 10달러를 받으며 설거지와 냉동육류를 관리하는 일을 했다. 몇 달 동안 그 일을 하다가 파이프와 호스를 생산하는 공장으로 옮겨 1시간에 16

---

50) Prime Minister of Australia. "Media Release." https://www.pm.gov.au/media/review-integration-employment-and-settlement-outcomes(검색일: 2019. 6. 3).

51) 재정착 난민 중의 17%만이 도착 후 18개월 이후 고용된 상태이고, 그중 38%가 미숙련 노동자이다. 참고로 노동시장 전체를 보면 미숙련 노동자가 차지하는 비중은 10% 미만이다(CPD 2017, 13).

52) 1 호주 달러(AUD)는 2024년 11월 기준으로 900원 정도이다.

달러를 벌며 일했다. 당시 플라투는 외로움과 그리움도 많이 느꼈다. 고향에 있는 부모님 생각이 간절했고 나를 비롯해 매솟에서 사귀었던 친구들이 보고 싶어 이메일과 SNS로 자주 연락을 시도했다. 기대와 현실의 괴리는 정착된 지 1년 넘게 지속되었다. 플라투는 영어 실력을 더 키우기 위해 AMEP 과정을 이수한 뒤 '영어 연계 과정'(English Language Bridging Course)을 2009년 하반기에 등록한다. 이 과정은 원래는 대학에 입학하려는 비영어권 학생들을 위한 것이지만, 플라투처럼 연구 보고서 작성하는 방법, 발표하는 방법 등 영어 실력을 종합적으로 키우려는 사람들도 다닐 수 있었다. 플라투는 낮에는 거기에서 공부하고, 저녁에는 공장에서 계속 일했다.

정착된 지 2년이 지날 무렵 플라투는 영어에 자신감이 더욱 붙고 호주 사회도 잘 알게 되어 자기 적성과 경력에 맞는 일을 본격적으로 찾아 나선다. 무엇보다 호주에 오기 전 양곤에서 쌓았던 컴퓨터 네트워킹과 IT 지식을 활용해 보고 싶었다. 그러한 업종에 취업하면 높은 임금을 받을 수 있기 때문이었다. 그래서 온라인 교육과정에 등록하여 공부한다. 그러나 현지의 IT 계열 회사에 취직하기에는 플라투의 자격과 학위가 부족했다. 그 사이에 플라투는 호주 시민권을 획득할 준비를 한다. 고향의 부모님을 만나고 싶은 마음 간절했으나 호주 여권을 획득하기까지 기다려야 했다. 시민권은 호주에 합법적 신분으로 최소 4년 거주하고 영주권자로서 최소 1년 거주해야 취득할 수 있는 자격을 얻을 수 있다. 그리고 인터뷰와 호주의 법과

규범을 묻는 시험 등 소정의 과정을 거쳐 획득한다.[53)]

플라투가 시행착오를 거듭하며 직업을 알아보고 시민권 획득을 준비하는 동안 미얀마의 민주화가 2010년에 본격화된다. 미얀마의 개방은 플라투의 커리어 개발에 결정적인 계기를 제공했다. 미래에 미얀마, 특히 자기 고향인 카렌주에 투자하고 사업을 일구어 나가는 것을 염두에 두었다. 이미 매솟에 거주하던 시기에 플라투는 국경지대에 투자가 확대되고 있음을 눈여겨보고 있던 터였다. 카렌주에 광물자원이 풍부하게 매장되어 있다는 것을 고려하여 호주에서 광산업에 종사할 준비를 한다. 그리하여 퍼스의 TAFE에서 2010년 지질학, 탐사법, 수학 등이 포함된 광산 채굴 직업 교육과정을 시작하여 2011년에 끝마치고 그와 관련된 자격증을 취득한다. 탐사법은 컴퓨터 프로그램에 기반을 두고 있는 것으로서 자신이 미얀마에서 습득했던 컴퓨터활용 능력이 그것을 배우는 데 큰 도움이 되었다. 그 자격증을 갖고서 플라투는 광산 채굴 회사에 취직한다. 그러던 차에 2012년에 플라투는 시민권을 취득하고 그해 크리스마스 때 꿈에 그리던 고향 집 부모님을 드디어 만났다. 미얀마 양곤을 통하지 않고 방콕과 매솟을 거쳐 태국-미얀마 국경을 넘어 그곳으로 갔다. 고향에 가서 국경지대가 발전할 가능성을 다시금 확인하고 광산 개발에 대한 확신도 갖게 되었다. 몇 회사를 거치며 플라투는 경력을 쌓고 드디어 2013년 호주 유수의 광산 채굴 대기업에 정규직 직원으로 취직한다. 정

53) https://immi.homeaffairs.gov.au/citizenship/become-a-citizen/permanent-resident#Overview(검색일: 2019. 5. 30).

착된 지 5년이 지나서야 비로소 본인이 쌓아온 지식과 능력과 미래 계획에 부합한 전문직 직업을 구한 것이다.

이후 플라투의 생활은 안정되어 나갔다. 서호주 사막지대에서 광물자원 탐사 일을 할 때면 2주일 집을 떠나 있을 때도 있지만, 그럴 때면 1주일 휴가를 받아 쉬거나 골프 등 취미활동을 할 수 있었다. 무엇보다 연봉 10만 달러 정도의 높은 수입으로 이제 그는 저축도 하고, 결혼 준비도 하고, 고향 부모님께 송금도 할 수 있었다. 다른 난민들이 보통 34,000~52,000달러의 수입(2016년 기준)을 거두는 것을 고려하면, 다른 난민들보다 두 배 이상을 버는 것이고, 난민 중에서 상위 2%에 해당한다(Australian Bureau of Statistics 2016). 그의 수입은 호주 근로자 평균수입 65,600달러(2017년 기준)보다도 훨씬 높은 수준으로 거의 상위 10%에 해당한다(Chang 2018). 부인이 될 세노포 역시 영어 능력과 기존 경험 등을 살려 현지 학교에서 보조교사로 일하며 경제적으로 안정되어 나갔다.

이제 플라투와 세노포는 본격적으로 가족을 꾸려나갈 계획을 세워 나간다. 2006년에 매솟에서 만나, 2008년에 퍼스에 도착한 뒤 쉼 없이 달려온 그 둘은 이제 안정된 수입을 바탕으로 결혼식도 계획하고, 함께 거주할 집도 알아본다. 고향과 매솟의 친척과 친구들이 편하게 올 수 있는 휴양지에서 번듯한 결혼식을 올리고 싶었다. 그리하여 크리스마스를 앞둔 2014년 12월 23일 태국 후아힌(Hua Hin)의 한 호텔에서 호주, 태국, 미얀마에서 온 하객들의 축하를 받으며 결혼식을 올린다. 그 부부는 카렌족 재정착 난민을 비롯해 이주민들이 많이 거주하는 퍼스 북부 교외 기라윈(Girrawheen)에 있는 집을 사서 처음 거처를 마련했다.[54] 그러나 디자인에 관심이 많은 세노포는 아예 새집을 지어 자기가 원하는 대로 꾸미고 싶었다. 그래서 내출을 받아 퍼스에서 더 떨어진 에블리에 땅을 사서 집을 지었다. 기라윈의 집은 팔지 않고, 아프리카 이주민에게 주당 300달러에 세를 내주었다. 그 사이 딸 엘레포가 2017년 3월 2일에 태어났다.

플라투의 에블리 집을 방문했을 때, 나는 240제곱미터(약 73평)나 되는 그 집의 넓이에 우선 압도당했다. 거실과 주방, 방들의 인테리어가 모두 격조 높았고, TV 등 가전제품과 주방용품도 모두 고급이었다. 세노포가 이 모든 내부 장식과 살림살이를 직접 꾸몄다. 호주에 오기 전부터 디자인에 높은 식견과 솜씨를 갖추었던 세노포가 자기 집을 갖게 되자 마음껏 그 재능을 발휘한 것이다. 플라투는 바비큐 파티를 베풀며, 와인을 권하고, 골프 얘기를 했다. 나와 플라투 사이에 일종의 지위 역전이 발생했다는 느낌이 들었다. 엘레포를 돌보느라 여념이 없었지만, 이 부부에게서 중산층 가족의 단란함과 여유로움이 흘러넘쳤다. 그러면서도 이들은 카렌족 공동체 활동에도 적극적으로 참여하고 본국의 가족과도 관계를 발전시켜 나가며 쌍방향의 동합을 실행해 나갔나. 당시 이 가족은 2018년 플라투 아버시의 칠순을 맞이하여 미얀마 카렌주에 방문할 계획을 밝히며 그곳에서 엘레포가 적응할 수 있을지 염려했었는데, 실제로 그 계획을 실행에 옮겼다. 가족 기능이 호주의 경계를 넘어 미얀마까지 확대되고, 새로 태어난 엘레포도 초

54) 서호주에 재정착한 난민들의 주거에 관한 논의에 대해서는 포즈다와 하틀리 (Fozdar and Hartley 2014) 참고.

국적 가족 기능의 장에 참여하게 된 것이다.

플라투가 안정적으로 정착하기까지 5년가량 걸렸던 것과 견줘 게일모는 비교적 빠르게 자기 경력에 맞는 직업을 갖고 안정적으로 거주하게 됐다. 게일모는 멜버른 교외에 정착된 지 얼마 있지 않아 신학교에서 대학원 석사과정을 시작했는데, 그 학업능력을 인정받아 학장상을 받기도 했다. 인도 나갈랜드에서 배운 지식과 난민촌 신학교에서 영어로 가르쳤던 경험이 그 성과에 뒷받침이 되었다. 신학교에 다니면서 그는 웨리비침례교회에서 수습 목회자로서 역할도 담당하고 일주일에 3일은 웨리비커뮤니티교육센터(Werribee Community and Education Centre)에서 카렌족 난민들의 재정착을 돕는 일을 하며 공항에도 마중 나가고, 통역과 양식 작성 지원 등 생활에 필요한 여러 도움을 주는 일을 해나간다. 이중언어 구사 능력과 카렌족 공동체에서 인정받은 덕망과 지도력에 힘입어 목양과 재정착 관련 일을 해나갈 수 있었다. 2011년 3월에 신학교를 졸업한 이후에는 곧바로 웨리비침례교회의 정식 청빙을 받아 카렌족 교회를 담당하는 전담 목회자로 시무하기 시작했다. 늘어난 카렌족 기독교인을 돌보는 목회자가 절실히 필요했던 차에 게일모가 현지 교계에서도 인정받는 자격을 갖추어 그 일을 하게 된 것이다. 빅토리아주 정부는 그의 모범적인 정착 과정과 공동체에 대한 헌신을 인정하여 2011년 6월 23일 '빅토리아 난민 표창장'(Victorian Refugee Recognition Record)을 이민박물관(Immigration Museum)에서 그에게 수여했다.

게일모를 만났을 때 예전에 비해 많이 안정되어 보였다. 그 자신 전문직 직업의 하나인 목회자로서 연 8만 달러 남짓한 수입을 올리고 있고,

그의 아내[55]는 일을 하고 있지 않지만 세 아이(2017년 당시 7세, 5세, 1세)를 키우면서 한 달에 400달러 정도의 양육수당을 센터링크로부터 받고 있어 경제 상황이 여유로운 편이었다.[56] 이런 수입이 있어 게일모는 장모까지 여섯 명이 거주하는 현재의 집을 모기지론을 받아 31만 달러에 샀다. 만약 세 들어 산다면 매달 1,200달러를 내야하는데, 이처럼 모기지로 사서 장기간 갚아나가는 게 훨씬 유리하다고 판단했다. 게일모는 친가 쪽으로 부모와 형제자매 셋을 두고 있는데 부모는 큰형 가족 및 막내 남동생 가족과 함께 캐나다 온타리오에서 살고 있고, 둘째인 누나 가족은 미국 텍사스에 거주하고 있다. 2016년에 게일모 가족을 비롯해 형제자매 가족 모두가 캐나다 온타리오에 모였다. 그때 찍은 사진이 거실에 걸려있었다.

그는 공동체 지도자로서 사회적 기업을 만들어 웨리비역 근처에서 태국 음식과 카렌 음식을 파는 식당을 운영하기도 했다. 이 식당에 카렌족 재정착 난민 여섯 명이 일하고 있고, 식당을 운영하며 남긴 이익은 공동체 활동에 쓰고 있다. 카렌족 재정착 난민이 빅토리아에 5천 명, 그중 절반이 웨리비 근처에 거주하다 보니,[57] 공동체 활동도 활발하고, 식당 고

55) 그의 아내는 내가 2000년에 맬라 난민촌에 머물 때 나를 보았다고 한다.

56) 양육수당에 관한 자세한 사항에 대해서는 DHS. "How Much You Can Get." https://www.humanservices.gov.au/individuals/services/centrelink/family-tax-benefit/how-much-you-can-get 참고(검색일: 2019. 5. 10).

57) 게일모와 여러 카렌족 지도자들의 추산이다. 2016년 빅토리아주 정부의 통계에서는 빅토리아에 카렌족이 2,575명, 웨리비가 속한 윈덤(Wyandham)시에는 1,205명 거주하는 것으로 나와 있다. 카렌족을 포함한 미얀마인의 인구를 보면 총 10,973명이 빅토리아에 거주하고 그중 2,018명이 윈덤시에 거주한다(Victoria

객도 확보할 수 있었다. 400~500명의 카렌족이 출석하는 그의 교회는 공동체 활동에서 주도적인 역할을 했다. 그 자신 카렌족 연합행사를 조직하느라 시드니, 퍼스 등으로 국내 이동을 많이 했으며, 난민촌과 태국-미얀마 국경지역에서 여러 교육·종교 프로젝트를 진행하고 있어서 해외여행도 자주 했다.

플라투와 게일모의 사례를 비교해 보면 현지 사회 적응과 통합 과정에 관하여 몇 가지 흥미로운 점이 드러난다. 플라투가 제대로 적응하고 안정된 직장을 잡기까지 5년 이상이 걸렸으나 게일모는 2년이 걸렸다. 플라투가 쌓아온 지식과 기술이 현지 사회에 호환되기까지 그만큼 오래 걸렸다. 플라투는 영어와 컴퓨터활용 능력을 갖추고 있었지만, IT 계열에 취직하기에는 충분하지 않았고, TAFE 등에서 부가 능력을 더 쌓은 뒤에 현지에서 인정되는 자격을 갖추게 되었다. 그에 비해 게일모는 자신의 신학교육과 교수 경력이 곧바로 현지 사회에 호환될 수 있었다. 게일모는 플라투와 견줘 공동체의 즉각적인 필요와 요구가 있었기에 그에 즉시 대응하면서 생계를 꾸려나갈 수 있었다. 그 둘의 공통점은 초국적 가족 기능을 수행한다는 것으로 플라투의 가족은 미얀마와 호주 사이에서, 게일모의 가족은 캐나다와 호주 사이에서 그 기능을 수행하고 있다.

한편 이 둘의 통합 과정은 굉장히 예외적이고 모범적인 사례에 해당한다. 플라투의 사례에서 보듯이 설령 본국에서 지식과 기술을 습득했더라

State Government 2016). 그러나 그 통계는 미얀마 태생만을 고려했고, 언어사용에 따라 분류한 것이다. 현지에서 출생한 자녀들과 버마어를 사용하는 사람까지도 고려하면 빅토리아의 카렌족 인구가 5천 명가량 된다고 한다.

도 수용국에서 바로 활용하기가 어려운 경우가 많다. 하물며 전문지식과 기술을 갖추지 못한 일반 난민들은 대부분 미숙련 노동에 종사하기 마련이다. 특히 정착 초기의 난민들은 대부분 그러한 일을 하고 있으며, 낮은 임금을 받다 보니 안정적인 주거를 확보할 수도 없다. 특히 시드니 주변에 사는 초창기 재정착 난민의 경우 치솟는 월세 부담으로 생활고를 겪는 경우가 많다. 블르포와 케케포 부부(모두 1990년생)가 그 사례에 해당했다. 블르포는 카렌주에서 KNU 세금 징수 요원으로 일하다 2012년에 시드니 교외 오번에 처음 도착하여 HSP를 거치면서 좀 더 먼 교외인 블랙타운(Black Town)으로 옮겨왔다. 2017년 2월에 그 부부를 만났을 때, 그들은 정착한 지 5년이 지나가는데도 여전히 어려움을 겪고 있었다. 블르포는 재정착 사례 관리자의 소개를 받아 닭고기 가공 공장에서 일을 했다. 시간당 26달러를 버는데, 보통 오후 4시부터 8시까지 일하여 하루에 104달러를 벌고, 한 달에 3천 달러 정도 버는 것이다. 센터링크로부터 생활비 보조와 여섯 살 아이에 대한 양육수당을 얼마 정도 받지만, 늘 생활고에 시달린다. 현재 1,400달러의 월세를 주며 방 두 개의 작은 집에 살고 있는데, 집주인이 곧 1,450달러로 올릴 예정이었다. 현재 살고 있는 집을 사려면 50~70만 달러를 마련해야 하는데, 블르포에게는 언감생심이었다. 얼마 전 아이의 픽업과 이동의 편의를 위해 차까지 새로 구매한 터라 할부금 500달러까지 매달 5년 동안 갚아야 해 남는 돈이 거의 없었다. 블르포는 중국인들이 시드니에 많이 몰려들다 보니 주거비를 비롯해 물가가 갈수록 올라가서 괴롭다고 했다. 그래서 시드니 교외에서 살기보다 주거비가 싼 남호주(South Australia)로 거처를 옮길 생각을 하고 있었고, 자기에게 익숙한 태국으로 다시 돌아갈 생각도 심각하게 하고 있었다. 이처럼 5년이 지나도 블르포 부부는 고용, 주거 등 호주 정부가 통합의 핵심이라 여기는 영역에서 여전히 불안했고, 따라서 수용국 사회에서 안정감을 누리지도 못했다. 이런 불안정한 삶을 해결하기 위한 전략으로 이들은 국내의 타지 이동과 본국 귀환도 염두에 둔 것이다. 그들은 교회와 카렌족 공동체 모임에 정기적으로 참여하며, 또한 SNS로 해외에 흩어진 가족과 친구들과 연락을 주고받으며 불안정한 감정을 해소하고 있었다.

블르포의 사례는 플라투와 게일모의 사례와 견줘 어렵고도 일반적인 상황을 드러낸다. 블르포의 사례는 경제적 자립을 통한 호주 사회 통합이라는 정부의 정착 지원 정책의 목표가 아직 충분히 달성되지 못하고 있음을 보여준다. 전문지식이 없는 재정착 난민은 수용국 사회에서 충분한 수입을 얻고 경제적으로 자립하기가 어렵다. 플라투에게도 정부의 지원 정책 효과가 제한적이었다고 할 수 있다. 개별 난민이 시행착오를 거치며 단계마다 거기에 맞는 전략을 구사하며 그 난관을 돌파해 나갔다. 게일모의 사례는 개별 난민의 전문지식이 현지에 통용된 경우라 할 수 있으나 이 역시 주어진 정책 환경에 자신의 지식을 전략적으로 활용했다고 하겠다. 이 사례들은 통합은 정부 프로그램의 기계적인 산물이 아니라 당사자가 끊임없이 자신의 처지와 주어진 환경에 대응하여 협상해 나가는 과정인 것을 드러낸다(Bird 2013). 또한 이들 사례는 통합이 국내 차원에서 완결적 형태로 이루어지는 것이 아니라 본국(태국, 미얀마)이나 제3국(캐나다, 미국)과 관련을 맺으며 계속되는 과정인 것도 일깨운다. 그 과정에서 종족 공동체가 개별 난민의 생계나 안정감에 중요한 역할을 한다.

종족 공동체 역할: 사회적 연계와 정당성 확보 전략

2016년 호주 정부 통계(Department of Home Affairs 2016)에 의하면 미얀마 태생 호주 거주인은 32,655명이고, 그중 카렌족을 조상으로 둔 사람은 5,238명이다. 카렌족 중에는 다른 종족과 결혼하는 사례가 종종 발생하기에 이러한 통계는 오해를 불러일으킬 수 있다. 카렌족 지도자의 추산에 따르면 2017년 기준으로 미얀마 태생과 현지 출생을 포함하여 13,000명의 카렌족이 거주한다고 한다. 그중 빅토리아(주도: 멜버른)에 5,000명, 서호주(주도: 퍼스)에 3,000명, 뉴사우스웨일스(주도: 시드니)에 2,000명, 퀸즐랜드(주도: 브리즈번)에 2,000명, 기타 지역에 1,000명 거주한다고 한다.

2000년대 중반에 카렌족 난민이 대규모로 재정착하기 시작했지만, 그 이전에도 소수의 카렌족 난민이 이미 호주에 거주하고 있었다. 대표적인 사례가 소르윈우(1956년생), 가네미(1943년생), 폴쪼(1950년생)이다. 앞서 언급했듯이 소르윈우는 이민자로 호주에 왔으나 1988년 미얀마 항쟁이 벌어져 국내 난민 지위를 신청하고 인정받았다. 그 이후에도 다른 미얀마 출신 정치 난민들과 연합하여 호주 정부가 미얀마 군부에 압박을 가하도록 로비하는 등 정치 활동을 계속했다. 몰라먀잉 출신인 가네미는 대학 시절 학생운동 지도자로 활동하는 등 일찍이 반정부활동을 해왔다. 1977년에는 KNU에 참여하여 야전사령관과 중앙정치위원을 역임하다가 미얀마군에 진지를 뺏긴 뒤 태국으로 넘어오게 되고 1994년에 호주 멜버른 교외에 난민으로 재정착했다. 폴쪼는 양곤대학교에서 약학과 역사학을 전공한 뒤 다웨(Dawei)에서 약사로 근무하던 중 1988년 민주화 항쟁에 주도적으로 참여했다. 그 이후 미얀마 당국에 쫓겨 치앙마이로 옮겨간 뒤 1995년 퍼스 교외에 재정착했다. 이들이 주도하여 카렌족의 협력과 권리 향상을 위해 1997년에 호주카렌회(AKO)를 결성한다. 저마다 시드니, 멜버른, 퍼스 등 주요 거점에 자리 잡은 그들의 지도력에 힘입어 AKO는 카렌족과 호주 사회에 영향력을 키워나갔다.

2000년대 중반 카렌족 재정착 난민이 호주에 들어오자 이들의 활동도 본격화됐다. 이들을 비롯해 AKO의 주요 구성원들은 주 정부의 다문화주의와 재정착 관련 위원회에 참여하고 또한 실제로 폴쪼처럼 정부의 재정착 프로그램을 대행하는 서비스 제공 기관에서 난민들의 초기 생활 안내를 담당하는 역할을 해나갔다. 재정착 난민의 적응과 통합 과정에서 겪는 어려움을 해결하기 위해 AKO는 지역사회와 연계하기도 한다. 예컨대 재정착 난민들이 형편에 맞는 집을 찾기가 곤란해지자 AKO는 주택공급에 관여하는 시드니의 한 NPO인 '공동 자산 뉴사우스웨일스'(Common Equity NSW)와 파트너십을 맺어 난민들을 위해서 일정 공급량을 확보하기도 했다(RCOA 2014, 41). 또한 재정착 난민이 벤디고(Bendigo)와 닐(Nhill)처럼 빅토리아주에서도 노동력이 부족하고 인구밀도가 낮은 외곽 지역으로 이차 이주를 하는 데에도 깊이 관여하며 재정착 난민의 삶과 지역사회에 깊게 관여하고 있다. 이들 지역에 정착한 난민들은 이차 이주의 성공 사례로서 지역의 경제를 활성화하고 그곳에 활력을 불어넣었다는 평가를 받고 있다(AMES Australia and Deloittee Access Economics 2018; RCOA 2017, 76). AKO가 에이거와 스트랭(2008)이 통합에서 주요 영역으로 언급한 사회적 연계 중 지역사회와 맺는 사회적 가교 구실을 적극적으로 수행한 것이다.

한편으로 재정착 난민의 대규모 유입으로 AKO의 역량은 강화됐고, 멜버른, 시드니, 퍼스 등 각 지부의 활동 역시 활발해졌다. 이에 따라 종족 내부의 연계인 사회적 유대도 깊어졌다. 블르포의 사례에서 보듯이 재정착 난민은 카렌족 공동체 모임에 참여하며 정서적 안정을 되찾으며 카렌족으로서 정체성도 지켜나간다. 카렌족의 유대와 정체성은 주기적으로 열리는 카렌 새해 행사 등 고유 행사를 통해 강화된다. 서두에 언급한, 2017년 2월 11일에 시드니 교외의 빌라우드에서 개최된 카렌 혁명 관련 기념행사도 그에 해당한다.

카렌족의 유대는 특히 종교에 기반을 두고 발전한다. 카렌족 지도자들은 재정착 난민의 50%가량이 기독교인이라 추산한다. 또한 공동체의 지도자가 기독교인 경우가 많아 공동체 활동과 교회 활동이 구분되지 않는 편이다. 소르윈우, 가네미, 폴쪼 모두 기독교인이고 AKO를 주도해 나가는 인사 역시 기독교인이 많다. 재정착 난민은 교회를 중심으로 일상생활을 해나간다. 게일모가 시무하는 웨리비침례교회는 대표적인 교회로서 그 지역 기독교인들은 그 교회를 중심으로 공동체를 꾸려나간다. 앞서 보았듯이 그 교회는 NPO를 만들어 식당을 운영하는 등 성도들에게 실질적인 생계 수단을 제공하기도 한다. 또 일요일마다 자녀들에게 카렌어를 가르치면서 카렌족으로서 정체성을 유지해 나갈 수 있도록 도모한다. 퍼스 교외의 기라윈침례교회 역시 서호주의 대표적인 교회로서 그와 같은 역할을 담당하고 있다. 기독교인 카렌족의 대표적인 연합조직체인 '호주 카렌족 침례교총회'(KBCA, Karen Baptist Convention Australia)는 매해 연말에 연합 집회를 도시를 번갈아 가며 개최하며 호주 전역에 흩어져 있는 카렌족의 유대를 키우려 한다. 예컨대 2018년 12월 26~29일에는 게일모의 웨리비침례교회에서, 2017년 12월 28~31일에는 시드니에서, 2016년 12월 30일~2017년 1월 2일에는 퍼스에서 그러한 행사가 열렸다. 콘서트, 축구, 캠핑 등 갖가지 활동을 하며 참가자들은 호주 정착에 필요한 정보도 교환하고 정서적인 안정감도 느끼고 또 미래의 반려자를 만나기도 한다. 에이거와 스트랭(2008)과 호주 정부가 강조하는 안정감은 시민권 획득이나 수용국 사회의 문화와 언어에 대한 이해에 기반을 두고 있지만, 카렌족의 사례는 공동체가 수용국 정부와 사회가 채워주기 힘든 종교적 · 정서적 차원의 안정감을 제공한다는 점이 두드러진다.

카렌족 공동체의 활동은 호주 내에서만 머물지 않는다. 2장에서 보았던 대로 세계 곳곳에 흩어진 카렌족이 2008년부터 치앙마이에서 '글로벌 카렌 침례교도 연합'(Global Karen Baptist Fellowship)이라는 행사로 모이는데, 그 모임의 산파 역할을 한 사람은 폴쪼를 비롯한 호주 카렌족 공동체 주요 인사였고, 폴쪼의 집은 바로 그 아이디어의 산실이었다. 폴쪼의 집을 방문했을 때 폴쪼는 그 사실을 나에게 자랑스럽게 말했다. 또한 가네미가 주도하는 국제카렌회(IKO) 역시 호주를 거점으로 삼고 활동하고 있다.

호주 사회의 당당한 주인으로서 정부 기구와 사회적 연결을 공고히 하며 호주 사회 속으로 깊숙이 통합되어 들어가려는 AKO의 전략은 안작데이 행사에서 극적으로 드러난다. 안작(ANZAC)은 '오스트레일리아 뉴질랜드 군단'(Australia and New Zealand Army Corps)의 줄임말이다. 그 군단은 제1차 세계대전 중인 1915년 4월 25일 연합군의 일원으로 오늘날 터키의 갈리폴리(Gallipoli)를 함락하는 작전을 펼치다가 1만 명을 잃었다. 그 이후 호주와 뉴질랜드에서는 매년 4월 25일 그 희생을 기리기 위한 행사를 치르고 있으며 제2차 세계대전과 베트남전 등 여러 전쟁에 참전한 희생자들도 함께 기리고 있다.[58] 1990년대 이후에는 '갈리폴리 정신'을 호주의 정신으로 삼으려는 하워드 전 총리(재임 1996~2007년) 등의 행보로 그 행사가 큰 관심을 받으며 개최돼 왔다(Jupp 2007, 118). 안작데이의 절정은 참전용사와 그 가족과 친척, 그리고 군인, 경찰, 소방대 등이 호주 국기와 소속 부대(단체) 플래카드를 들고 시내를 돈 다음 현충탑 앞에서 기독교 방식으로 예식을 치르고 꽃다발을 바치는 것 등으로 진행되는 퍼레이드이다. 빅토리아주의 경우 주 정부 기구인 참전용사회(Veterans Council)가 안작데이 행사를 주관한다.

AKO를 대표하여 가네미는 2009년 초에 참전용사회의 대표에게 찾아가서 안작데이 퍼레이드에 카렌족이 참여하고 싶다는 의사를 밝힌다.[59] 그러나 그 대표는 안작데이는 정치적인 행사가 아니라며, "이 행사는 호

58) https://www.awm.gov.au/commemoration/anzac-day/traditions(검색일: 2019. 6. 3).
59) 가네미와 2019년 5월 10일과 20일에 SNS 보이스톡을 통해 면담했다.

주 사람의 것으로, 당신들이 상관할 바가 아니다."라며 거부한다. 하워드 전 총리처럼 그 대표도 안작데이를 호주 정신의 핵심으로 보고, 카렌족은 외부인으로서 그 행사에 참여할 자격을 갖추지 못했다고 여긴 것이다. 그러나 이때 가네미는 카렌족의 역사를 설득의 자원으로 활용한다. 카렌족도 제1차 세계대전에 연합군의 일원으로 메소포타미아 전투에 참전했고, 제2차 세계대전에는 영국이 동남아에서 조직한 특수부대인 'Force 136'에 카렌군과 호주군이 함께 속했고, 카렌족도 호주군처럼 제2차 세계대전 시기에 엄청난 희생을 치렀음을 말한다.[60] 카렌족과 호주인들이 같은 운명 공동체였다는 것을 강조하며 카렌족이 안작데이에 참여할 정당성과 자격을 갖추고 있다고 설득한다. 참전용사회 대표는 설득당하여 그날 바로 대답을 주지 않고 내부 논의를 거쳐 답을 주겠다고 했다. 며칠 뒤 가네미는 안작데이 행사에 참여해도 좋다는 답을 듣는다.

그리하여 카렌족은 2009년부터 빅토리아주 윈덤시(웨리비)에서 안작데이 행사, 특히 퍼레이드에 참여해 오고 있다. 2019년 안작데이 퍼레이드 장면을 보면,[61] 실제로 영국군에 속해 제2차 세계대전에 참전한 당시 99세의 재정착 난민 보디 위쿠[62]가 휠체어를 타고 앞장을 선다. 카렌족 기수대가 소속 단체 플래카드와 카렌 국기, 호주 국기를 들고 그의 뒤를

---

60) 가네미의 말은 역사적 사실과 부합한다. 제1차 세계대전 시기 사실에 대해서는 통뭉(Thawnghmung 2012, 32), 제2차 세계대전 시기 사실에 대해서는 데이비스(Davies 2018) 참고.

61) https://www.youtube.com/watch?v=oxTQd08IVOA(검색일: 2019. 5. 24).

62) 그는 2021년 7월 27일 101세에 나이로 삶을 마감했다. https://wyndham.starweekly.com.au/news/tribute-to-bordy/(검색일: 2024. 2. 15).

따른다. 그 플래카드의 가운데에는 'Karen-British Alliance,' 위쪽에는 'WW1 & Force 136 WW2,' 아래쪽에는 'Australian Karen Organization'이 표기되어 있다. 전통의상을 입은 수백 명의 카렌족이 보디 위쿠와 기수단을 따라 행진한다. 윈덤시 현충탑에 이르면 예식을 치르고 각 단체는 사회자의 호명을 받아 그 현충탑에 헌화한다. 'Australian Karen Organization'이 호명되자, 보디 위쿠는 가네미의 부축을 받고 AKO를 대표하여 현충탑에 꽃을 바친 뒤 거수경례를 올렸다. 카렌족은 이 행사를 축제처럼 참여했다. 평상시에 그들은 호주 현지인들이 그들을 여타 미얀마 사람과 구분을 잘 못하고, 때로는 한국인(Korean)으로 착각하는 것에 불편을 느껴왔지만, 안작데이 행사를 통해 현지 사회에 확실하게 카렌족임을 드러내게 되었다. 이 행사는 호주 밖의 카렌족에게 널리 알려져 2019년 행사의 경우 태국 국경지대에 거주하는 카렌족이 보디 위쿠를 보고, 이 퍼레이드를 관람하기 위해 방문하기도 했다.

카렌족의 안작데이 행사 참여는 종족 공동체가 어떤 전략을 써서 수용국 사회 내로 정당성과 자격을 인정받으며 들어가는지 보여준다. 국가는 고용, 언어, 주거 등의 영역에서 성취를 강조하는 표준화된 재정착 프로그램을 작동하며 재정착 난민을 그 프로그램의 대상자로 취급한다. 국가는 '우리의 영역'과 '그들의 영역'을 구분 짓고 국가의 정통성과 관련된 현충일과 같은 핵심 영역에서는 외부인을 배제하려 한다. 그러나 카렌족 공동체는 역사를 자원으로 활용하며 수용국 사회에서 자신들의 존재를 드러내는 적극적인 행위자성을 발휘한다. 종족 공동체가 돌파하고 마련한 사회적 연결 속에서 재정착 난민들의 사회적 유대는 강화되고 현지

사진 5.3 AKO의 안작데이 퍼레이드

* 보디 위쿠가 가운데 휠체어에 앉아 있고, 정면에서 볼 때 가네미가 그의 오른편에 서 있다.
| 출처 | Happy Gailmo(2019)

사회와의 사회적 가교도 튼튼해진다. 그리고 수용국 사회의 정당한 구성원이라는 자부심을 품고서 안전과 안정감도 느끼게 된다. 또한 해외 거주 카렌족이 이 행사를 참관한 것에서 보듯이 초국적 유대도 발전시켜 나가는 계기도 된다. 이 사례는 국가의 프로그램과 달리 재정착 난민이 통합을 이루어 내는 또 다른 경로를 보여준다.

대상에서 당사자로

이 장에서 나는 카렌족 재정착 난민의 호주 사회 통합을 다루었다. 통합은 법적·경제적·사회문화적 차원에서 발생하는 역동적이고 다면적인 쌍방향 과정의 산물로 정의할 수 있다(Ager and Strang 2004; UNHCR 2013, 14). 에이거와 스트랭(2008)은 통합의 증표와 수단(고용, 주거, 교육, 보건), 토대(권리와 시민권), 사회적 연계(가교, 유대, 연결), 촉진제(언어와 문화적 지식, 안전과 안정감) 등으로 구분하며 통합의 구체적 영역들을 파악하려고 했다. 호주 등 여러 국가가 일방적인 수용을 강요하는 동화주의보다는 쌍방향과 다양성을 표방하며 재정착 난민들이 그러한 영역들에서 성과를 거둘 수 있도록 통합 프로그램을 운영하려고 한다. 그러나 호주의 난민 정책에서 보듯이 국가는 실제로 철저하게 난민의 유입 규모를 관리하고, 통합을 표방하지만 난민들의 개별성과 고유성을 삭제하고 현지 사회에 빠르게 동화될 수 있도록 국가의 시선(스콧 2010)을 투사하며 정착 지원 프로그램을 운영한다. 포즈다와 반키(Fozdar and Banki 2017, 45)가 주장하듯이, 호주 정부의 재정착 지원 정책은 사실상 난민의 개별성을 물리적·사회적으로 제거한 동화주의 정책이라고 할 수 있다. 이러한 지원 정책 아래에서 난민들은 목표한 통합성과를 이룩해야 하는 프로그램의 대상자로 전락하고, 숫자 속에 그의 개별성과 행위자성은 사라져 버린다.

이러한 시각을 극복하기 위해 나는 개별 난민의 주체성과 삶의 전략을 드러내고자 했다. 또한 재정착 이전의 시간과 본국과 제3국도 고려하면서 시공간 틀을 확장하고자 했다. 플라투와 게일모의 사례에서 보듯이 난민은 수용국에 오기 전 제한된 환경 속에서 자원을 최대한 활용하여 지식과 기술을 습득하고, 초국적 이동성을 실천하고, 미래의 호주를 욕망했다. 수많은 시도와 좌절과 기다림 끝에 이들은 호주에 재정착돼, 정부의 정착 지원 프로그램의 혜택을 받으며 통합의 과정을 거쳤다. 그러나 플라투의 사례에서 보듯이 정부의 의도와 달리 통합은 일사천리로 이루어지지 않았다. 자신의 지식과 기술을 현지 사회에 호환시키기 위해 시행착오를 거쳐야 했으며, 과거와 미래, 호주와 미얀마의 시공간 전략 속에서 현재의 직업을 구했다. 게일모의 사례는 좀 더 쉽게 현지 사회에 자신의 지식과 기술이 호환된 사례로서 종교와 공동체가 재정착 난민의 생계 추구에서 중요한 수단이 됨을 드러낸다. 보통의 재정착 난민들의 경험을 드러내는 블르포의 사례는 한편으로 정부의 지원 정책의 효과에 대해 의문을 제기하지만, 다른 한편으로 어려운 정착 과정에서 공동체를 통해 안정감을 추구하고, 수용국 내 이차 이주와 본국 귀환을 염두에 두며 자신의 미래를 설계하는 난민의 주체성을 드러낸다. 이들의 사례는, 버드(Bird 2013, iii)가 말하듯, 정착과 통합이 수많은 차원, 다시 말해 공적·사적 차원, 지역적·국가적·초국적 차원, 정치적·종교적·사회적·문화적·언어적 차원, 개인적·집단적 차원에서 계속 이루어지는 협상의 과정임을 밝힌다.

나는 공동체의 역할에 대해서도 새로운 점을 제시하고자 했다. 기존의 연구는 공동체를 사회적 자본과 관련지어 다루는 경우가 많았다(Portes and Yiu 2013). 그에 비해 호주 사례는 공동체가 재정착 난민의 생계 추구와 안정감의 기반을 제공할 뿐만 아니라 사회적 연계의 역할도 주도적으로 개척하고, 더 나아가 초국적 연계를 통해 수용국 사회 통합 과정도 관리해 나간다는 점을 드러냈다. 사례로 든 안작데이 행사 참여는 종족 공동체의 역할과 재정착 난민의 성원권 획득을 다시 생각해 보게 한다. 통상 재정착 난민의 권리와 성원권은 시민권 획득 차원, 즉 법적 측면에서 논의됐다. 에이거와 스트랭(2008)을 비롯해 국가 역시 시민권 부여가 통합의 토대이자 완성이라고 보아왔다. 그러나 AKO는 역사 자원을 활용하여 호주의 정신을 드러낸다는 국가의 현충일에 정당한 자격을 인정받고 참여한다. 호주 민족주의의 한복판을 공략하여 만든 틈새에 동족 출신 재정착 난민이 주인처럼 당당하게 파고들고 해외 카렌족도 그 자리에 함께한다. 이것은 재정착 난민이 국가의 통합지원 프로그램의 단순한 대상자가 아니라, 국가가 만들어 놓은 장에서, 국가를 이용하여, 초국적 연대를 이뤄나가는 주체적 당사자인 것을 드러낸다.

제6장

노동과 노르웨이를 넘어서:

노르웨이 카렌족의 통합과 초국적 모빌리티

북유럽까지 가보다

래티(1981년생)는 내가 2000년에 맬라 난민촌에서 지낼 때 나를 많이 도와주었던 당시 난민촌 신학교 학생이었다. 그 신학교는 나 같은 손님들이 묵는 숙소를 운영했는데 래티가 그곳을 돌보는 역할을 맡아 주로 손님들의 식사를 챙기는 역할을 했다. 래티는 외국 손님들의 취향을 생각하여 오믈렛 등 좀 특별한 요리를 가끔 식탁에 올려놓았다. 하루 중 틈이 나면 나는 래티와 얘기를 나누며 그의 개인사와 가족, 난민촌 사정에 대해 알아 갔다. 래티는 나에게 주요 정보 제공원이었던 셈이다.

내가 4년 뒤에 다시 국경에 돌아와 1년 동안 지낼 때 래티는 맬라 난민촌에 없었다. 그도 앞장의 게일모처럼 인도 나갈랜드의 신학교에서 석사과정을 밟으려고 2003년에 떠나서 2005년 말까지 그곳에 머물렀다. 그 후로도 난민촌에 몇 번 방문할 때마다 래티를 찾았으나 그와 길이 엇갈려 만나지 못했다. 그는 2007년 노르웨이 베르겐으로 재정착되어 난민촌을 완전히 떠났다. 2011년 12월에 나는 래티와 온라인 메신저로 연락이 닿아 서로의 안부를 묻고 각자 서울과 베르겐에서 어떻게 살아가고 있는지 얘기를 나누었다. 그때까지만 해도 노르웨이는 실감이 나지 않는 딴 세상이었다. 대학 시절 고향 향우회분 덕분으로 프랑스, 독일, 이탈리아 등 유럽 주요국에 가본 적은 있지만 노르웨이는 그간 내 세계관 밖이었다.

그러나 재정착 연구를 시작하면서 북유럽을 제외하면 반쪽짜리 연구가 될 터였다. 2장의 〈표 2.1〉에서 보았듯이 전통적 난민 수용국인 미국, 호주, 캐나다를 제외하고, 핀란드, 노르웨이, 스웨덴이 그 어떤 다른 유럽 국가들보다 카렌족 난민을 많이 수용했기 때문이었다. 때마침 한국에서 내 연구를 도와주고, 한국 내 카렌족 재정착 난민을 돕고 있는 에포가 노르웨이에 재정착해 살고 있는 누나를 만나러 간다고 하기에, 래티를 비롯해 그곳에 사는 재정착 난민을 보러 가는 내 결심은 더 굳어졌다. 노르웨이를 간 김에 내가 매솟 공항에서 2005년 2월에 배웅했던 소살라거포 가족이 살고 있는 스웨덴까지 가볼 생각이었다. 그리하여 2018년 7월 20일에 난생처음 오슬로 공항에 도착했다. 며칠 오슬로에서 한 카렌족 가족과 지낸 뒤, 승용차를 렌트하여 래티와 에포의 누나를 만나고, 국경을 넘어서 소살라거포 가족도 만나고, 카렌족 연합행사에도 참여관찰하는 등 보름가량 노르웨이와 스웨덴 곳곳을 구글맵의 도움을 받아 돌아다녔다. 아직도 내 눈에는 오슬로에서 베르겐에 가는 도중 넘은 설산과, 깎아내리는 피오르와, 트롤이 나올 것 같은 기괴한 터널과, 길 따라 흐르는 맑은 개울이 선하다.

여러 곳을 방문하고 여러 사람을 만났지만 18년 만에 베르겐에서 래티를 만난 것이 가장 뜻깊었다. 성공한 스시집 사장이 된 래티는 동화 속에 나올 법한 집을 베르겐 외곽에 마련하고 내가 머물렀던 손님방도 호텔 방처럼 꾸며놓았다. 그 집에 며칠 머물면서 래티가 손수 준비한 스시를 비롯해 각종 화려한 요리를 배불리 먹는 등 융숭한 대접을 받았다. 베르겐의 대표적인 관광지에 자리한 그 식당에서도 극진한 대접을 받았다. 그 식당의 손님들이 래티의 음식을 즐기는 모습을 보면서 래티가 너무나도 자랑스러웠다.

아니나 다를까, 노르웨이 베르겐의 대표적인 지역 신문인 베르겐스 티덴데(*Bergens Tidende*)는 2021년 최우수 식당 후보로 다섯 곳을 선정했는데, 래티가 운영하는 만달레이(Mandalay)라는 식당이 그 목록에 포함됐다.[63] 래티의 식당이 지역민과 관광객으로부터 인정을 받고 있다는 것을 내가 직접 그곳을 방문했을 때 이미 확인했는데, 지역사회가 공식적으로 인정해 준 셈이었다.

래티의 사례는 노르웨이 정부가 추진해 온 난민 재정착 프로그램의 모범 사례라고 할 수 있다. 노르웨이 정부는 재정착 난민의 지역사회 정착과 통합을 촉진하려고 '안내 프로그램'(Introduction Program)을 운영해 왔는데, 그 프로그램의 최종 목표 중 하나가 적극적인 노동시장 참여였다. 그럼에도 이들의 고용률이 선주민의 그것보다 낮은 상황이 좀처럼 개선

63) https://www.bt.no/bergensbeste/stem/restaurant?fbclid=IwAR1PTFAAyD-G6lcT9fL0eP-VSHVPpyrsxv-YPNN_wvutraMm4mPNA9oK50Q#form(검색일: 2021. 7. 21).

되지 않고 있어서 이들이 복지국가에 부담을 지운다는 비판을 받아왔다. 래티는 복지혜택에 의존하기는커녕 사업체를 운영하며 일자리를 창출하고 세금도 내며 복지국가에 이바지하는 '좋은 시민'의 사례이다.

그러나 래티의 '성공'을 노르웨이 사회 내 통합의 관점에서만 바라보면 한 면만을, 곧 일국주의 시각에서만 바라보는 단견에 빠질 수 있다. 래티는 노르웨이에 어머니와 동생들 넷과 함께 재정착한 뒤, 난민촌에 홀로 남은 아버지를 만나러 태국에 해마다 방문하기도 하고, 캐나다에 재정착한 누나를 만나러 방문하기도 했다. 사업에서 어느 정도 성공을 거둔 뒤에는 노르웨이 선주민 동료와 함께 투자하여 스페인 말라가에 타운하우스를 구매하고, 해마다 크리스마스 무렵이면 그곳을 방문하고 있다. 래티로서는 노르웨이 정착과 자립과 통합은 모빌리티 능력의 회복으로 이어져 가족과 친족을 만나는 초국적 여행의 실천으로 이어졌다.

본 장에서는 래티 등 노르웨이에 재정착한 미얀마 카렌족 난민을 사례로 삼아 재정착 난민의 통합과 모빌리티에 주목하고자 한다. 재정착 프로그램을 운영하는 국가들의 최종 목표는 앞서 언급했듯이 적극적인 노동시장 참여를 통한 자립이었다. 노르웨이처럼 복지국가의 처지에서는 그것이 국가의 정체성과 시스템을 지켜나가는 수단이었다. 따라서 이에 특화된 중앙정부 기구가 지방정부와 협력하여 통합 프로그램을 운영하고 고용률 등을 통해 그 효과를 측정한다. 래티처럼 자립한 난민은 성공 사례로, 그렇지 않은 난민은 문제 사례로 취급하고 이를 개선하려고 여러 시도를 해나간다. 국가의 시선은 재정착 난민의 통합을 연구하는 관점에도 투사된다. 통합을 이해하려는 이론적인 틀 역시 일국 내 고용과 자립을 최종적인 목표로 설정하고, 국가의 통합 프로그램의 효과를 검토한다. 통합 프로그램에서 나타나는 관료제의 폭력성 등 국가의 시선을 비판적으로 다룬 연구가 있으나(Abdelhady et al. 2020), 재정착 난민의 통합을 일국 내에서만 다루는 경향이 자못 강하다. 본 장에서는 이를 극복하면서 재정착 난민의 통합이 일국 차원에 한정되는 것이 아니라 모빌리티의 회복과 강화에 힘입어 초국적 장에서 이루어진다는 것을 드러내고자 한다.

사진 6.1 래티의 집 거실 | 출처 | 저자

통합, 복지국가, 그리고 모빌리티

본 장에서는 앞 장의 호주 사례를 비롯해 기존 연구가 다루었던 통합 논의의 틀을 참조하되 모빌리티와 유럽의 경험을 좀 더 반영하여 그 틀을 확장하고자 한다. 통합이 국가와 연구자에게 주목받게 된 계기는 1990년대였다. 유럽의 여러 국가가 1970년대 다문화주의를 표방하며 이민자 정책을 추진해 왔지만 오히려 이민자들이 분리되고 주변화되어 보호 대상으로 머무르게 되자 1990년대 들어서 네덜란드를 필두로 시민 통합(civic integration)이라는 모델을 내세우며 이민자들의 주류사회 참여를 독려해 왔다(설동훈·이병하 2013; Borevi 2014). 수용국 사회에 일방적으로 흡수되는 것을 지향하는 동화나 단순히 여러 문화의 공존을 용인하는 다문화주의를 극복하려는 시도로 평가받기는 하지만 통합이 과연 무엇을 의미하는가에 대한 의견이 분분하다. 이념적으로 시민 통합을 "서로 다른 문화 간의 상호교류에 초점을 두는 대안적 모델"(고상두 2012, 245)이라고 평가할 수 있지만, 실질적으로는 상호작용이 아닌 수용국이 이민자에게 노동시장 참여 등을 요구하는 하나의 일방적 과정과 이민자들이 차별 금지를 요구하는 또 다른 하나의 일방적 과정의 조합이라는 비판도 있다(설동훈·이병하 2013, 214).

유엔난민기구 차원에서도 유럽 국가들의 통합에 대한 논의를 이어받아 난민 재정착 프로그램을 본격적으로 추진하게 되는 2000년대 초반에 통합에 대한 틀을 개발하고 재정착 관련 당사국들에게 모범 사례를 제시했다(UNHCR 2013). 재정착 난민의 사례에서도 통합에 대한 정의가 불분명한 채로 남아 있지만(Sigona 2005), 이념적 차원에서 공유하는 바는 통합이 법적·경제적·사회문화적 차원에서 발생하는, 역동적이고 다면적인 쌍방향 과정의 산물이라는 점이다(Ager and Strang 2004; UNHCR 2013, 14). 앞 장에서 보았듯이 에이거와 스트랭(Ager and Strang 2008)이 이를 체계적인 틀로 발전시킨 것이다.

앞 장의 〈그림 5.1〉을 다시 보며 그 논의를 요약하여 살펴보자. 에이거와 스트랭이 제시한 이 틀을 물에 떠 있는 배 모양의 구조물로 보면 해석하기가 쉽다. 수면 위에 드러나는 영역, 즉 눈으로 확인할 수 있는 통합의 증표와 수단이 되는 것은 고용, 주거, 교육, 보건이다. 수용국이 난민 통합을 평가하고 측정하는 기준이 바로 이 영역들이다. 고용률, 주택 소유율, 진학률, 평균수명 등을 통해 이민자가 해당 사회에 어느 정도로 통합되었는지를 가늠할 수 있다.

이 구조물을 맨 아래에서 떠받치는 것은 권리와 시민권이다. 이것은 난민들이 수용국 사회에서 합법적 신분을 유지하며 정당한 시민으로 거주할 수 있는 자격에 해당하는 것이다. 이것이 흔들리면 재정착 난민들은 예전의 무국적 처지나 비호신청자 처지와 다를 바 없는 삶, 즉 소속이 결여되어 인간으로서 정당한 대우를 받지 못하는 불안한 삶을 살게 된다.

이 구조물의 양 끝단을 연결하는 부분이 사회적 연계와 촉진제이다. 사회적 연계를 구분하자면 사회적 유대는 난민 공동체 내부의 관계, 사회적 가교는 난민 공동체와 지역사회의 관계, 사회적 연결은 난민 공동체와 정부 기구 사이의 관계를 일컫는다(Ager and Strang 2008, 177; Putnam 1993). 사회적 연계가 활발히 이루어지려면 촉진제로서 언어 능력과 문화적 지식을 갖추고 난민들이 일상에서 편안함을 느끼며 지역사회의 일원으로 거주해야 한다.

이 틀을 종합하면 재정착 난민이 합법적 신분을 갖고서(토대), 언어와 문화적 지식과 안정감을 겸비하고(촉진제), 소속 공동체를 비롯해 지역사회, 수용국 정부와 적극적으로 관계를 맺어나가(사회적 연계), 노동시장에 참여하고, 보금자리를 마련하고, 교육 수준을 높이고, 건강하게 되면 통합의 목표를 달성하게 되는 것이다.

노르웨이 등 북유럽 복지국가의 맥락에서 볼 때 이 틀에서 가장 중요한 영역이 고용이다. 복지국가의 성립 과정에서 수혜자를 불충분한 시민에서 완전한 시민으로 보는 관점의 전환이 이루어져 누구나 복지혜택을 받을 수 있다는 보편성과 평등성이 북유럽 복지국가의 이념이 되었다(세예르스테드 2005, 123-124). 그러나 근본적으로 북유럽 복지국가는 북유럽 사회에 깊게 뿌리 박혀 있는 '노동 접근법'이 그 원리로 깊게 배어 있다. "우리는 일을 하기 위해 지구상에 있다는 매우 엄격한 세계관"을 바탕으로, 즉 의무와 노동권을 연결하여 북유럽 복지국가가 건설됐다(세예르스테드 2005, 466).[64] 따라서 보편성과 평등성 원리에 근거하여 누구나가 복지 수혜자가 될 수 있다는 합의가 구성원들 사이에 있지만, 노동의 의무적 참여가 그 구성원들에게 암묵적이든 명시적이든 요구되고 있는 것이다. 이러한 보편성/평등성과 노동이라는 두 축에 근거하여 복지국가를

64) 한나 아렌트(2017) 역시 노동을 작업과 행위와 더불어 이 세상에 존재하는 인간의 조건으로 보았다.

건설했다는 것이 상징적 친족 형성으로 이어졌고 이것은 노르웨이 민족주의의 핵심이 되었다(Gullestad 2002).

난민 등 이주민은 이러한 상상의 도덕 공동체와 이것의 현현인 복지국가에 딜레마와 위협이 되는 존재였다(Brochmann and Hagelund 2012, 212-214; Gullestad 2002, 58). 복지국가의 입장에서는 보편성과 평등성의 원리에 따라 이들을 동등하게 대우해야 하는 의무를 지니지만, 이들은 노동이라는 신성한 의무를 게을리하는 자들이었다. 선주민 처지에서는 이들은 '노르웨이인다움'에 위협을 가하며 '우리'가 성실하게 일궈온 복지국가를 남용할 수 있다.[65] 이러한 딜레마와 위협을 해결하려고 복지국가는 이들을 완전한 시민, 즉 복지혜택도 받되, 노동의 의무도 성실하게 감당하여 복지국가에 이바지하는 '좋은 시민'으로 주조하는 정책을 가동한다(Olwig 2011). 재정착 난민을 대상으로 하는 일련의 통합 프로그램은 훈육 권력이 인구를 관리해 나가는 푸코의 통치성 로직의 전형을 보여준다(Abdelhady et al. 2020; Foucault 1979).[66]

노르웨이 정부는 노골적으로 노동 참여와 복지의 관계를 아래와 같이 드러내며 재정착 난민들의 고용을 독려한다.

> 통합 정책의 성공은 이민자들의 고용률을 높이는 것인데, 이것은 개인들뿐

65) 2018년 조사에 따르면 노르웨이 국민의 25%가 이주민이 사회복지 시스템을 남용한다고 응답했다(Norwegian Ministries 2018, 87).

66) 푸코 통치성으로 복지국가의 기원과 그 사회적 효과를 다룬 국내 논문으로 김용현(2019) 참고.

> 만 아니라 사회 전반적으로 좋은 일이다. 이것은 재정 지출과 수입의 균형에 관한 문제이기도 하고 노르웨이 복지 모델을 다 함께 지탱하는 문제이기도 하다……경제활동 인구가 일하지 않으면 이중의 손해가 발생하는데……사회복지 비용도 증가하고 세수입도 줄어든다(Norwegian Ministry of Children, Equality and Social Inclusion 2013, 16).

이런 기조 아래에서 노동에 참여하지 않고 복지혜택만 받는 이주민들은 국가와 선주민 사회로부터 문제가 있는 사람들로 취급을 당하고 자연스레 수치심을 갖게 되는 분위기가 형성된다(Hagelund and Brochmann 2010, 145). 이러한 문제를 해결하려고 국가는 일련의 통합 프로그램을 운영하며 노동시장에 참여하는 의무를 강조해 왔다. 그리하여 의무를 다하고 나서 너의 권리를 주장하라는 "Do your duty, claim your rights!"라는 슬로건이 난민 등 이민자에게 도덕적 명령으로 자리 잡았다(Brochmann and Djuve 2013, 223).

그러나 재정착 난민들 처지에서는 자기 능력과 필요에 맞는 일을 구하기가 쉽지 않다. 전혀 낯선 언어인 노르웨이어를 단기간에 연마하여 노동시장에 적극적으로 참여하기가 쉬운 일이 아니다. 언어를 익혀도 자신이 기존에 갖고 있었던 업무 능력과 자격이 공식적으로 받아들여지는 것도 아니다. 예컨대 래티는 난민촌에서 교사로 지냈지만 그 자격을 수용국 사회에서 인정받지 못했다. 교사로서 일하려고 한다면 노르웨이에서 요구하는 공식 교육과정을 다시 거쳐야만 하는데, 동생들과 어머니를 부양해야 하는 처지에서 많은 시간을 투자하기란 어려운 일이다. 래티는 시행착오를 거쳐 자신의 요리 능력을 재발견하고, 노르웨이어 구사 수준을 높이고, 선주민과도 관계를 발전시켜 나가 식당을 창업하여 국가가 바라는 대로 노동의 의무도 완수하고, 국가의 세수입도 늘리는 데 이바지하면서 복지국가의 지속에 보탬이 되는 경로를 밟았지만, 이민자 대부분의 고용률이 선주민의 그것에 이르지 못하고 있고, 노동에 참여하는 영역도 이른바 3D(difficult, dirty, dangerous) 업종에서 벗어나지 못하는 경우가 많다(Norwegian Ministries 2020, 79-80).

무엇보다 노동 참여와 자립에 강조를 두고 통합을 바라보는 관점의 문제점은 어떤 구획된 영토(노르웨이)를 소우주처럼 취급하며 재정착 난민의 삶을 그 안에서만 바라보는 정주주의(sedentarism)의 오류를 범하게 된다는 것이다(Malkki 1992). 그래서 래티처럼 성공 사례는 통합의 끝으로 취급하고 그렇지 않으면 통합에 이르는 도정으로 취급한다. 성공 사례든 그렇지 않든 노르웨이라는 구획된 영토를 통합이 이루어지는 최종 장으로 취급한다. 그 관점에서 보면 앞에서 언급한 래티의 스페인 휴양지 여행과 난민촌 방문을 설명할 수 없고, 자동차로 노르웨이와 스웨덴을 비롯해 유럽 대륙에 흩어진 동족을 만나러 이동하는 카렌족을 설명할 수 없다. 그들에게 통합은 노르웨이에 한정되지 않는다. 에이거와 스트랭이 제시한 권리와 시민권이라는 안정된 토대를 통해 재정착 난민은 여권이나 운전면허증 등 초국적 여행에 필요한 문서를 취득한다. 고용 등 통합의 증표와 수단을 통해서는 여행에 필요한 돈과 조건을 마련한다. 이들은 또한 사회적 연계(가교, 유대, 연결)와 촉진제(언어, 문화 지식)를 국내 여행을 비롯해 유럽 내 이동과 역외 여행에 필요한 네트워크와 의사소통

수단으로 활용한다. 즉 통합의 여러 영역이 일국 내 차원에만 머물지 않고 유럽과 그 바깥 세계까지 연결된다. 재정착 난민 저마다 노르웨이 사회 내 다른 통합의 도정에서 나름대로 모빌리티를 실천한다. 래티처럼 노르웨이 내 통합이 완성되어야만 모빌리티를 실천할 수 있는 것이 아니라 그것에 이르지 못했을지라도 호혜성에 바탕을 둔 사회적 연계를 통해 모빌리티를 실천한다.

나는 재정착 난민의 모빌리티 실천을 어리(2012; 2014), 크레스웰(2021), 애디(2019) 등 모빌리티 전환(mobility turn)을 주창하고 이를 연구의 패러다임으로 발전시켜 나가려는 학자들과 관련지으려고 한다. 모빌리티 패러다임은,

> 사람과 사물의 특정 장소 간 이동패턴을 연구했던 전통적인 이동성 연구와 달리 사람, 사물, 아이디어, 정보, 이미지 등의 이동과 흐름, 그리고 그것을 통제하는 시스템과 하부구조, 그러한 이동에 내재된 정동과 경험, 그로 인한 이동 주체와 사회의 변화 등을 연계하여 탐색하는 학문적 접근이자 사유방식을 의미한다(백일순·정현주·홍승표 2020, 524).

어리(2014, 83)는 카스텔(2003)의 네트워크 논의를 참조하여 모빌리티 패러다임을 논한다. 카스텔(2003, 606)은 네트워크를 '상호 연관된 결절의 집합'이라고 정의하고 네트워크 층위가 전자 충격 회로, 결절과 허브, 지배적인 관리 엘리트의 공간으로 구성되어 있다고 보았다. 어리와 카스텔에게 네트워크는 인터넷망과 같은 물질적인 것이기도 하고, 사람들 사

이의 관계망을 일컫기도 한다. 어리에게서 새로운 것은 카스텔과 퍼트넘(Putnam 1993)의 사회적 자본 개념을 참조하여 네트워크를 일종의 자본으로 본 것이다. 어리(2014, 357)에 따르면 "네트워크 자본은, 반드시 인접해 있지는 않지만, 감정적·재정적·실제적 혜택을 가져다주는 사람들과의 사회관계를 만들고 유지하는 역량이다." 이것은 재정착 난민에게 중요한 의미를 지니는데, 고용만이 이들에게 생계 수단을 제공하는 것이 아니라 네트워크 역시 이들의 일상생활에서 중요한 수단이 된다는 것이다. 네트워크는 그 자체로서는 자본으로 전환되지 않는다. 네트워크는 모빌리티 수행을 통해, 즉 여행과 만남을 통해 유지되고 발전되고 자본으로 전환된다. 여행과 만남은 시간과 돈, 노력 측면에서 비용이 들게 하지만, 네트워크를 키우고 튼튼하게 하며, 공현존의 즐거움을 선사한다(어리 2014, 391-392). 이렇게 모빌리티와 신기술이 결합하여 네트워크가 성장하면서 '공간과 공간이 연계되는'(interspatial) 사회생활의 장이 존재하고, 그곳에서는 네트워크 자본이 주요 자원으로 작동한다(451). 어리의 논의를 적용해 보면, 노르웨이, 스웨덴 등 유럽에 재정착한 카렌족은 모빌리티 실천을 통하여 (북)유럽이라는 공간을 사회생활의 장으로 삼고, 그곳에서 발생한 네트워크 자본을 통해 일상에서 만족과 기쁨을 누리며 국가가 훈육하고 관리하는 노동 참여 중심과 구별되는, 또 다른 경로의 통합을 추구해 나간다.

노동시장 참여 중심의 노르웨이 난민 통합 정책의 발전

바이킹 시대(9~11세기) 노르웨이에서 주변의 유럽으로 인구가 퍼지기도 했지만, 노르웨이는 주변 나라들에서 난리를 피해 도망친 자들의 피난처이기도 했다. 1240년대 핀-우그르족 계통의 비야름(Bjarm)족이 몽골 침입을 받아 러시아 노브고로드(Novgorod)로부터 오늘날 사미(Sami)족[67]이 거주하는 노르웨이 북부로 옮겨 왔다. 중세와 근세에 스웨덴과 덴마크의 귀족들이 왕위 다툼에서 패하여 도망쳐 오기도 했고, 19세기에는 아일랜드 혁명과 폴란드 혁명에서 실패한 자들이 피난 오기도 했다. 근현대 시기에 규모가 큰 첫 번째 난민 집단은 1881년에 러시아 차르의 학정을 피해 도망쳐 온 유대인들이었고, 1900년까지 그 숫자가 642명에 이르렀다. 그 이후 1905~1920년에 자국에서 발생한 일련의 혁명 상황을 피해 러시아인들이 노르웨이에 들어왔는데 그 규모는 500명 정도였다. 나치 독일을 피해 온 난민들이 그다음 대열을 이루었다. 1933년에 나치가 권력을 잡고 1935년 9월 뉘른베르크법을 제정하여 유대인들의 전반적인 사회생활을 금지하고, 1938년에 11월 단지 유대인이라는 이유로 학살을 단행하는 등 1940년대까지 이어지는 일련의 사건에서 2천 명가량의 유대인들이 노르웨이로 피신했다. 반나치 투쟁을 벌이던 정치인

67) 사미족은 핀-우그르족 계통으로 스칸디나비아 북부와 러시아 북부에 거주하는 원주민이다. 총인구가 8만 명으로 추산되고 노르웨이에는 2018년 기준으로 55,600명가량 거주한다(Statistics Norway 2018). https://www.ssb.no/befolkning/artikler-og-publikasjoner/ingen-befolkningsvekst-i-samiske-omrader 참고(검색일: 2021. 7. 26).

과 지식인들도 노르웨이로 피난했는데, 그중 대표적인 인사가 훗날 독일의 수상이 된 빌리 브란트였다(Brochmann and Kjeldstadli 2008, 107-125).

하지만 노르웨이는 1960년대 밀까지 인구 유입보다 유출이 더 큰 나라였다. 19세기 후반에서 제1차 세계대전 이전까지 노르웨이 인구 1/3이 북미로 이주했고, 1945년 이후에야 이 흐름이 잦아들었다(Eriksen 2013, 4). 제2차 세계대전 이후 유입 이주민들도 적었는데, 귀환한 노르웨이계 미국인, 동유럽과 중유럽 출신 난민들만 존재할 따름이었다. 1967년에 들어서야 파키스탄과 중동계 노동 이주자 400여 명이 들어왔고 그 이후 그 숫자가 증가했다(Brochmann and Hagelund 2012, 149). 노동 이주자의 증가는 복지국가를 난처하게 만들었다. 난민들은 노르웨이에 도착한 순간부터 국가의 지원체계와 밀접하게 접촉하며 적응해 가고 있었지만, 노동 이주자들을 다루거나 지원하는 전문 국가 기구와 체계가 제대로 마련되지 않았다. 원리상 외국인 노동자도 복지국가에서 상당한 권리를 가져야 하나, 국민이 아닌 이들의 생활 조건은 달랐고, 국가는 이에 대처하지 못했다. 노동 이주자들이 오슬로에 집거하면서 주거 부족 등 거주 환경이 열악해지고, 노르웨이 노동조합이 외국인 노동자로 인해 그들의 협상 지위와 권리가 약화할 것을 우려하자, 정부로서는 이 문제를 풀 유일한 방법으로 이민을 중단하고, 다른 한편으로 적절한 통합 정책을 마련하는 시도를 처음으로 하게 된다. 그리하여 다른 유럽 국가들의 정책에 편승하여 1975년에 이민 중단을 공식적으로 선언한다. 그러나 1970년대 석유 파동과 경제 침체 여파로 이민 중단을 선언한 다른 유럽 국가와 달리, 노르웨이는 북해 유전에서 석유가 발견되어 외국인 노동자가 필요했으나 다른 보조를 취하는 것을 두려워했고, 앞서 언급한 이민자의 열악한 환경과 노동조합 등 좌파의 입장이 이민 중단 의제를 장악했기에 그러한 결정을 내리게 되었다(Brochmann and Hagelund 2012, 159-162).

이민 중단이 선언되었으나 이민의 물결이 완전히 차단된 것은 아니었다. 그 이전에 들어온 노동 이주자들이 돌아가지 않았고, 그들의 가족들이 노르웨이에 들어와 정착했다. 노르웨이 정부가 유엔난민기구와 협력하여 추진하는 재정착 난민 수용은 이어졌다. 그런 점에서 이민 중단은 이민 종결이 아니라 새로운 형태와 채널을 통해서 이민 관리가 시작된 셈이었다. 그 관리의 핵심 원리는 이민자가 복지국가에 부담이 되지 않고, 복지 수준을 유지하고 발전시키는 데 이바지하도록 하는 것이었다. 그리하여 스웨덴의 영향을 받아 1970년대에 통합 정책의 골격을 마련하고 외국인 노동자에게 노르웨이어 교육과 직업 교육 등을 제공했다. 초청자의 일자리가 불확실하고 가족에게 안정된 생활을 제공할 능력이 부족할 경우 가족 재결합도 제한하는 조치도 시행했다(Brochmann and Hagelund 2012, 163-171). 정부의 이민자 측정과 평가도 정교해졌는데, 그 대표적인 것이 1980년에 발간되기 시작한 백서(White Paper)였다. 예컨대 1980년 백서에는 외국인 노동자들의 귀환을 더 이상 언급하지 않고 새로운 시민으로서 마땅히 가져야 할 정치적·사회적·문화적 권리 등을 언급하며, 언어 교육 등 이들이 노르웨이 사회에 통합되는 데에 필요한 여러 프로그램의 개설과 운영, 개선 방안 등을 제시하며 이들을 정책의 대상으로 포섭했다(Hagelund and Brochmann 2010, 150; Kulbrandstad 2017).

난민 정책은 노동 이주자와 가족과 견줘 더 강력하게 복지국가의 개입이 발생하는 장이었다. 이민 중단 선언 이후 초청 노동자 유입이 가족 재결합을 제외하고 사라진 마당에서 노르웨이에 들어오는 신규 이민자 집단은 난민 범주에 속하는 사람들에 한정되었고, 정부의 이민 정책 역시 난민의 수용과 통합을 중심으로 개진되었다. 그래서 제2차 세계대전 이후 임시로 필요에 따라 운영해 오던 재정착 난민 수용이 1980년대 초부터는 연간 쿼터를 정하여 운영하는 정기적인 프로그램이 되었다(International Catholic Migration Commission 2013, 217). 대상자 선정부터 도착, 지역사회 정착에 이르기까지 정부의 정교한 개입과 관리가 그때부터 본격적으로 이루어진 것이다. 사실 1980년대 초까지 난민들에 대한 책임은 복지국가가 직접 담당하지 않았다. 사회복지부(Ministry of Social Affairs)가 명목상 담당 부처이기는 했지만 실질적인 일은 대부분 자원조직이, 그리고 1953년 이후로는 국가와 자원조직이 실행위원회를 구성하고 국가가 재정지원을 하는 형태의 준공공기관인 난민협의회(DNF, Norwegian Refugee Council)가 그 책임을 맡아 운영해 왔다. 난민협의회는 1958년 난민들의 주거 문제를 담당하며 점차 활동 범위를 넓혀왔으나 1970년대 말 3천 명의 베트남 '보트피플'이 밀어닥치고, 1980년대에도 난민 이주가 계속되자 현 상태의 조직체계와 자원으로는 감당할 수 없는 상태에 이르게 됐다. 이 문제를 해결하기 위해 1980년대 초에 국가가 직접 난민의 수용과 정착을 책임지는 방식으로 개입하게 되고 이 문제를 전체 이민자의 통합 정책 차원에서 다루려는 정부의 노력으로 이어져 1988년에 오늘날에도 존속하는 이민청(UDI, Norwegian Directorate of

Immigration)을 설립하게 된다. 이민청은 중앙정부의 조정 기구로서 주거 마련, 고용허가 부여, 비호신청자 수용, 가족 재결합, 시민권 부여, 지역 사회 정착, 통역 서비스 등 난민들을 거의 모든 영역에서 책임지고 관리해 나갔다(Brochmann and Hagelund 2012, 158-172).

이민청 설립은 국가가 규제(control)의 역할뿐만 아니라 통합(integration)을 책임지는 역할까지도 떠맡았음을 뜻했다. 즉 국가가 재정착 난민의 법적 지위와 일상생활까지도 포섭하는 전방위적인 행위자로 발전해 나간 것이다. 규제는 중앙정부의 고유한 역할이지만 통합은 지역사회, 특히 지방정부의 참여 없이는 어려운 일이었다. 1980년대 지방정부의 참여에 대해 몇 번의 시행착오를 거친 뒤에 1990년대 보스니아 난민 사태를 계기로 난민들의 정착과 통합에 거의 모든 지방정부가 참여하는 방식을 안착시켰다. 이러한 난민 분산 정책은 오슬로 등 대도시에 난민이 집중되는 문제뿐만 아니라 도시 내 종족 집거지의 분리 현상도 방지하는 수단으로 여겨졌다(Valenta and Bunar 2010, 474-475). 난민을 수용하는 지자체는 중앙정부로부터 재정지원을 받았으며 일정 기간 통합 프로그램도 운영해야 했다. 이제 재정착 난민의 통합에 중앙정부는 물론 지방정부 등 온나라 관료제 기구가 동원된 것이다. 즉 재정착 난민은 시간이 지날수록 관료제를 앞장세워 전개하는 국가의 인구 통치 프로젝트 속으로 더 깊숙이 들어가게 됐다.

1990년대와 2000년대를 거치며 난민 통합 정책은 법제화, 전문화, 재개편의 과정을 거쳤다. 앞에서 언급한 것처럼 이 시기는 이민자의 참여가 강조되는 시민 통합이라는 의제가 유럽의 이민 정책 형성에 큰 영향을 끼친 때였다. 그리하여 노동시장에 적극적인 참여를 목표로 마련된 안내법(Introduction Act)을 2003년에 제정했다. 그 안내법은 18세에서 55세에 해당하는 모든 난민(재정착 난민, 비호신청자 중 난민 지위 받은 자, 가족들)이 지자체가 2년 동안 전일제로 운영하는 안내 프로그램에 참여하는 것을 권리이자 의무로 규정했다. 그 안내 프로그램에는 550시간의 언어 교육과 50시간의 사회문화 교육이 포함됐고, 난민 개인들의 특성과 능력에 따른 직업훈련 교육이 포함됐다. 이 프로그램에 참여하는 개개인은 2년 동안 노르웨이 국가보험체계의 기본 공제금액(basic amount)의 두 배(25세 이하는 2/3)에 해당하는 소득 지원을 받는데, 2018년 기준으로 연간 187,268크로네를 받았다.[68] 해당 지자체 역시 안내 프로그램 운영을 비롯해 난민의 정착 과정에 드는 예산을 중앙정부로부터 5년 동안 지원받는데, 2018년 기준 난민당 804,100크로네(5년 총액)를 받았다(UNHCR 2018, 15). 이처럼 안내법과 안내 프로그램은 복지국가가 재정착 난민의 노동시장 참여를 통한 통합의 목표를 달성하기 위한 법적 근거와 수단이었다.

난민의 통합을 효율적으로 관리하기 위해 전문 관료 기구의 창립과 정부 조직의 재개편도 이루어졌다. 앞서 언급한 대로 이민청은 난민을 비롯한 이민자의 규제와 통합까지 다루어 나갔으나, 노동시장 참여가 통합의 주요 현안이 되어가자 그렇게 하는 것이 효율적이지 않다는 비판을

68) 1크로네(NOK)는 2024년 11월 기준 약 125원이다. 노르웨이 기본 공제금액에 관해서는 다음의 웹사이트 참고. https://www.ssb.no/en/klass/klassifikasjoner/43(검색일: 2021. 7. 28).

받게 됐다. 그리하여 2006년 1월에 정착과 통합 업무를 이민청에서 분리하고 이를 전문적으로 다루는 통합·다양성청(IMDI, Norwegian Directorate of Integration and Diversity)을 설립했다(설동훈·이병하 2012, 171). 이로써 재정착 난민 선정, 난민 지위 부여 등 법적 규제에 관한 것은 이민청이, 언어 교육, 사회문화 프로그램, 직업 교육 등 안내 프로그램 운영을 비롯한 제반 정착 사항에 관한 것은 통합·다양성청이 책임지는 체계가 구축됐다. 이렇게 두 청을 분리하여 전문화한 뒤 정부는 두 청을 노동·사회통합부(Ministry of Labour and Social Inclusion) 아래 2009년까지 두었다. 이 부처는 이민과 통합 정책을 함께 다루는 막강한 부처로 부상했다는 것을 의미하고, 곧 이민과 통합을 노동시장의 관점에서 보았다는 것을 뜻한다. 2009년 정부 부처의 개편이 이루어져 이민 규제 업무와 통합 업무는 다시 분리되어, 전자는 법무부(Ministry of Justice) 아래, 후자는 아동·평등·사회통합부(Ministry of Children, Equality and Social Inclusion) 아래 두었고, 노동 이주는 노동·사회통합부 아래에 두었다(Brochmann and Hagelund 2012, 209). 그 이후 여러 번 정부 조직이 개편되는 과정에서 이민청은 줄곧 법무 관련 부처[69] 아래 있었고, 통합·다양성청은 주관 부처의 변동으로 2018년부터 2021년까지 교육·연구부(Ministry of Education and Research), 그 후 현재(2024년)까지는 노동·사회

69) 2021년 기준으로 그 부처의 이름은 법무·공공안전부(Ministry of Justice and Public Security)이다. https://www.regjeringen.no/en/dep/jd/organisation/id487/ 참고(검색일: 2021. 7. 28).

통합부에 소속되어 있다.[70] 주관 부처의 변화에서 보듯이 통합의 문제는 관점의 변화에 따라 평등의 문제이기도 하고 훈육의 문제이기도 했지만, 그 목표는 재정착 난민의 노동시장 참여율 제고에 맞추어져 있다. 이처럼 국가는 전문 관료 기구의 창립과 정부 조직의 재개편을 단행하며 재정착 난민을 효율적으로 통치하려는 시도를 이어나갔다.

노동 참여 압박 속에서 받는 '은혜': 복지국가 안에서 살아가기

2019년 기준으로 노르웨이 이민자(765,108명)와 그 자녀들(179,294명)은 총 944,402명으로 전체 인구(533.8만 명)의 17.7%를 차지하고,[71] 그중 난민 배경(재정착 난민, 비호신청자 중 난민 지위 인정자, 가족 재결합)을 가진 사람은 233,794명으로, 이민자의 31%, 전체 인구의 4.3%를 차지한다. 난민 배경 중 재정착 난민은 38,147명이고, 그중 미얀마인들은 총 2,666명이다(Statistics Norway 2020). 이 통계는 종족별로 구분하지 않는데, 래티 등 카렌족 난민 당사자에 따르면 카렌족은 1,500여 명에 이른다고 한다. 〈표 6.1〉에서 보듯이 중동계와 아프리카계가 재정착 난민 다

70) 노동·사회통합부 웹사이트 참고. https://www.regjeringen.no/en/dep/aid/id165/(검색일: 2024. 5. 14).

71) https://www.ssb.no/en/statbank/table/09817/tableViewLayout1/(검색일: 2021. 7. 30).

수를 차지하고 있고, 동남아 출신으로서 1970년대 말과 1980년대 초 보트피플로 들어온 베트남인도 상당수를 차지하고 있다.

카렌족 난민으로서는 노르웨이 등 북유럽은 우선 고려 대상이 아니었다. 그나마 편한 외국어인 영어를 사용하고 동족도 많이 나가 있는 미국, 호주, 캐나다에 가고 싶어 했다. 그러나 그런 나라들에 가는 데 절차가 오래 걸리고, 마침 2000년대 중반 유엔난민기구의 주도 아래 북유럽 국가들이 미얀마 난민을 우선대상으로 선정하여 재정착 프로그램을 진행했기에 래티도 노르웨이로 마음을 정하였다.

| 표 6.1 | 출신국별 노르웨이 거주 재정착 난민 인구(2019년 기준) (단위: 명)

출신국	합계	남성	여성
총계	38,147	19,805	18,342
시리아	8,674	4,491	4,183
이란	5,502	3,001	2,501
베트남	3,724	2,152	1,572
이라크	3,570	2,055	1,515
미얀마	2,666	1,397	1,269
아프가니스탄	2,139	900	1,239
콩고	1,901	947	954
수단	871	397	474
에리트레아	749	336	413
소말리아	727	335	392
레바논	713	366	347
리비아	685	325	360
에티오피아	658	336	322
우간다	462	246	216
부룬디	407	202	205
기타	4,699	2,319	2,380

| 출처 | Statistics Norway(2020, 19)

| 표 6.2 | 2005~2012년 노르웨이 내 재정착 난민 주요 출신국

2005년		2006년		2007년		2008년		2009년		2010년		2011년		2012년	
출신국	명	출신국	명	출신국	명	출신국	명	출신국	명	출신국	명	출신국	명	출신국	명
미얀마	274	미얀마	484	미얀마	710	미얀마	260	미얀마	326	에리트레아	308	에리트레아	415	에리트레아	252
콩고	259	콩고	203	콩고	318	이라크	158	부탄	300	미얀마	248	미얀마	155	아프가니스탄	203
부룬디	59	필리핀	107	이라크	73	부탄	149	팔레스타인	225	팔레스타인	151	아프가니스탄	156	미얀마	171
에티오피아	27	부룬디	50	스리랑카	37	에리트레아	76	에리트레아	121	이란	142	이란	144	소말리아	165
수단	22	베트남	47	베트남/필리핀	32	에티오피아	76	에티오피아	80	부탄	49	소말리아	185	이란	132

| 출처 | Norwegian Ministries(2006; 2007; 2008; 2009; 2010; 2011; 2012; 2013)

래티와 그 가족이 노르웨이에 재정착 난민 정책의 혜택을 받아 입국한 해인 2007년도는 앞에서 설명했듯이 정부가 통합 문제를 노동시장 참여와 연계하여 2003년 안내법을 제정하고, 2006년 통합을 전문으로 하는 통합·다양성청을 설립하며, 노동·사회통합부로 하여금 통합을 다루도

사진 6.2 노르웨이 카렌족 공동체 | 출처 | 저자

록 하는 등 관료제 기구를 전문화하고 개편하던 시기와 맞물린다. 래티처럼 대부분의 미얀마 카렌족 난민이 2005년에서 2012년 사이에 노르웨이에 들어왔기에 그러한 정책 환경에서 새로운 삶을 시작했다.

〈표 6.2〉에서 보듯이 2005년에서 2009년까지 미얀마 출신 재정착 난민이 최다수를, 2010~2011년에는 두 번째를, 2012년에는 세 번째를 차지했다. 그 이후로는 미얀마의 민주화 시기와 맞물리면서 사실상 미얀마 출신의 재정착은 중단되었다. 노르웨이 정부로서는 노동시장 참여에 바탕을 둔 안내 프로그램 등 일련의 통합 정책을 추진해 나가는 데에 미얀마 카렌족이 그 성과와 효과를 측정할 수 있는 주요 대상이었던 셈이다.

재정착 난민이 정착하는 과정은 다음과 같다.[72] 노르웨이로 출발하기 전에 래티 등 재정착 난민들은 태국에서 통합·다양성청의 재정지원 아래 국제이주기구(IOM)가 실시하는 사전 이해 교육인 노르웨이 문화 이해 프로그램(NORCO, Norwegian Cultural Orientation Programme)을 이수했다. 15세 이상인 자들은 4일간 20시간을, 8~14세 아동들은 2일간 10시간을 이수해야 한다. IOM은 난민들의 항공권 구매를 비롯해 출국과 입국에 이르는 모든 과정에 동행하며 책임을 진다. 여행에 따른 제반 경비는 이민청이 무상으로 지급한다.

재정착 난민들은 노르웨이 입국 전에 3년간 유효한 거주 비자와 고용허가(Work Permit)를 이미 받고서 들어온다. 도착 후 3년이 지나면 영주권을 신청하여 받을 수 있는데, 과거 3년 동안 7개월 이상 노르웨이 밖에

72) 이하 내용은 UNHCR(2018)과 재정착 난민 당사자와 면담한 것을 바탕으로 한다.

거주하지 않고, 법률상 추방에 해당하는 행위를 하지 않고, 노르웨이 언어 교육(안내 프로그램)을 이수하는 것이 그 자격요건이다. 재정착 난민들은 최근 10년 동안 총 7년을 노르웨이에 거주했고, 노르웨이 언어 교육과 사회 과목에 대한 이수와 더불어 기본적인 노르웨이 구사 능력 증빙을 제출하고 사회 과목 시험에 통과했고, 범죄로 수감되거나 특별 제재를 받지 않았다면 시민권을 신청할 수 있다(Norwegian Ministries 2020, 95).[73] 2021년 기준으로 카렌족 재정착 난민들은 입국한 지 대략 15년이 지났으므로 대부분 노르웨이 시민권을 취득했다(Norwegian Ministries 2019, 86).

재정착 난민들은 노르웨이에 도착하자마자 통합·다양성청이 미리 협의해 둔 지역사회로 이동한다. 2019년 기준으로 노르웨이 전체 357곳의 지자체 중 232곳이 난민을 받아들였다(Norwegian Ministries 2020, 34). 해당 지자체는 앞에서 설명한 것처럼 5년 동안 정부 보조금(2018년 기준 총액 804,100크로네)을 받으며 재정착 난민에게 주거를 제공하고 안내 프로그램 등을 운영한다. 난민들은 권리와 의무로서 2년 동안 재정지원(2018년 기준 연 187,268크로네)을 받으며 그 프로그램에 등록되어 550시간의 노르웨이어와 50시간의 사회문화 교육을 받고 자기의 개성과 능력에 맞는 직업 교육도 받는다.

래티도 베르겐에서 지자체에서 제공하는 집에서 살며 안내 프로그램

73) 노르웨이는 그간 이중 국적을 인정하지 않았으나 국적법 개정으로 2020년 1월부터 그것을 허용했다(Norwegian Ministries 2020, 96).

에 참여했다. 9개월이 지나 시간제로 식당에서 접시 닦는 일부터 시작했고, 그 후 3개월이 지나 그 식당에서 요리를 만들기 시작했다. 그러면서도 안내 프로그램에 계속 참여했고, 이수할 즈음인 2009년 1월에 노르웨이어로 의사소통하는 데 무리가 없는 3단계(B1)에 이르렀다.[74] 그 후 래티는 통역사로서 일을 하기 시작했다. 당시는 노르웨이 정부가 카렌족을 주요 대상자로 삼고 재정착시켰기에 그에 따라 통역 서비스가 많이 필요했다. 통역사로 일하는 동안 정착과 관련된 수많은 곳을 다녔고, 그 과정에서 노르웨이 사회 시스템을 알게 되었다. 그리고 지역의 한 학교에서 계약제 모국어 교사로서 일하기도 했다. 그 과정에서 언어 능력도 더 키우게 됐고, 난민촌 시절에 가르쳤던 경험도 살려 정규직 교사가 되는 길을 알아봤으나 5년 과정의 교사 양성 프로그램을 이수해야 하는 등 조건이 까다로워 그 길은 포기했다.

적합한 길을 찾고자 하는 래티의 모색은 계속되었다. 노르웨이 정부는 노동시장 참여를 목표로 일련의 통합 프로그램을 운영하며 재정착 난민이 이 과정을 거치면 마치 공장의 생산설비에서 제품이 나오는 것처럼 바로 맞춤형 일자리를 찾을 수 있기를 기대하고 있으나, 래티처럼 언어 능력과 소양 등을 갖춘 재정착 난민도 시행착오를 거친다는 것을 알 수 있다. 래티는 2012년에 성인을 위한 예비대학교 2년 과정에 등록하여 본인에게 무엇이 맞는지 알아보려고 이것저것 공부했다. 난민촌에서부터

74) 노르웨이어 수준은 초급부터 고급 순으로 A1, A2, B1, B2 등 4단계로 구성되어 있다.

요리하는 것이 재밌어서 그것을 직업으로 삼고자 오전 10시부터 오후 3시까지 식당에서 일하고, 오후 3시 30분에서 밤 9시 30분까지는 예비대학교에서 창업에 필요한 기술과 지식을 습득해 나갔다. 그렇게 1년이 지난 시점에, 즉 노르웨이에 온 지 5년 차에 접어들 무렵 식당을 운영할 수 있겠다는 자신감을 갖게 되었다. 마침내 2013년 3월, 노르웨이에 도착한 지 6년이 될 무렵 현재의 만달레이 식당을 창업했다.

래티의 창업은 일면 기업가 정신의 발휘 결과로 해석할 수 있지만, 본국이나 난민촌에서 경력을 인정받지 못해 정규직 교사의 길을 포기하며 찾은 대안이기도 했다.[75] 래티처럼 그 대안으로 창업을 선택하기도 하지만, 그것은 일부에 불과하고 대부분의 재정착 난민들은 청소업 등 이른바 3D 업종에 근무하는 경우가 일반적이다. 비교적 외딴곳인 비클러에 재정착한 에포의 누나인 에클러와 그 남편인 풀레의 경우가 그에 해당한다. 그 부부는 미얀마 학생운동 세대인 '88세대'로서 대학교를 졸업하고 지식인으로서 국경지역에서 교사로 오랫동안 근무를 했지만, 현재 비클러의 학교와 주변 도시인 홉던의 스키 리조트에서 청소하는 일을 주업으로 삼고 있다.

10대 후반이나 20대 초반에 들어온 청소년 재정착 난민, 특히 여성 청소년은 예비대학교에서 간호사 과정을 거쳐 병원이나 요양(병)원에서 일하는 경우가 비교적 많았다. 래티의 여동생인 도도와 에클러의 큰 딸인 투뇨가 그런 경우였다. 도도는 예비대학교에서 소정의 과정을 마치고 베

---

75) 난민과 비즈니스 창업 관련해서는 Lee(2018) 참고.

사진 6.3 만달레이 식당 | 출처 | 저자

르겐의 한 요양병원에서 2010년부터 일을 하고 있으나 현지 말의 어감을 체득하는 데 처음에 시행착오를 많이 겪었다. 한 예로 도도는 치료하는 환자에게 "자, 이제 손목 자르겠습니다."라고 말하여 그 환자를 화들짝 놀라게 한 적이 있다. 투뇨의 경우 주중에는 홉던의 태국 식당에서, 주말에는 병원에서 일을 하는 이른바 투잡스의 삶을 살고 있다.

실직 중인 재정착 난민도 있다. 도도의 남편인 로니는 재능을 살려 래티의 만달레이 식당에서 요리사로 3년여 일했으나 여러 사정상 그만두고 일자리를 다시 알아보며 실업보험을 받고 있었다. 로니는 노르웨이 생활의 무료함을 나에게 토로하며 그것을 달래려고 손수 맥주를 만들어 마시곤 한다고 했다. 당시(2018년 7월) 아직 30대 초반인 로니가 일을 하지 않고 실업보험에 의지하여 사는 것은 그 자신뿐만 아니라 가족들에게, 그리고 노르웨이 사회에서 수치스러운 일로 여겨졌다. 외향적인 로니였지만 가족들 모인에서 자신 있게 자신의 의견을 표출하지 못했고, 노르웨이 현지인들이 자신을 하대하듯이 대하는 태도에 꽤 민감하게 반응했다. 로니는 2019년 8월에 직업학교에 등록하여 요리 전문 과정을 이수하고 2019년 12월에 베르겐의 한 스시 식당에 요리사로 다시 일하기 시작했다.

노동 참여에 대한 압박을 가하면서도 복지국가는 몸이 아픈 재정착 난민들을 충실히 돌보는 '은혜'를 제공했다. 에클러는 신장이식을 해야 할 정도로 신부전증을 심하게 앓고 있었다. 신장이식을 기다리는 중에 그녀는 1주일에 세 번씩 정부에서 제공한 차를 타고 크리스티안산(Kristiansand)에 있는 전문 병원으로 가서 투석 치료를 받다가 마침내 2019년 신장이식까지 받았다. 투석 치료와 이식에 든 모든 비용이 무상이었다. 에클러의 가족은 그녀가 만약 미얀마에 있었다면 그대로 죽었을 거라며 복지국가의 돌봄에 감사해했다.

베르겐에 거주하는 당시 50대 중반의 클로예는 몇 년 전에 중풍이 들었던 데다 그 사이 심장도 안 좋아져 인공 심장을 달고서 휠체이에 앉아 생활해야 했다. 클로예는 정부로부터 매월 17,000크로네의 소득지원을 받고, 부인인 릴리는 남편을 재가 요양보호를 하며 매월 12,000크로네를 급여로 받고 있었다. 여기에 18세 이하 자녀를 하나 두고 있어서 3,200크로네의 자녀수당을 받고 있었다. 이 수입을 합치면 32,200크로네(연 384,400크로네)인데, 여기에서 정부가 빌려준 주택융자금(205만 크로네)을 이자와 원리금 명목으로 7,200크로네씩 갚고, 주택 관리비 명목으로

6,000크로네를 내면, 17,200크로네가 남는다. 릴리에 따르면 노르웨이 사람들의 수입[76]에 미치지 못하지만, 레스토랑과 가라오케에 안 가고, 술도 안 마시므로 이 정도로 충분히 살아갈 수 있다고 했다. 무엇보다 아픈 남편에게도 수입이 보장되고, 자기가 바깥일을 하지 않아도 수입이 생기는 것을 릴리는 고맙게 생각하고 있었다.

난민 등 이민자들이 받는 이러한 혜택은 2010년대 국가 차원뿐만 아니라 일상에서 사람들 사이에 오가는 대화 주제였다. 무엇보다 2011년 7월 22일에 안데르스 베링 브레이빅(Anders Behring Breivik)이 이민자에게 우호적인 정책을 펴는 노동당 정부에 대한 극단적인 분노의 표출로 오슬로에 있는 정부 청사에 폭탄 테러를 감행하고, 곧바로 우퇴야(Utøya) 섬으로 이동하여 노동당 청년조직이 개최한 청소년 캠프에 총기를 난사하여 77명을 살해한 끔찍한 사건은 노르웨이 국민을 충격에 빠뜨렸다(설동훈·이병하 2012). 이후 진행된 시리아 등 중동 난민 유입 사태는 노르웨이 선주민들이 복지국가와 이민자의 관계, 특히 복지국가를 남용하는 이민자의 문제를 일상에서 심각하게 고민하게 만드는 주제였다. 이러한 분위기 속에서 2013년부터 2021년까지 보수 정당 연합이 정권을 잡았다.

래티는 그러한 사회적 분위기에서 만달레이 식당을 운영했다. 노르웨이 선주민 단골손님들은 래티와 얘기를 나눌 때면 난민과 복지혜택의 문제를 늘 대화거리로 삼았다. 내가 방문한 당시에도 래티는 그날 아침 식당에

76) 2018년 노르웨이 평균 가구 중위소득은 세전 연 666,000크로네이다(Statistics Norway). https://www.ssb.no/en/statbank/table/06944/tableViewLayout1/ 참고(검색일: 2021. 7. 30).

서 선주민 손님들과 그 주제에 관해서 얘기를 나누었다. 래티에 따르면, 그 선주민은 노르웨이 조상들이 힘들게 이바지해 만들어 온 복지혜택을 난민들이 아무런 기여도 하지 않고 받아만 간다고 말했다는 것이다. 래티는 선주민들이 그런 태도를 보이는 것을 이해한다고 했다. 이러한 일상의 분위기 속에서 래티는 그 자신 복지혜택 남용자나 '프리라이더'라는 인상을 주지 않기 위해 더 열심히 노력하고 식당 운영에 필요한 여러 법적 사안을 다루는 일에 노르웨이 선주민 여성을 고용하기까지 했다. 래티는 선주민 고용을 노르웨이 사회에 이바지하는 것으로 여기며 큰 자부심을 느끼고 있었다. 선주민들로서는 래티의 사례가 난민이 현지 사회에 훌륭하게 적응하고 이바지하는 본보기였다.

그러나 이러한 분위기는 앞서 본 바와 같이 로니처럼 일하지 않는 난민들에게 수치심을 갖게 만들며 이들을 복지국가에 해를 가하는 문제 덩어리로 취급해 버린다. 이 문제를 해결하는 방식은 과거에도 정부가 해 온 것으로 난민 등 이민자의 노동시장 참여를 더욱 독려하는 것이다. 그리하여 보수 정권은 2017년 총선에서 다시 승리하고, 앞 절에서 보았던 것처럼 조직 재개편을 단행하며 통합·다양성청을 교육·연구부에 두었고, 노르웨이 언어 교육 등을 강화하여 노동시장 참여를 높이는 것을 목표로 하는 새로운 통합 정책과 안내 프로그램을 마련해 나갔다(Norwegian Ministries 2019). 국가의 시선에서는 고용이 노르웨이를 삶의 장으로 삼고 살아가는 난민의 통합에 이르는 수단이자 증표이다. 그러나 난민의 시선에서는 노르웨이에 살되 그곳을 딛고 만들어 내는 초국적 네트워크가 또 다른 삶의 장이자 수단이기도 했다.

초국적 네트워크와 모빌리티

래티는 노르웨이에 온 지 2년이 지나 홀로 남은 아버지를 만나려고 난민촌을 방문했다. 그 후로도 거의 매년, 코로나 사태가 터진 2020년을 제외하고, 방문하고 있다. 래티처럼 제3국에 재정착한 카렌족은 남은 가족이나 친척을 만나려고 난민촌을 방문하는 경우가 많다. 난민촌에 머물던 시절, 이들은 이동하는 데 제한을 많이 당했다. 태국법에 따르면 불법 이주민이라서 인근 태국 마을이나 도시에서 돌아다니거나 일할 때 단속에 걸려 난민촌으로 되돌려지곤 했다. 늘 경찰을 의식해야 했고 그들의 눈에 띄지 않은 길로 이동해야 했다. 노르웨이에 오기 전 래티는 앞에서 말한 것처럼 2003년에 난민촌에서 출발하여 인도 나갈랜드까지 이르는 대장정을 육로로 이동하고 그곳의 신학교에서 석사과정을 이수한 뒤 2005년 다시 그 길을 되돌아 난민촌으로 돌아왔는데, 이 이동 경로에서 미얀마 당국의 단속에 걸리지 않으려고 주로 밤에 움직였다. 초국적 이동이 완전히 불가능한 것은 아니었지만 제약이 심했다. 제3국에 재정착하자 이들은 합법적 거주 신분(영주권, 시민권)을 획득하고 그에 따라 합법적 여행증명서도 발급받게 되면서 이동성, 곧 여행 능력을 회복하거나 키울 수 있었다. 그 능력에 힘입어 그들은 노르웨이 사회에서 적응하고 자립하는 것만을 추구하지 않고 난민촌에 남은 가족을 돌보려고 한다. 그들에게 통합의 장은 노르웨이와 난민촌이 연계된 장이다.

재정착 난민들의 초국적 이동은 고향(난민촌) 방문에만 한정되지 않았다. 2장의 〈표 2.1〉에서 보는 것처럼 카렌족 난민은 2000년대 중반부터

2010년대 중반에 이르는 10년 동안 집중적으로 노르웨이를 비롯해 미국, 호주, 캐나다에 흩어졌다. 한 국가에 가족 구성원 모두가 재정착한 예도 있지만, 그렇지 않은 예도 많다. 동고동락했던 친구들과 이웃들도 그렇게 여러 나라에 흩어졌다. 래티의 가족은 후자에 해당하는 사례로서 누나(도도의 언니)와 그 가족은 캐나다에, 친구와 이웃과 친척들도 세계 여러 국가에 흩어졌다. 도도네 가족(도도, 남편 로니, 딸 로라, 어머니)은 언니네 가족과 친구들을 만나려고 2017년 8월에 캐나다를 방문했고, 그런 김에 카렌족이 최대 규모(1만 명)로 거주하는 미국 미네소타를 방문했다. 2019년 6월과 7월에도 도도와 로니와 로라는 래티와 함께 다시금 캐나다를 방문하며 초국적 네트워크와 사회생활을 유지해 나갔다. 어리(2014, 391-392)가 말하듯, 여행과 만남은 도도네 가족에게 시간과 돈, 노력 측면에서 비용이 들게 했지만, 가족과 친구의 네트워크를 강화시켰고, 그 가족에게 공현존의 즐거움을 선사했으며, 노르웨이와 캐나다가 연계되는 사회생활의 장을 활성화했다. 실직 상태였던 로니로서는 삶의 터전이라는 노르웨이에서는 자립과 통합에 완전히 이르지 못한 자라는 자괴감과 수치심을 느끼곤 했지만, 네트워크 자본을 활용하여 초국적 사회생활의 장에 적극적으로 참여하여 기쁨과 만족을 누리고 자존감을 회복할 수 있게 되었다. 국가의 통합 정책만이 아니라 재정착 난민들이 만들어 나가는 초국적 네트워크도 국내의 통합을 도모하는 효력을 갖고 있다.

〈표 2.1〉에서 보듯이 핀란드, 스웨덴, 네덜란드, 덴마크 등 노르웨이 주변 국가에도 카렌족 난민이 재정착됐다. 시간이 흐르며 이들 국가에 사는 카렌들 사이의 연계가 확장되고 강화됐다. 특히 노르웨이와 스웨덴

은 자동차로 수월하게 이동할 수 있어 하나의 생활권이 되어갔다. 예컨대 나는 오슬로에서 쉐투 목사 집에 머물렀는데 그는 자동차를 손수 운전하여 스웨덴에서 열리는 카렌족 기독교 행사에 참여하곤 했다. 쉐투 목사는 네덜란드에서 열리는 행사까지도 자신의 자동차로 가는데, 오슬로에서 자동차를 배에 실어 덴마크까지 간 뒤, 그곳에서 네덜란드까지 운전해서 간다고 한다. 나는 현지조사 중에 이처럼 자동차로 여행하는 카렌족 무리를 종종 마주했다. 특히 여름철 휴가 기간인 7~8월에 자동차 여행이 주로 이루어졌다. 모빌리티 학자들(어리 2014, 209-249; Edensor 2004; Sheller 2004)이 주장하듯이, 자동차는 주체적인 시간성을 만들어 내며 감각의 확장을 일으키고 새로운 장소감과 지역 정체성을 만들어 낸다. 이러한 이동 실천을 통해 카렌족은 (북)유럽을 사회생활의 장으로 만들어 나가며 노르웨이계 카렌인(Norwegian Karen)을 넘어서 유럽계 카렌인(European Karen)으로 자기 정체성을 확장해 나간다.

래티는 유럽을 생활세계로 삼고 살아가고 유럽인으로서 정체성을 확장해 나가는 극명한 사례였다. 래티는 비즈니스를 어느 정도 안착시킨 뒤 1/3 지분을 갖고서 노르웨이 선주민과 함께 스페인의 지중해 휴양 도시 말라가에 타운하우스를 구매했다. 기독교인인 그는 성서의 무대인 지중해에 대한 로망을 갖고 있던 데다 스페인 문화도 좋아하고, 날씨도 좋아, 나중에 은퇴하면 그곳에서 보낼 계획도 갖고 있어서 그런 결정을 했다. 래티는 2014년부터 거의 해마다 스페인 말라가를 방문하고 있다. 래티의 지경은 거기에서 더 나아가고 있다. 2019년 크리스마스를 말라가에서 보낸 뒤, 그 선주민과 함께 남미로 이동하여 2020년 1월 아르헨티

나와 칠레를 여행했다. 그러한 모빌리티 실천을 통해 래티는 노르웨이에 국한되지 않는 미래의 자기 삶을 계획하고 준비해 나갔다.

카렌족의 모빌리티에서 두드러진 점은 호혜성과 종교가 모빌리티를 작동시키는 데 주요한 역할을 한다는 것이다. 그들은 호텔이 아닌, 유럽에 흩어진 가족/친척/동료의 집에 신세를 지고 이를 노드로 삼아 이동한다. 여행은 호혜성의 순환 고리를 통해 이어지고 확장된다. 그 순환 고리는 유럽뿐만 아니라 미국, 캐나다, 호주, 한국까지도 이어진다. 예컨대 나는 가족/친척/동료 네트워크를 활용하며 노르웨이 여러 곳을 여행하고 있는 스웨덴 카렌족을 홉던에서 만났는데, 그 가족은 곧 한국에 재정착한 카렌족 친척을 그다음 달에 방문할 예정이었다. 나는 노르웨이와 스웨덴을 오가는 경로에 있는 스피데베르그(Spydeberg)의 한 카렌족 가족 집에 머무르는 동안 이전 해에 한국을 방문했던, 영국에서 온, 카렌족 청년을 보기도 했다. 그 청년은 스웨덴에서 열린 유럽 카렌족 연합행사에 참여한 계기에 노르웨이에 사는 친구를 만나는 일정 중에 그 집에 머물렀다.

카렌족 네트워크는 곧 기독교 네트워크라 할 수 있다(Horstmann 2011). 난민촌 시절에도 활발하게 가동되었던 이 네트워크는 카렌족이 재정착된 노르웨이, 스웨덴 등 유럽에서도 가동되고 있다. 2005년 7월에 설립된 노르웨이 카렌족 공동체를 주도하고 있는 지도자들은 대부분 기독교인으로서 종교 행사뿐만 아니라 카렌족 새해 행사 등 종족 전통 행사도 주도해 나가고 있다. 앞서 쉐투 목사의 사례에서 본 것처럼 기독교 행사는 유럽 차원에서 연합행사로 열리곤 해 일상적으로 국경을 넘곤 한다.

유럽에서도 스웨덴은 주요 카렌족 종교 지도자들이 다수 거주하고 있어서 유럽 카렌족 기독교 활동의 중심이고, 이것은 곧 노르웨이와 스웨덴이 하나의 생활권으로 이어지도록 했다. 여기에 소살라거포의 역할이 컸다. 그는 2005년 스웨덴에 도착한 이래 스웨덴 카렌족 공동체의 회장을 맡으며 스웨덴 내뿐만 아니라 유럽의 카렌족을 엮는 연합활동에 매진했다. 내가 스웨덴에 갔을 때 그 자신 미국 네브래스카 오마하에서 열린 국제카렌회 모임에 참석차 출타 중이어서 만나지 못했지만 그의 아내와 이제 청년이 된 그 자녀들을 호포스(Hofors)에서 열린 카렌족 연합행사에서 13년 만에 만났다. 유럽 카렌족 기독교 네트워크는 범카렌족 연합활동의 중심지라고 할 수 있는 태국-미얀마 국경지역, 그리고 미국, 캐나다, 호

사진 6.4 스웨덴 호포스 연합행사에 참석한 카렌족 | 출처 | 저자

주, 한국 등과도 연계되어 가동된다. 이 기독교 네트워크가 발전할수록 초국적 모빌리티도 더 활발해진다.

이렇듯 모빌리티와 네트워크는 카렌족 재정착 난민이 노르웨이 등 유럽에서 자기 삶을 구축하는 데 중요한 자원이 되고 있다. 안정감 등 정서적인 자원뿐만 아니라 이동성 실천과 네트워크 확장을 통해 돈과 정보와 물건이 오가며 생활의 필요를 채운다. 나아가 국경과 난민촌에서 어려움을 겪는 자들의 필요를 채우는 활동도 전개하기도 한다. 특히 2021년 미얀마 군부 쿠데타 이후 고향과 난민촌의 카렌족을 위한 모금 활동을 초국적 네트워크를 통해 활발하게 전개하고 있다. 재정착 난민의 자립과 통합은 노르웨이에 한정되지 않고 고향과 난민촌이 연계된 초국적 장에서 동족과 더불어 이루어지는 과정이다.

노르웨이를 넘어서

래티가 만달레이 식당이 최우수 후보 목록에 들어갔다는 소식을 SNS에 알리자 지역사회 선주민을 비롯해 미국 등 세계 여러 곳의 카렌족이 축하해주었다. 자신이 노력하여 이룬 것이 마침내 노르웨이 안팎에 널리 알려지고 인정받게 된 것이다. 나로서도 난민촌에서 어렵게 살아가던 래티가 오늘날 이룬 성과를 보고 감격스러웠다.

래티의 성과는 일면 노르웨이 난민 정책의 긍정적인 효과라고 평가할 수 있다. 난민촌에서 마땅한 신분 없이 기약 없는 세월을 살았던 자들에게 합법적 신분을 부여하고 살 거처와 궁리를 선사했기 때문이다. 특히 요람에서 무덤까지 시민의 일생을 책임지는 복지국가에 재정착한 난민들은 상대적으로 더 큰 '은혜'를 받았다고 할 수 있겠다.

복지국가 입장에서 그 은혜는 시민들의 노동시장 참여와 기여에 바탕을 둔 것이다. 누구나 복지혜택을 받을 수 있지만 노동이라는 의무를 성실히 이행해야 복지국가를 유지할 수 있다. 보편성과 노동 의무는 노르웨이인다움을 규정하고 국가와 사회를 구성하고 운영하는 원리로 작동한다(Brochmann and Hagelund 2012; Gullestad 2002).

재정착 난민은 그러한 환경 속에서 새로운 삶을 시작한다. 노르웨이 정부는 이들을 노르웨이인다운 시민으로 주조하기 위해 일련의 통합 정책을 운영한다. 1990년대 이래로 시민 통합은 선주민과 이민자 간의 상호교류를 모범으로 삼았지만, 실제로는 이민자 집단의 노동시장 참여를 끌어올리는 것을 목표로 삼고 있다. 에이거와 스트랭(2008) 등 학자들도 그것을 통합의 주요한 증표이자 수단으로 보고 있다. 그래서 래티와 같은 사례는 성공으로 그렇지 않은 사례는 문제로 취급하며 후자를 개선하려는 시도를 이어 나가며 좋은 시민을 만들어 나가는 푸코식 인구 통치를 수행해 나간다(Abdelhady et al. 2020; Foucault 1979).

나는 그러한 방식으로 통합을 바라보면 정주주의의 오류에 빠질 수 있다는 점을 지적했다. 즉 마치 재정착 난민들이 오로지 노르웨이만을 생활의 터전으로 삼고 그곳에서 일하고 자립하는 것만을 목표로 삼고 살아가는 것처럼 취급한다는 것이다. 이 관점에서 보면 성공한 래티가 난민촌과 스페인을 품고 살아가는 것과 실직인 처지에서 캐나다를 방문했던 로니를 설명하는 데 제약이 따른다. 래티의 경우는 성공의 효과가 일국 단위에서만 이루어지지 않는다는 것을 드러내고, 로니의 경우는 한 국가 내에서 통합이 더딜지라도 초국적 모빌리티를 사원으로 삼아 정서의 안정은 물론 여러 실제적인 도움을 받을 수 있다는 점을 드러낸다. 결국 한 국가 내에서 통합에 이르는 수준과 정도가 다르더라도 재정착 난민은 모빌리티를 수행하며 초국적 생활세계를 구축해 나가고 있다는 점을 나는 드러내고자 했다.

나는 또한 어리(2012; 2014) 등 모빌리티 전환을 주창하는 학자들의 논의에 기대어 재정착 난민들의 초국적 생활세계를 비추었다. 재정착하게 되면서 이들은 합법적 신분과 여행증명서를 획득할 수 있게 되었고, 곧 여행 능력을 회복하고 확장하게 되었다. 이로써 이들은 가족과 친척과 동료가 살고 있는 태국-미얀마 국경의 난민촌, 미국, 캐나다, 호주, 한국과 연계된 삶을 살아 나갔다. 모빌리티 기술, 특히 자동차는 장소와 자기 정체성을 확장하는 수단이 되어 노르웨이계 카렌족은 유럽계 카렌족이 돼가는 경험을 하고 있다.

카렌족 재정착 난민의 모빌리티 수행에서 호혜성과 종교가 두드러진 역할을 하고 있다. 호혜성은 네트워크를 가동하고 확장하는 순환 고리를 만들어 내고 있으며, 기독교는 연합행사를 주도하며 여행과 만남이 이루어지는 장, 특히 노르웨이와 스웨덴이 하나의 생활권이 되는 공간을 제공하고 있다는 것을 나는 밝히고자 했다.

초국적 네트워크는 모빌리티 수행을 통해 이들이 일상을 살아가는 자본으로 전환되어 노르웨이 내에서도 통합에 순기능을 한다. 이것은 국가가 강조하고 훈육하고자 하는 노동과는 다른 자원으로서 재정착 난민은 이것을 활용하며 노르웨이 내에서도 통합을 이루어 나간다. 동시에 이들은 그 자원을 노르웨이를 넘어서 난민촌과 세계 곳곳에 흩어진 동족들과 상부상조하는 데 활용하며 또 다른 차원의 통합을 실천하고 있다.

제7장

카렌-코리안-아메리칸:

미국 카렌족의 삼각 초국주의 실천

엘루뇨를 미국에서 다시 만나다

내가 맬라 난민촌에서 엘루뇨를 처음 만난 것은 2000년 3월 4일, 그녀가 여덟 살 때였다. 그때를 아직도 선명하게 기억하는 까닭은 그 아이가 나에게 자기 할아버지가 한국인이라고 말했기 때문이다. 엘루뇨의 할아버지 이동근은 일본에 징집되어 미얀마(버마) 전선에서 싸우다 카렌주 정글로 도망쳤는데, 전쟁이 끝났어도 정글에서 숨어지내다 엘루뇨의 할머니를 만나 엘루뇨의 임마(글로포) 등 자녀 아홉을 슬하에 두었다. 엘루뇨의 할아버지는 1976년 12월에 카렌주에서 세상을 떠났다. 클로포는 남편을 만나 엘루뇨 등 자녀 넷을 두었는데, 미얀마 정부군과 카렌군 사이의 무력충돌로 남편을 잃고 네 자녀를 데리고 피난처를 찾아 옮겨 다니다 1997년에 맬라 난민촌에 들어왔다.

맬라 난민촌에서 엘루뇨 가족은 '한국인 후손'으로 거듭 태어났다. 그 무렵 한국인 선교사가 난민 지원활동을 하게 되고, 그 선교사의 안내로 치과 봉사단 등 한국인이 정기적으로 그 난민촌을 방문하면서 엘루뇨 가족을 각별하게 돌봤다. 나를 비롯해 몇몇은 한국에 있는 엘루뇨 할아버지의 가족을 찾으려는 시도도 했다. 잦은 한국인의 방문과 돌봄은 엘루뇨 가족의 한국인됨을 강화했고 클로포는 'Lee'라는 성씨를 사용하기 시작했다.[77]

내가 맬라 난민촌을 다시 방문한 2005년 2월에도 엘루뇨는 여전히 그곳에 머물러 있었고, 열세 살 소녀로 성장해 있었다. 그 무렵 미국, 캐나다, 호주, 유럽의 여러 국가가 유엔난민기구와 협력하여 미얀마 난민을 자국으로 재정착시키는 프로그램을 추진했는데, 엘루뇨 가족도 그 프로그램의 혜택을 받아 2007년 미국 노스캐롤라이나에 재정착했다. 2011년 2월 엘루뇨와 한국에 있는 나는 메신저로 연락을 주고받으며 할아버지에 관해 얘기를 나누었다. 엘루뇨는 한국에 오고 싶다면서 DNA 테스트까지 받아서 자신이 한국의 할아버지 가족과 혈연관계에 있음을 증명하고 싶다고 했다.

2020년 3월 나는 엘루뇨를 노스캐롤라이나에서 다시 만났다. 15년 만에 직접 얼굴을 본 것이다. 그 사이 엘루뇨는 아이 셋(2015년생, 2017년생, 2019년생)을 둔 엄마가 되어 있었고, 군부대 내에서 가족과 함께 스시집을 운영하는 사장이 되어 있었다. 엘루뇨와 나 사이의 화제는 여전히 할아버지였다. 이때도 DNA 테스트 얘기를 다시 꺼내며 엘루뇨 엄마 역시 그렇게까지 하면서 자신의 한국인됨을 증명하고 싶어 한다고 했다.

77) 동남아 문화에서는 성씨 사용법이 비교적 자유롭다.

엘루뇨 가족은 미국에 재정착한 뒤에도 난민촌 시절에 맺었던 한국인과의 관계를 이어나갔다. 특히 엘루뇨 가족을 각별하게 돌보았던 한국인 기독교인은 미국을 주기적으로 찾아 그 가족을 비롯해 곳곳에 흩어진 재정착 카렌족과 그들의 교회를 방문했다. 엘루뇨 가족은 미국에 살면서 맬라 난민촌에 남은 할머니와 이모 가족과 유대관계를 이어 나가면서도 한국인과의 관계도 이어나갔다. 이들의 초국적 유대는 기존의 초국주의 논의(예 Basch et al. 1994)가 주로 다루었던 출신지와 거주지 사이만이 아니라 한국도 포함되는 일종의 삼각 초국주의 유대인 셈이다.

엘루뇨가 한 가족의 차원에서 한국과 감정적 초국주의 유대를 이어 나가고 있다면 미네소타 세인트폴의 카렌족은 공동체와 교육의 차원에서 한국과 관계를 이어 나가고 있다. 2014년에 세인트폴에 한국어 몰입교육을 위해 자율형 공립학교(charter)[78] 형식으로 설립한 세종아카데미(Sejong Academy)에 입학한 학생 중 다수가 카렌족 자녀였다.[79] 주류 공립학교에 가면 주눅이 들 것을 염려한 카렌족 학부모와 아동에게 비주류가 세운 세종아카데미는 편안하게 공부할 수 있는 장이었다. 이미 한국은 난민촌 시절부터 낯설지 않았고 한국어를 배울 수 있는 점 역시 매력으로 다가왔다. 2018년 5월과 2019년 5월에 각각 11명, 22명으로 구성

78) 자율형 공립학교는 정부의 재정지원을 받지만 자율적으로 운영되는 일종의 대안 공립학교라고 할 수 있다. 미국의 학교 유형은 공립과 사립, 자율형 공립학교로 나뉜다.

79) https://www.chosun.com/site/data/html_dir/2014/10/10/2014101000128.html(검색일: 2022. 3. 15) 및 https://www.sejongacademy.org/(검색일: 2022. 3. 15).

된 세종아카데미 카렌족 학생단은 한국을 찾아 재한 카렌족 공동체 가정에 열흘간 머물며 동족과 교류했고 주요 교육 기관과 문화시설을 방문하며 한국을 이해하는 기회를 얻었다. 그렇게 머무는 동안 미국 카렌족 학생과 한국 카렌족 학생 사이에 사랑이 싹트기도 했다. 세종아카데미와 한국은 양국 거주 카렌족 사이에 사랑의 다리를 놓아준 셈이었다.

엘루뇨와 세종아카데미 사례는 미국 거주 재정착 난민을 다룬 기존의 논의가 보여주지 못한 새로운 면을 제시한다. 미국 정부의 정책을 다룬 기존 논의는 미국은 최대 재정착 난민 수용국으로서 이른 시간 내 경제적 자립에 목적을 두고 엔지오를 대리로 삼아 난민들의 통합을 추진해나간다는 점을 주로 다루었다(예 Darrow 2018). 재정착 난민의 삶에 관한 기존 논의는 그들이 미국의 기존 인종질서에 들어가 비주류의 신세로 살 수밖에 없는 처지를 주로 조명했다(예 Bose 2016). 미국의 교회 등 지역사회가 난민들의 통합에서 하는 역할을 주목하는 기존 연구도 있지만(예 Nawyn 2010), 주로 백인 주류 집단을 살펴보았고, 비주류 집단이 하는 역할에 대해서는 거의 다루지 않았다. 난민들의 초국주의를 다룬 기존 연구는 주로 거주국과 출신국 사이의 유대관계에만 집중했다(예 Myers and Nelson 2019). 이 장에서 나는 카렌족 사례를 통해 미국에 재정착한 난민이 미국 정부의 정책과 미국 사회의 인종관계가 구축한 질서에 영향을 받으면서도 본국, 거주지, 한국이 연계된 초국적 네트워크를 활용하며 그 질서의 안팎을 드나드는 생활세계를 구축해나가고 있음을 주장하고자 한다.

미국 사례에 관한 내 연구 과정을 소개하자면 다음과 같다. 2000년에 맬라 난민촌에서 엘루뇨와 그 가족을 알게 되었고, 2005년에 간헐적 맬라 난민촌 방문을 통해 그 가족과 만남을 이어 나갔으며, 2011년에 맬라 난민촌에서 엘루뇨의 친척과 면담했고, 미국에 재정착한 엘루뇨와 메신저로 연락을 주고받았다. 주요 정보제공원으로 등장하는 소블래(1979년생, 남), 케이포(1989년생, 여) 역시 2000년과 2005년에 맬라 난민촌과 매솟에서 알고 지냈던 사이였다.

2018년 5월과 2019년 5월에는 한국에 방문한 미네소타 세종아카데미 카렌족 학생과 만나기도 했다. 2020년 1월부터 1년간 미국에 머물면서, 2~3월 미국 노스캐롤라이나의 엘루뇨 가정과 소블래 가정 등 난민 가정을 방문하여 참여관찰과 비공식적 면담을 수행했다. 그해 9월과 10월에는 조지아주, 버지니아주에 거주하는 카렌족 난민 공동체를 방문하기도 했다. 그러나 코로나 사태로 인한 사회적 거리두기와 주간(inter-state) 이동 통제로 방문 면담과 참여관찰을 수행하는 데에 한계가 많았다. 2021년과 2022년에는 한국에서 케이포 등 난민들과 SNS나 줌으로 면담을 수행했다. 2022년에는 카렌족과 관계를 맺어온 한국인들과 면담을 수행했다.

내가 수행한 종단연구의 특성은 아이에서 성인으로 성장한 개인의 인생 경로와 난민에서 선진국 거주민으로 변화한 공동체의 경로를 추적하면서 한국(인)이 그리고 내가 그 경로 속에 깊게 관여된 것을 드러낸다는 점이다. 연구 대상자와 연구자가 함께 시공간을 옮겨가며 써 내려간 서사극이라고 할 수 있겠다.

사진 7.1 노스캐롤라이나에 재정착한 카렌족 | 출처 | 저자

사진 7.2 조지아주 애틀랜타 카렌족 공동체 | 출처 | 저자

친절한 미국?

미국은 1980년 난민법 통과 이래 2022년까지 310만 명이 넘는 재정착 난민을 수용했다(US Government 2022, 10).[80] 미국은 최대 재정착 난민 수용국으로서 유엔난민기구의 통계에 의하면 2003년부터 2022년까지 전 세계에 재정착된 난민 1,156,478명 중 688,030명, 즉 60%가량의 재정착 난민을 수용했다.[81] 트럼프 정부 시기(2017년 1월~2021년 1월)에 국내 안보의 이유로 난민 수용을 대폭 축소했지만(Bernstein and DuBois 2018), 바이든 정부에서 다시 난민 수용 규모를 늘렸다.

세계 최대 난민 수용국인 미국의 난민 정책을 액면 그대로 인도주의 정책이라고만 받아들일 수는 없다. 켈레스(Keles 2008)에 의하면 미국의 난민 정책은 계산된 친절의 원리에 바탕을 두고 운영되고 있다. 미국은 제2차 세계대전을 전후하여 세계 최강대국으로 등극하며 냉전 시기에 난민 수용을 공산권에 대응하는 외교 수단으로 활용했다. 인도주의 정책이 세계 지배 전략과 결부되며 추진된 것이다. 미국은 1970년대 중후반 베트남 전쟁 여파로 발생한 대규모 난민을 수용하면서 난민법을 제정하며 오늘날과 같은 난민 재정착 제도를 정규화했다. 냉전 이후에도 난민 수용 문제는 세계 경영 전략과 맞물려 있다. 미국 연방정부(국무부, 국토안보부, 보건복지부)는 난민법이 규정한 바에 따라 해마다 '난민 수용 제안'

---

80) 이와 별도로 미국 내에서 난민 지위를 부여한 자(asylee)는 같은 기간 70만 명가량이다.

81) https://rsq.unhcr.org/(검색일: 2022. 4. 5).

(Proposed Refugee Admissions)이라는 제목의 보고서를 의회에 제출하며 해당 연도의 난민 수용 규모와 정착 관련 정책 사항을 제시하고 있는데, 이 보고서는 세계 지역별 정세를 상세히 설명하고 미국이 외교적 관심을 기울일 대상 국가와 난민을 밝히고 있다. 미국이 수용하는 난민 범주는 '우선대상(Priority) 1'(P-1), '우선대상 2'(P-2), '우선대상 3'(P-3)으로 구분되는데, P-1은 개별 난민 사례로서 주로 유엔난민기구의 추천을 받은 대상을, P-2는 집단 난민 사례로서 세계 정세상 미국 정부가 특별한 관심을 두고서 재정착시켜야 할 대상을, P-3은 가족 결합을 목적으로 수용하는 개별 난민 대상을 일컫는다.[82] P-2 범주가 바로 미국 인도주의 정책과 세계 경영 전략이 맞물리는 고리이고, 미얀마 카렌족도 2000년대 중반 이후 P-2로 지정되어 집단으로 미국에 들어오게 된 것이다(US Government 각호).

대규모의 난민을 수용하고 있는 만큼 북유럽 국가나 동아시아 국가(한국, 일본)와 달리 미국은 국가(연방정부) 차원에서 세세하게 난민들의 수용과 적응 과정에 관여할 수 없다. 대신 국가는 기본 정책 기조만 갖고서 엔지오(Volag, Voluntary Agency)가 실질적으로 난민 수용과 정착을 담당하도록 한다. 일종의 민관협력 체계로 재정착 난민 제도를 운영하는 것이다(Van Selm 2003). 그 협력에서 국가가 예산권을 갖고 있기에 절대적인 지위를 차지하는 것은 당연하다. 엔지오는 국가의 예산을 받아서 조

82) 2022년도부터는 정착 지원을 책임지는 개인들이 후원하여 들여오는 P-4범주가 도입됐다(US Government 2022, 12-16).

속한 난민의 경제적 자립이라는 국가의 정책 목표를 대리로 수행하는 역할을 맡고 있다.

나는 이러한 미국의 재정착 난민 정책을 신자유주의 주체 만들기 직업이라고 보는 대로우(Darrow 2018)의 주장에 동의한다. 거버넌스 효율 또는 민관협력이라는 미명 아래 엔지오가 국가의 목표, 즉 난민을 하루라도 빨리 자립시키려는 목표를 맞추기 위해 난민들을 저임금 노동자로 만들어 버린다. 엘루뇨는 청소년기에 들어와 학교라는 울타리가 있었지만, 소블래 등 성인으로 들어온 카렌족 난민들 대부분 적응 초기에 당장 일자리를 찾으라는 압박을 받고 도착한 지 얼마 되지도 않아 패스트푸드 음식점 등에서 시급제 비정규직으로 한동안 종사했다. 난민들은 능력을 키워 좋은 일자리를 가질 시간을 갖지 못한 채, 당장 노동시장에서 낮은 단계의 일자리로 떠밀렸다. 엔지오는 그렇게라도 난민들을 취업시켜야 국가와 재계약할 수 있고 국가의 예산을 받아 엔지오 그 자체도 연명하고 사업도 이어갈 수 있게 되는 것이다. 그렇다고 엔지오의 존재를 무시할 수도 없다. 트럼프 정부 시기처럼 난민 수용 규모 축소로 예산이 줄어들면 엔지오의 연명도 어려워지고 결국 전달체계와 난민 지원 산업 자체가 마비되어 난민들이 필요한 서비스를 받지 못하게 되는 사태에 이르게 된다(Greenberg et al. 2018, 38; Mathema and Carratala 2020, 9-10). 결국 엔지오는 미국식 신자유주의 민관협력 난민 레짐의 필수 성분이 되어 버렸다.

켈레스(Keles 2008)가 언급하듯이, 신자유주의 미국의 난민 정책은 미국 특유의 '캔두이즘'(candoism)과 결합하여 난민들을 앞으로만 내몬다. 난민들에게 계속 앞만 보고 나아가라고, 그래서 경제적 자립도 이뤄내고 자신의 운명도 새롭게 만들어 나가라고 압력을 가한다. 난민들의 과거 직업과 기술과 정체성은 활용되기는커녕 부정적인 것으로, 극복해야 하는 것으로 취급된다. 다시 말해 미국의 난민 정책은 난민들 과거의 기억을 삭제하고 미래 지향적인 인간을 주조해 내려고 한다.

기억과 초국적 연대

난민들은 과거를 잊고서 앞으로 나아가라고 내몰리지만, 토시치와 팔름버거(Tošić and Palmberger 2016, 1)와 크리트(Creet 2011, 9-10)가 말하듯이, 이주/이동은 그들의 기억을 새롭게 하고 그 기억은 새로운 삶의 현장에서 자아를 재구성하는 토대가 된다. 미국으로 재정착했다고 하여 난민촌 시절을 잊는 것이 아니고 고통스러운 기억도, 즐거웠던 기억도 미국에서 새롭게 자신을 빚어나가는 데에 의미를 부여한다. 나아가 그러한 기억들은 초국적 사회관계를 만들어 나가는 힘으로 작용하기도 한다(Tošić and Palmberger 2016, 2). 난민들은 앞만 보고 나아가는 것이 아니라 과거를 뒤돌아보며 현재의 자신의 정체성과 초국적 연대를 구축해 나가는 것이다.

내가 기존의 기억과 이주 연구에서 더 나아가고자 하는 바는 기억과 제삼자와의 초국적 연대에 관한 것이다. 카렌족 난민의 난민촌 시절 기억 속에 외부인, 즉 한국인이 큰 자리를 차지하고 있다는 점, 기억이 단순히 카렌족으로서 자기 존재를 구성하는 자원으로 활용되는 차원을 넘어서서 외부인(한국인)과 연대를 만들어 낸다는 점이다. 엘루뇨가 2011년에 난민촌 시절의 기억을 떠올리며 나에게 메신저로 연락하며 DNA 테스트까지 끼내며 한국인됨을 증명하고 싶어 한 것, 제이포 역시 난민촌 시절 한국인과 함께 라면과 김치를 먹었던 기억을 떠올리며 그때 그 사람들을 찾으려고 했던 것은 과거의 기억이 오늘날의 본국과 거주국을 넘어서고 카렌족 당사자 차원을 넘어서서 초국적 사회관계를 만들고 확장해 나가는 힘이 된다는 것을 증명한다.

기억은 언어, 음식, 사물 등으로부터 연상 자극을 받는다(Sarkar 2019). 카렌족은 자기소개를 할 때 늘 '한국인'이 아니냐는 질문과 마주한다. 영어단어인 'Karen'이 'Korean'으로 들릴 때가 많기 때문이다. 이것은 양가적인 감정을 불러일으킨다. 한편으로 카렌족으로서 한국인과 구분짓기를 시도하지만, 그 시도 자체가 한국인을 끌어들이는 효과를 자아내기 때문이다. 다시 말해 카렌족의 언어화된 자기 존재 증명에서 이미 한국인이 들어 있다. 한국 식료품점 역시 연상 기억 장치 역할을 한다. 백인 아버지와 한국인 어머니 사이에서 태어난 미셸 자우너(2022)가 돌아가신 엄마를 추억하며 H마트에서 빈쪽의 한국인됨을 찾으려 했듯이, 엘루뇨와 케이포, 소블래 역시 그곳에서 한국인과 교류했던 과거를 추억한다. 미셸 자우너에게 그곳이 한국과 미국이 만나는 곳이라면, 카렌족에게는 난민촌과 미국과 한국이 만나는 곳이다.

기억과 초국적 연대에 대한 논의는 난민들이 살아가는 생활세계와 질서에 관한 논의와도 연결된다. 난민들은 정책 차원에서 신자유주의 민관협력 체계에 영향을 받는다면, 지역사회 차원에서는 인종관계에 영향을 받는다(Bose 2018). 오미와 위난트(Omi and Winant 2014)가 언급하듯이 미국 사회는 인종 코드의 세팅에 따라 정체성의 위계질서가 형성되어 있다. 이러한 위계질서에 따라 사회는 여러 다른 영역으로 분절되고, 난민 등 이주민들은 경제적으로는 주류와 통합되지만 문화적으로는 출신지의 문화와 전통을 지켜나가는 분절된 동화(segmented assimilation) 과정을 거친다(Li 2010; Portes and Zhou 1993). 즉 주류 사회에 편입되지 못하고 기존 이주민 공동체가 살아가는 영역을 중심으로 동화 과정이 일어난다. 인종질서가 거주 공간에도 영향을 끼쳐 이주민들은 종족 집거지(ethnic enclave)를 형성하고 그곳을 중심으로 생활세계를 구축한다(Frazier 2016). 그렇다고 난민들이 지역사회 선주민들과 관계를 아예 맺지 않고 살아가는 것은 아니다. 난민들은 선주민 사회에 다양성을 증진하고, 고령화와 노동력 부족을 겪는 지역에 노동력을 제공하기도 한다(Bernstein and DuBois 2018; Bose 2016, 238; 2018). 교회를 비롯해 지역사회 선주민 공동체와 이들 사이의 연대가 발전하기도 한다. 엔지오가 신자유주의 난민 정책의 대리자로서 해야 할 역할을 넘어서서 난민 인권과 문화 증진 옹호 활동에 앞장서는 경우도 있다(Nawyn 2010). 그러나 기존 논의가 밝히듯, 결국 인종에 따른 위계질서를 넘어서기란 불가능하다. 나도 그러한 한계를 인정하되 카렌족 난민들에게 출구가 있음을 드러내며 기존 논의에서 더 나아가고자 한다. 그 출구는 바로 비주류와 연대하며 발전시켜 나가는 생활세계와 초국적 연대라는 점을 강조하고자 한다. 이 장에서 소개하는 미네소타 세종아카데미 사례가 카렌족 난민이 주류인 백인이 아니라 비주류인 한인과 관계를 맺으며 교육 공간을 확보해 나가고 초국적 연대를 발전시켜 나가고 있음을 증명한다.

카렌족이 한국인과 맺는 이러한 초국적 연대는 기존 초국주의 논의의 한계를 보완한다. 1990년대 이래 학자들(예 Basch et al. 1994; Levitt and Glick Schiller 2004; Vertovec 1999)은 두 국가나 그 이상 사이에 이루어지는 정서적·문화적·물질적 유대를 초국주의라고 정의하며 그에 관한 연구를 발전시켜 왔지만, 사실상 대부분의 연구는 본국과 거주국 사이에만 초점을 맞추어왔지, 그 이상에서 이루어지는 초국주의는 다루지 않았다. 카렌족 난민에 관한 연구 역시 재정착된 국가와 난민촌 사이 연계만을 다루고 있어 그러한 경향을 따르고 있다(Myers and Nelson 2019; Suter 2021). 여러 장소를 오가는 초국주의 논의가 있긴 하지만 주로 카렌족이 거주하는 공간을 오가는 논의에 그쳤다. 나는 제삼의 행위자를 끌어들여 초국주의가 이루어지는 장을 넓히고자 한다. 일종의 삼각 초국주의는 난민촌(본국) 시절에 맺어진 연대에 기초를 두고 있으며, 거주국에 살면서 기억은 그러한 연대를 되살리고 일상생활 가운데, 예컨대 교육의 현장에서, 삼각 초국주의 원리가 실천되고 있다.

종합하자면 계산된 친절의 원리로 운영되는 미국의 난민 수용 정책에 의해 들어온 카렌족 난민들이 민관협력 체제 아래에서 이른 경제적 자립과 미래로 향하는 새로운 주체 만들기 작업의 압박을 받고 또 인종관계의 질서에 영향을 받으며 불평등하고 취약한 삶을 살아가지만, 그들은 기억과 연대에 바탕을 둔, 제삼자가 개입된, 초국주의에 힘입어 자기 존재를 구성해나가고 생활세계를 확장해 나가고 있음을 이 장에서 밝히고자 한다.

카렌족 난민의 수용과 초기 정착

1980년부터 정규화된 미국 난민 수용 프로그램(USRAP, United States Refugee Admissions Program)에 관여하는 주요 정부 기관은 국무부(Department of State) 산하 인구·난민·이주국(PRM, The Bureau of Population, Refugees, and Migration), 국토안보부(Department of Homeland Security) 산하 이민국(USCIS, U.S. Citizenship and Immigration Services), 보건복지부(Department of Health and Human Services) 산하 재정착난민국(ORR, The Office of Refugee Resettlement)이다. 세 기관 중, 국무부의 PRM은 재정착 대상 난민 선정 절차를 조정하고 초기 3개월간의 정착 과정에 관여하며, 국토안보부의 USCIS는 재정착 대상자의 서류 심사와 면담 시행, 수용에 관해 결정하며, 보건복지부의 ORR은 미국 도착 이후의 적응과 통합 과정에 관여한다(US Government 2022).

정부는 일련의 과정에서 엔지오를 파트너로 삼아 일을 진행한다. PRM은 엔지오에 예산을 지원하여 전 세계에 걸쳐서 일곱 개의 재정착 지원 센터(RSC, Resettlement Support Center)[83]를 운영한다. RSC는 재정착 희망자들의 지원 서류를 받아 본국의 USCIS에 서류를 제출하고, 재정착 대상자로 결정된 자들에게 건강검진 서류를 발급받는 절차와 문화 이해 교육(Cultural Orientation)을 진행하고, 본국의 정착 지원 엔지오

83) 2011년까지 이 기관은 해외 수속 기구(Overseas Processing Entity)라고 불렸다(US Government 2012, 7).

(Volag)와 협력하여 정보를 공유하고, 필요한 출국 준비를 갖추게 하여 대상자들을 여행에 동행하는 국제이주기구(IOM)에 인도한다. 2021년 기준으로 PRM 예산을 받아 국제구조위원회(IRC, International Rescue Committee), 히브리이민지원협회(HIAS, Hebrew Immigrant Aid Society), 기독교세계봉사회(CWS, Church World Service), 국제가톨릭이주위원회(ICMC, International Catholic Migration Commission)가 각각 태국(아시아 담당), 오스트리아(오스트리아와 이스라엘 담당), 케냐(사하라 이남 아프리카 담당), 터키(레바논 담당)에서, IOM이 엘살바도르(라틴아메리카 담당), 요르단(중동 담당), 우크라이나(중앙아시아 담당)에서 RSC를 운영한다(US Government 2022, 21). 엘루뇨 가족 등 태국 난민촌에 거주하던 카렌족 난민의 경우 매솟의 IRC 지부를 통해 서류를 제출하고 그곳에서 5일가량의 문화 이해 교육을 받았다. 이처럼 IRC 등 엔지오는 태국을 비롯한 세계 거점에서 미국 정부의 인도주의 정책을 구체적으로 대리 수행하고 있다.

미얀마 카렌족 난민이 본격적으로 미국의 주목을 받았던 때는 2000년대 중반 무렵이었다. 그 이전에도 난민이 개별적으로 유엔난민기구에 비호를 신청하여 P-1 범주로 인정을 받고 미국에 들어올 수 있었지만, 그 규모가 미미했다. 하지만 2006년에 미국 정부가 미얀마 난민을 전략적 수용 대상자인 P-2로 지정하자 〈표 7.1〉에서 보듯이 그 이듬해부터 눈부시게 증가했다(US Government 2006, 9). 2006년에 1,612명에서 2007년에 13,896명으로 거의 아홉 배가량 증가하고 그 이후 10년 동안 1만 명 이상을 유지했다. 사실 미국은 미얀마 카렌족 난민에게 P-2 지정을 그 이전에도 할 수 있었으나 9·11테러 이후에 안보를 이유로 무장 세력에 물질적 지원을 하는 자들에게 그 지위를 부여하지 않아 왔는데, 카렌족의 대표 정치기구인 KNU와 연관된 난민들이 그에 해당했다. 국무부는 국토안보부와 법무부(Department of Justice)와 협의하여 그 조건이 카렌족 난민에게 해당하지 않는다고 결정하고 특별 관심 대상으로 격상시켰다. 그러면서 미국 정부는 이러한 결정이 미국의 안보와 타협하는 것은 아니라는 점을 2007년 보고서에서 밝히고 있다(US Government 2007, 23). P-2 지정 이후에 미국 정부는 카렌족 난민에게 각별한 관심을 보였는데, 부시 대통령은 2008년 8월 6~7일 태국 방문 중에 방콕에서 미얀마 정치 활동가와 면담했고, 영부인 로라 부시는 8월 7일 맬라 난민촌을 방문하여 카렌족 난민들과 만나 미국 정부가 이들에게 관심을 두고 있음을 설명했다.[84] 로라 부시의 맬라 난민촌 방문은 난민들에게 미국 정부의 현현으로 받아들여지는 상징적인 사건이었다.

〈표 7.1〉에서 보듯이 미국은 2001~2020년에 걸쳐 총 1,055,096명의 난민을 받아들였다. 미국의 난민 수용 규모는 정권의 성향과 세계 정세에 영향을 받아 들쑥날쑥하여 2016년에는 최대 85,000명가량을 수용했다가, 2020년에는 12,000명에 못 미치는 난민을 수용했다. 이 기간에 미얀마 난민은 180,150명으로 총 난민의 17.9%를 차지했다. 부시 정부에 이어 오바마 정부(2009년 1월~2017년 1월)에서 아시아 중시 외교정책 기조

84) https://2001-2009.state.gov/r/pa/ei/pix/b/prm/108175.htm(검색일: 2022. 4. 10) 및 https://www.nytimes.com/2008/08/08/world/asia/08myanmar.html(검색일: 2022. 4. 10).

| 표 7.1 | 2001~2020년 미국 입국 미얀마 난민과 총 난민 규모[85] (단위: 명)

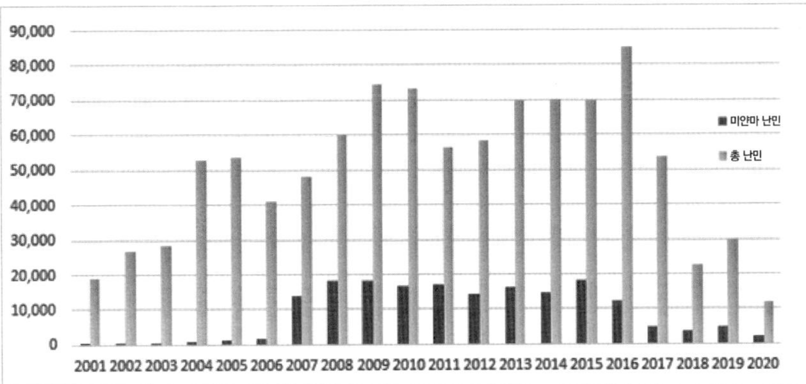

연도	2001	2002	2003	2004	2005	2006	2007	2008	2009	2010
미얀마 난민	543	128	203	1,056	1,447	1,612	13,896	18,139	18,202	16,693
총 난민	68,925	26,785	28,286	52,840	53,738	41,094	48,218	60,107	74,602	73,293
비중	2.9%	0.5%	0.7%	2.0%	2.7%	3.9%	28.8%	30.2%	24.4%	22.8%
연도	2011	2012	2013	2014	2015	2016	2017	2018	2019	2020
미얀마 난민	16,970	14,159	16,295	14,578	18,323	12,294	5,047	3,525	4,928	2,112
총 난민	56,384	58,179	69,909	69,975	69,920	84,989	53,691	22,405	29,916	11,840
비중	30.1%	24.3%	23.3%	20.8%	26.2%	14.5%	9.4%	15.7%	16.5%	17.8%

총계(2001~2020)	
미얀마	180,150
총 난민	1,055,096
비중	17.9%

| 출처 | 국무부(US Department of State) 통계 자료

85) 해당 연도는 미국 회계년(10월 1일~9월 30일)을 기준으로 한다. 이 장에서 연도를 언급할 때 난민 규모 등 정부의 통계 자료를 다룰 때는 회계년을 뜻한다. 미국은 출신국 난민을 종족별로 구분하지 않으나 대부분 카렌족으로 추정하고 있다. 재정착 난민 등을 포함한 미국 거주 카렌족 총인구는 2019년 8월의 보도에 따르면 약 215,000명으로 추산한다. https://www.mprnews.org/story/2019/08/13/lured-by- jobs-and-housing-karen-refugees-spread-across-minnesota(검색일: 2022. 8. 10).

아래 미얀마 난민에 관한 관심을 이어 나갔으며, 이른바 미얀마 민주주의 전환기(2011~2020년)에도 재정착 난민 수용은 지속됐다. 트럼프 정부 시기에 총 난민 입국자의 규모가 크게 줄어들었지만, 미얀마 난민이 차지하는 비중은 유지됐다. 〈그림 7.1〉에서 보듯이 2001~2020년에 미얀마 난민 입국자가 180,150명으로 최다수를 차지했으며, 이라크 난민이 146,816명, 소말리아 난민이 109,132명, 부탄 난민이 94,889명 등으로 그 뒤를 이었다.

도착 즉시 영종도의 출입국·외국인지원센터로 입소하여 6~9개월 정도 합숙하며 적응 과정을 거치는 한국의 경우와 달리 미국에 들어오는 재정착 난민들은 바로 지역사회로 들어간다. Volag이 미리 국무부와 각 주의 재정착 담당 기구와 협의를 하고 RSC로부터 넘겨받은 난민들에 관한 자료를 검토하여 정착할 지역을 선정한다(Singer and Wilson 2006; Van Selm 2003, 163). 이때 고령화와 노동력 부족 해결이 중요한 요소에 포함된다. 자동차 산업의 사양 지대인 미국 북동부와 중서부의 러스트 벨트

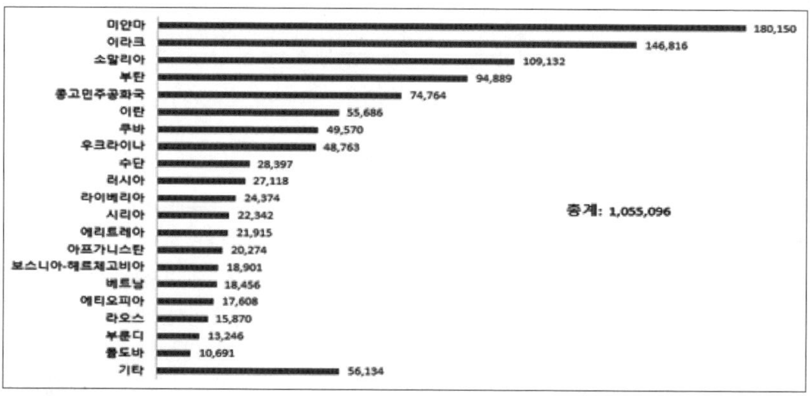

그림 7.1 2001~2020년 미국 내 출신국별 난민 규모 (단위: 명)

| 출처 | 국무부(US Department of State) 통계 자료

(Rust Belt)에 난민 유입이 새로운 활력이 되기도 했다(Bose 2016, 238). 정착 지역도 확대되어 2000년 이후에는 뉴욕, 시카고, 샌프란시스코 등 관문 도시(gateway city) 위주에서 벗어나 중소도시에까지 난민이 유입되었다(Bose 2018, 322). 엘루뇨 가족이 노스캐롤라이나에 정착한 것도 그러한 난민 유입 추세에 따른 것이었다.[86] 앞서 미국의 인도주의 정책이 세계 경영 전략과 맞물린다고 했는데, 국내 차원에서도 역시 국가의 인구와 경제 정책과 맞물리고 있음이 드러난다.

도착 후 90일 동안 국무부 PRM은 초기 정착을 돕는 '수용 및 배치'(R&P, Reception and Placement) 프로그램을 Volag에게 예산을 지원하여 운영한다. 민관협력 체계에서 국가는 배경으로만 등장하고 엔지오가 난민과 대면하여 정착에 개입한다. 2021년 기준으로 그 프로그램을 운영하는 Volag은 CWS, IRC, HIAS, 성공회이민사역부(EMM, Episcopal Migration Ministries), 에티오피아공동체개발위원회(ECDC, Ethiopian Community Development Council), 루터교이민난민서비스(LIRS, Lutheran Immigration and Refugee Services), 미국난민이민위원회(USCRI, U.S. Committee for Refugees and Immigrants), 미국가톨릭주교회의(USCCB, United States Conference of Catholic Bishops), 세계구호선교회(WR, World Relief) 등 총 아홉 개의 엔지오이다. 이중 CWS, IRC, HIAS는 앞에서 보았듯이 RSC도 운영하고 있을 정도로 재정착 신청부터 초기 정착 단계에 이르기까지 깊숙

86) 노스캐롤라이나는 1990년대까지 미국 내 유입 비중이 1%에 이르지 못했으나 엘루뇨가 들어올 무렵 2.37%로 늘어났고, 2020년에는 거의 4%에 이르고 있다(국무부 통계 자료).

이 개입하고 있다. 엔지오의 이름에서 보듯이 기독교 계통이 주류를 이루고 있고, 일부 종족을 지원하던 엔지오가 전국 단위의 규모로 성장한 예도 있다. 이 아홉 개의 Volag이 전국에 292개의 지부를 두고 운영하며, 산하 지부가 없으면 지역 엔지오와 제휴를 맺기도 한다.[87]

국무부가 R&P 프로그램에 책정하여 Volag에게 지원하는 예산은 2021년 기준으로 난민 개인당 2,275달러[88]이다. Volag은 이 중 1,225달러를 난민이 정착하는 데에 직접비로, 예컨대 집세 지불 등에 쓰고, 나머지 1,050달러는 행정 비용으로 활용한다. 그 예산이 오바마 행정부 시절인 2010년도에 그 전해에 비해 두 배 늘어 1,800달러에 이른 후 꾸준히 조금씩 올라 현재의 수준에 이르렀다(US Government 각호). 하지만 엔지오로서는 실제로 그 프로그램을 운영하는 데 정부의 지원금이 부족하여 자체 모금액으로 충당하는 경우가 많다. 브라운과 스크리브너(Brown and Scribner 2014, 111)에 따르면 정부 지원금이 엔지오를 운영하는 데에 39%만 차지한다고 한다.

도착 후 90일이 지나면 보건복지부의 재정착난민국(ORR)이 난민들의 정착 과정에 관여한다. ORR은 현금 지원 프로그램으로 동반 자녀를 둔 저소득 난민에게 5년에 한하여 지원하는 빈곤가족임시지원(TANF, Temporary Assistance for Needy Families), TANF 지원 조건을 충족하지 못하는 난민들에게 8개월에 한하여 지원하는 난민현금지원(RCA, Refugee

87) Volag 목록과 전국 지부에 관한 자료는 https://www.wrapsnet.org/rp-agency-contacts/(검색일: 2022. 4. 13) 참고.

88) 1달러는 2024년 11월 기준 약 1,400원이다.

Cash Assistance), 장애 저소득 난민에게 7년에 한하여 지원하는 보조안전소득(SSI, Supplemental Security Income)을 운영한다. 의료 지원 프로그램으로는 65세 미만의 저소득층과 장애인을 위한 국민 의료보험 제도인 메디케이드(Medicaid)의 수혜 조건을 충족하지 못하는 난민들을 대상으로 8개월에 한하여 지원하는 난민의료지원(RMA, Refugee Medical Assistance)을 운영한다. ORR은 이런 프로그램을 직접 운영하지 않고 난민을 수용하는 주에 예산을 지원하면서 운영한다. ORR은 또한 경제적인 자립을 도모하는 취지에서 일종의 종합적인 서비스라고 할 수 있는 난민지원서비스(RSS, Refugee Support Services)를 역시 해당 주에 예산을 지원하는 형태로 운영하는데, 해당 주는 이 예산을 받아 5년 동안 재량껏 운영할 수 있다.

민관협력 차원에서 ORR의 상징적인 프로그램은 '매칭 그랜트'(Matching Grant) 프로그램이라고 할 수 있다. 이것은 난민들의 조기 취업을 장려하기 위한 프로그램으로 ORR이 지원하는 2달러당 Volag은 자체로 1달러를 매칭하여 운영한다. 예컨대 ORR이 난민 개인당 최대 지원액인 2,600달러를 지원하면 Volag은 1,300달러를 매칭하여 총 3,900달러로 프로그램을 운영한다. 참여하는 난민들은 도착 후 31일 이내에 이 프로그램에 등록이 되어야 하며 6개월 이내 취업하여 경제적 자립을 달성해야 한다. 여기서 경제적 자립이란 TANF 등 어떠한 지원도 받지 않는 수준의 가구 소득을 달성하는 것이다. Volag은 그 목적을 이루려고 사례지원, 기술 훈련, 취업 알선 등 고용 지원과 관련된 사안에 그 예산을 쓴다. 또한 그 예산을 주거, 교통, 보건, 영어교육 등 다방면에 활용할 수 있다(ORR 2018; US Government 각호).

R&P 명목의 2,275달러와 매칭 그랜트 명목의 3,900달러를 더하면 Volag은 적어도 난민당 6,175달러의 예산을 갖는다. 대로우(Darrow 2018)가 말한 '비자유 행정계약'(administrative indentureship)은 이런 조건에서 비롯된다. Volag은 그 예산으로 하루라도 빨리 난민을 취업시켜 경제적 자립을 달성시키려고 프로그램 대상자인 난민의 능력과 의사를 고려하지 않은 채 몰아붙이게 된다. 이 과정에서 Volag의 지도를 고분고분 따르는 대상에게는 인센티브를 제공할 수 있고 그렇지 않은 자에게는 지원액 축소라는 일종의 처벌을 가할 수도 있다. 난민으로서는 일상의 생존이 Volag에게 달린 셈이다. 하지만 이런 비자유 행정계약을 조종하는 근본 주체는 국가라고 할 수 있다. ORR은 해마다 Volag이 그러한 예산을 받아 어느 정도 목표를 달성했는지, 즉 난민 취업률과 경제적 자립률을 어느 정도 이룩했는지 측정하여 Volag을 관리해 나간다(ORR 각호). 2008년에 뉴저지에 도착한 소블래는 신자유주의 민관협력 난민 레짐이 주조한 비자유 행정계약 조건 아래 자립 달성에 대한 압박을 받으며 1시간에 7달러 40센트를 받으며 하루에 여덟 시간 패스트푸드 음식점에서 닭을 튀겨야 했다. 켈레스(Keles 2008)가 언급한 것처럼 자신의 과거를 돌아보지 말고 미국식 캔두이즘에 자신을 성급히 맞추며 앞으로만 전진하도록 압박을 받았다.

공동체, 기억, 연계: 또 다른 경로의 적응과 자아 구성

초기 적응에 어려움을 겪었던 소블래에게 돌파구로 다가온 것은 바로 카렌족 공동체였다. 맬라 난민촌의 신학교를 졸업한 소블래는 그 졸업생들이 주축을 이루는 미국 카렌족 침례교총회(KBCUSA, Karen Baptist Convention USA)에서 활동하면서 네트워크도 넓혀가며 미국 생활에 대한 노하우도 획득해 나갔다. 카렌족 난민이 노스캐롤라이나 그린즈버러(Greensboro)에까지 정착하게 되면서 카렌족 공동체 교회를 담당할 목회자가 필요하게 되자 소블래는 KBCUSA의 추천을 받아 2010년에 그곳으로 거처를 옮겨 목사로서 새로운 삶을 시작했다.

동족 공동체는 또한 소블래에게 가족을 이룰 수 있는 계기도 마련해주었다. 소블래의 아내 자무포는 2005년, 미국 정부가 P-2로 지정하여 대규모로 카렌족을 수용하기 전에, P-1 자격으로 방콕의 유엔난민기구를 통해 샌프란시스코에 들어왔다. 자무포는 카렌족이 미네소타 세인트폴에 몰려들자 그곳으로 거처를 옮겨 그들의 정착을 돕는 활동을 했다. 그러면서 기독교 연합회 활동을 해나가던 중 소블래를 만나게 되었다. 그 둘은 2012년에 그린즈버러에서 결혼식을 올렸고 슬하에 자녀 둘(2014년생 아들, 2018년생 딸)을 두었다. 자무포는 월요일부터 목요일까지 친자매가 운영하는 사우스캐롤라이나대학교 구내식당에서 일하고 금요일에 집으로 돌아왔다. 주중에는 비교적 시간 사용이 자유로운 소블래가 주로 아이들을 돌봤다.

이렇듯 소블래 가족은 동족 공동체와 친족의 도움으로 그리 넉넉하지 못해도 생계를 유지했고, 2016년에는 16만 달러 정도의 단독 주택도 모기지론을 받아 구매했다.[89] 30년 동안 매달 650달러씩 갚아 나가야 하지만 미국에 들어온 지 8년 만에 보금자리를 마련하고 마음의 안정을 찾게 되었다. 이 가족은 부부가 벌어들이는 현재의 수입[90]으로 매달 2천 달러씩 나가는 생활비를 감당할 수 있으나 의료비가 제일 큰 부담으로 다가왔다. 메디케이드에 가입된 막내를 제외하고 다른 가족은 아주 저렴한 의료보험에 가입되어 있어서 소블래는 아파도 비싼 병원비를 걱정하여 가급적 집에서 견디곤 했다.[91]

소블래와 자무포의 사례에서 또 하나 확인할 수 있는 것은 난민들은 2차, 3차 이주를 단행한다는 것이다. 소블래는 뉴저지에서 노스캐롤라이나로, 자무포는 샌프란시스코, 미네소타, 노스캐롤라이나로 추가 이주를 했다. 특히 캘리포니아에 처음 도착한 자들의 2차 이주가 두드러졌다. 엘루뇨 집에서 만난 다카포의 경우가 그러했다. 캘리포니아의 주거비와

89) 신미국경제(New American Economy 2017)에 의하면 2015년 기준 난민의 자가 소유 비율은 57.5%라고 한다. 다른 이민자들의 경우 50.6%, 미국 태생인 자들의 경우 65.8%이다. 미얀마 출신 난민에 관한 연구(Kallick and Mathema 2016)에 의하면 10년 미만 거주자의 자의 경우 21%, 10년 이상 거주자의 경우 73%라고 한다.

90) 난민 가구의 중위 소득에 관한 연구(New American Economy 2017)에 의하면 2015년 기준, 5년 미만 거주 가구의 경우 21,781달러, 5~15년 거주 가구의 경우 36,886달러, 15~25년 거주 가구의 경우 51,113달러, 25년 이상 거주 가구의 경우 67,000달러이다. 그 기준 연도에 미국 평균 중위 소득은 53,000달러이다.

91) 정부의 보고서(US Government 2021, 20)에 의하면 2012~2016년에 도착한 18세 이상 성인 난민 중 의료보험 가입률이 61%이고, 그중 절반이 메디케이드나 RMA에 가입되어 있다고 한다.

물가가 너무 비싸 감당할 수 없어 몇 개월 지나서 사우스캐롤라이나로 옮겨왔다. 생활비뿐만 아니라 가족과 친족의 거주도 추가 이주의 주요 요인이었다. 하킨스(Harkins 2012)가 언급했듯이 카렌족이 다수 거주하는 미네소타의 세인트폴이나 네브래스카의 오마하로 옮겨 가는 경우가 있었다.

엘루뇨의 경우 노스캐롤라이나에 처음 도착한 후에 다른 주로 옮기지 않고 그 주에서 계속 거주했는데, 주거비와 생활비가 비교적 저렴하고, 가족들이 같이 그곳에 정착했고, 일자리도 그곳에서 찾을 수 있기 때문이었다. 엘루뇨의 경우, 엄마, 언니, 오빠 둘 등 가족 구성원 다섯 명 모두 노스캐롤라이나에 같이 정착했다. 엘루뇨는 고등학교를 그곳에서 졸업하고 간호사 자격증 취득을 준비하면서 스시집 운영에도 관심을 두게 되었다. 한 달에 2,500달러 정도밖에 벌지 못하는 간호사 직업과 견줘 식당을 운영하는 것이 훨씬 낫다고 판단한 뒤 인근 군부대 내 식당에서 프랜차이즈 스시집을 열게 되었다. 주도인 롤리(Raleigh)의 예술 공연장에서 안내원으로 일하던 오빠 등 다른 가족들도 이 사업에 동참해 주어서 엘루뇨는 세 아이를 돌보면서도 매장 관리를 해나갈 수 있었다. 자녀 양육 역시 엄마와 언니의 도움을 자주 받을 수 있었기에 아이들을 굳이 어린이집에 보내지 않아도 됐다.

소무(1979년생) 역시 가족이 함께 노스캐롤라이나에 정착한 사례다. 소무 가족이 사는 동네는 히스패닉, 흑인, 터키계 등 이주민 출신 50가구로 이루어졌는데, 그중 카렌족 가구는 18가구로 다수를 차지했다. 카렌족은 다른 인종과 교류를 거의 하지 않고 카렌족 가구 위주로 공동체 생활을 꾸려 나갔다. 이것은 시엔키에비츠와 니콜스(Sienkiewicz and Nichols 2016)의 연구 결과, 즉 노스캐롤라이나의 난민 출신 공동 주거단지에서 종족 사이 교류가 미미하다는 것과 일치한다. 소무의 동네는 노스캐롤라이나주립대학교 채플힐 캠퍼스 인근에 자리하고 있어서 소무 부부를 비롯해 많은 카렌족 사람이 그 대학교와 산하 병원에서 청소부로 일했다. 소무는 우버 택시 기사 일도 겸하면서 생계를 이어나갔다. 손님은 주로 대학생이었고 특히 주말에 손님이 많았다. 하지만 코로나 사태로 그 대학교가 온라인으로 수업을 돌리면서 손님이 뚝 끊어져 버려 소무의 수입이 크게 줄어들었다.

소무의 장모는 채플힐에 살다가 집값과 땅값이 좀 더 싼 인근 지역인 미베인(Mebane)으로 2015년에 이사를 했다. 소무의 장모는 10만 달러에 단독 주택과 그 주위 농장도 구매하여 난민촌 시절에 먹던 채소와 작물을 직접 재배하여 카렌족 공동체에 나눠주었다. 외딴곳에 있었지만 채플힐에 사는 카렌족이 자동차로 이 집에 자주 들러 주인이 없더라도 농장도 돌볼 겸 채소와 작물을 거두어 가곤 했다.[92] 이곳은 카렌족에게 일종의 커뮤니티센터 역할을 하고 있었다. 이곳의 땅값이 저렴하기에 카렌족 공동체는 교회를 설립할 목적으로 이 근처에 미리 땅을 사두기도 했다.

이렇듯 소블래, 엘루뇨, 소무의 사례를 보면 정착 초기에 미국의 신자유주의 민관협력 난민 레짐에 영향을 받지만 시간이 흐르면서 가족과 종족 공동체 중심으로 생활하며 적응해 나감을 알 수 있다. 고전적인 용광

92) 나도 그 집에서 감자를 한 아름 받아서 집으로 돌아왔다.

로 이론(Gordon 1964)의 기대, 즉 아메리칸으로 거듭나 주류와 더불어 살아가는 것과 달리, 프레이저(Frazier 2016)가 언급하듯이 일종의 종족 집거지를 형성하고 그 중심으로 살아가고 있다. 초기의 난민 레짐의 영향을 벗어났지만 소무가 사는 동네에서 보듯이 미국 사회를 근본적으로 구조짓는 인종질서(Omi and Winant 2014)에 영향을 받으며 백인 거주지보다는 이주민 거주지에서 비슷한 처지의 다른 이주민과 공존하되 섞이지 않고 동족 공동체 위주로 살아가고 있다.

공동체와 더불어 기억은 미국식 신자유주의 자아 주조의 경로와 다르게 카렌족 난민 자신을 재구성하는 자산이 된다. 이주는 이들에게 난민촌 시절에 대한 기억을 새롭게 떠올리도록 하며 그때 관계를 맺었던 사람들을 그리워하는 계기를 만든다(Creet 2011; Tošić and Palmberger 2016). 그리하여 기억 속에 큰 자리를 차지했던 한국인을 다시금 떠올린다. 한국인은 1989년에 카렌족 난민과 관계를 맺기 시작했다. 강대흥 선교사가 그때 그들을 돕기 시작했고, 그의 안내로 한국인 봉사단이 90년대 초반부터 맬라 난민촌을 방문했다.[93] 강대흥 선교사의 뒤를 이어 오영철 선교사[94]와 김봉국 선교사[95]의 안내로 90년대 중반부터 2010년 무렵까지 한국 치과 봉사단이 거의 매년 설 연휴를 끼고 5일 정도 맬라 난민촌[96]을

93) 강대흥 선교사와 면담(2022년 6월 3일).

94) 나는 오영철 선교사의 안내로 1999년 12월에 맬라 난민촌을 처음 방문했다. 이에 대한 에피소드는 이상국(2014)에 나와 있다.

95) 김봉국 선교사는 한때 매솟과 맬라 난민촌 담당 선교사로서 내가 2004~2005년에 매솟에 머물며 현지조사할 때 도움을 주었다.

96) 맬라 난민촌의 세 구역(Zone A, Zone B, Zone C) 중 Zone C는 신학교가 위치하고

방문했다. 노 사거뇨투 사이먼(Naw Hsar Ka Nyaw Htoo Simon 2020, 52)[97]의 회고를 보자.

> 한국인 봉사단이 도착했다. 그들 대부분 영어를 못해 한국어로, 우리는 카렌어로 얘기했지만, 소통하는 데 별문제가 없었다. 그들과 우리는 어울려 놀았다. 함께 난민촌을 돌아다녔으며, 줄넘기도 같이했고, 빈 통에 공 넣기 놀이도 같이했다. 한국인들은 우리가 부엌에서 음식 준비하는 것을 도와주었다. 나이 든 여성분들은 김치와 김 등 한국 음식을 만드는 방법을 가르쳐 주기도 했다. 그들과 우리는 함께 예배했고 그들이 떠나기 전에는 선물교환도 했다. 그들이 떠날 때면 우리와 주변의 모든 사람은 작별 인사를 하려고 그들과 어울려 큰길까지 걸어가곤 했다. 그들은 오갈 수 있지만 우리는 난민촌 밖을 나갈 수 없었다. 우리 둘의 마음은 사랑의 끈으로 엮었고 시간이 멈추길 바랐다. 그러나 어쩔 수 없었다. 그들은 집으로 돌아가야 했다. 우리는 눈물을 흘리며 그들을 떠나보냈다. 그들도 눈물을 흘리며 떠났다. 그들이 탄 차가 자취를 감춘 뒤 언제 다시 그들을 볼 수 있을까 하는 생각에 잠긴 채 우리는 집으로 돌아왔다.

위의 장면은 내가 참여관찰을 했던 2000년과 2005년에도 마찬가지로

주요 난민 지도자가 거주하고 있는 일종의 특별구역으로서 당시 태국 당국도 외국인의 출입을 허용해 주었다.

97) 그녀는 내가 맬라 난민촌에 머물 수 있도록 허락해 준 맬라 난민촌 신학교 사이먼(Simon) 교장의 딸이다.

일어난 장면이었다. 방문하는 동안 한국인과 난민들은 압축적인 관계를 맺었다. 한국인 봉사단 방문 기간은 마치 축제 때와 같았다. 평소 치과 진료를 제때 받지 못했던 난민들은 이때를 기다려 진료를 받았다. 방문단 중 일부는 어린이들과 놀이했다. 식사 준비팀은 난민들과 함께 김치 등 한국 음식을 준비했다. 이 기간에 김치를 만드는 방법을 터득한 난민 요리사도 등장했다. 밤에는 영화 상영을 했다. 케이포처럼 활달한 아이들은 밤에도 나를 비롯해 한국인들을 따라다니며 라면과 김치를 함께 먹기도 했다. 한국인 봉사단이 떠나는 날 난민들은 무리를 지어 한국인들을 뒤따랐다. 한국인들은 차에 바로 오르지 못한 채 눈물을 지으며 난민들과 작별의 포옹을 했다. 난민들 역시 눈물을 흘리며 차에 오르는 한국인을 배웅했다. 어떤 난민들은 차를 붙잡고 오열했다. 안타까움, 아쉬움 등 복잡한 상념에 잠긴 채 한국인 방문단은 난민촌을 떠나갔다.

해마다 한국인 봉사단 구성원은 바뀌었지만, 일부는 10년 이상 꾸준히 방문하기도 했다. 엘루뇨, 케이포 등 어린이들은 이때를 손꼽아 기다리곤 했다. 이들이 오면 다시 흥겨운 시간을 보내고 떠날 때 또다시 눈물로 작별의 인사를 나누었다. 이렇게 한국인의 방문은 난민촌 사람들의 집단 기억으로 큰 자리를 차지하고 있다. 난민촌 시절에는 인터넷 사용 제약으로 SNS를 통한 관계 맺기 시도가 어려웠지만, 미국 땅에서 이들은 과거에 자신들과 인연을 맺었던 사람들을 찾으며 그때 그 시절을 되새긴다. 케이포는 미국에 도착한 뒤 한국인들과 함께 라면과 김치를 먹으며 배웠던 한국어 표현인 "와 맛있다!"를 기억해 내며 나를 비롯해 한국인들에게 연락하려고 시도했다. 케이포 등 카렌족에게 미국에서 적응해 나가는 것은 과거를 잊고 앞으로만 나아가는 작업이 아니라 난민촌 시절에 여러 제약으로 잇지 못했던 관계의 끈을 회복하여 과거와 오늘을 하나의 온전한 끈으로 엮는 작업이다.

한국과 연결된 자아 구성 작업은 엘루뇨 가족에게서 더 두드러졌다. 난민촌 시절 엘루뇨의 가족에게 한국인의 주기적인 방문은 그 가족의 한국인 자손됨을 강화하는 계기가 되었다. 난민촌 신학교와 깊은 관계를 맺었던 한국의 한 교단[98] 소속 박원규 장로는 90년대 중반부터 엘루뇨 가족을 특별히 생각하여 방문할 때마다 재정적으로 후원했고, 또 직접 엘루뇨 할아버지의 한국 가족이라는 사람들을 만나기도 했다.[99] 나 역시 2000년 4월 13일 엘루뇨의 엄마 클로포와 면담하여 앞에 소개한 아버지 이동근에 관한 얘기와 그의 한국인 가족의 연락처를 받아두기도 했다. 당시 클로포는 한국인으로 인정받고 싶으나 그렇지 못할까 봐 안타까워하는 마음을 표현했다. 클로포는 "나는 절반의 한국인인데 한국말을 잘하지 못해요. 한국인이 저와 같은 사람들을 같은 한국인이라고 생각하고 받아줄까요?" 하며 나에게 물었다. 한국인 가족을 찾으려는 시도는 예상과 달리 순조롭지 않았다. 박원규 장로는 한국인 가족으로 추정되는 사람들의 경기도 집까지 찾아갔으나 호의적인 반응을 받지 못했다. 나 역시도 한국인 가족이라고 추정되는 사람과 연락하여 서울에서 만났으나 클로포와의 직접적인 관계를 확인하지 못했다. 그렇게 가족관계를 확증

98) 이 교단은 기성 개신교 교단과 정통성 시비로 마찰을 겪기도 했다.
99) 박원규 장로와 면담(2022. 5. 30).

하지 못한 채 엘루뇨 가족은 미국으로 재정착한 것이고 2011년 엘루뇨가 나에게 SNS 메신저로 DNA 테스트를 받고 싶다는 얘기를 불쑥 꺼낸 것도 그 이유 때문이었다. 2020년에 내가 방문했을 때도 DNA 테스트 얘기를 꺼낸 것은 한국인으로서 정체성을 인정받고 싶은 엘루뇨 가족의 욕구가 미국에서도 여전히 강하다는 것을 드러낸다. 엘루뇨 가족이 미국에서 재구성하는 자아 정체성은 순수한 아메리칸이 아니라 카렌-코리안-아메리칸이라는 혼종적 정체성이다.

미국에 살면서 카렌족은 일상에서 여러 계기에 한국과 맺은 인연을 재확인하게 된다. 그들은 자신을 주변 사람에게 카렌(Karen)이라고 소개할 때 코리안(Korean)이라고 오해하여 듣는 이들이 많다. 'Karen'이라는 기표가 미끄러져 'Korean'이라는 기의에 닻을 내릴 때가 많은 것이다.[100] 그들은 즉각 카렌이라며 자기의 종족 정체성을 교정하여 밝히지만, 일상에서 마주하는 그러한 기표와 기의의 미끄러짐 현상이 자기 존재를 부정당하는 것으로 다가오는 것이 아니라 오히려 난민촌 시절에 한국인과 맺었던 관계를 떠올리는 자극제가 된다.

이들은 또한 한국계가 운영하는 아시아 마트에서 식재료를 구매하는 경우가 많다. 미국 마트에서는 이들이 원하는 채소나 조미료 등을 사기가 어렵다. 엘루뇨도 캐리에 소재한 H마트를 자주 이용했다. 그 마트에서 김치, 김, 라면 등 난민촌 시절에 한국인이 즐겨 먹던 먹거리를 발견

100) 라캉의 이론에 입각한 구조주의 언어분석이 목적이 아니기에 기본 아이디어만 차용한다.

하고 사기도 한다. 나 역시 카렌족 가정을 방문할 때면 이곳에서 한국 과자와 김을 사서 선물했다. 이처럼 한국계 마트는 한국, 카렌, 미국이 연관된 삼각 초국주의를 매개하는 장의 역할을 했다. 이것은 미셸 자우너(2022)에게 다가왔던 H마트의 의미, 즉 미국 속에서 한국 정체성을 찾는 의미에서 더 나아간 차원이고 마찬가지로 음식 등을 매개로 본국과 거주지 사이에 일상에서 이뤄지는 초국주의를 다룬 논의(Sarkar 2019; Vertovec 2009)에서 더 나아간 차원이다.

엘루뇨 가족이 맬라 난민촌을 떠나자 엘루뇨의 이모, 즉 클로포의 여동생 애애 가족이 미얀마 카렌주에서 옮겨와 그 집을 물려받고 살았다. 오영철 선교사, 박원규 장로 등은 그 난민촌을 방문할 때마다 애애 가족에게 각별한 관심을 쏟았다.[101] 엘루뇨 가족 역시 애애 가족과 연락을 주고받으며 이 가족이 미국에 재정착할 수 있도록 여러 정보를 알려주었다. 애애 가족도 드디어 2019년 12월에 미국 뉴욕주에 재정착하게 되었다. 미국에서도 애애 가족은 오영철 선교사와 연락을 주고받으며 그동안의 관심에 감사하고 미국 생활 경험담을 나누었다.[102] 엘루뇨 가족, 애애 가족, 오영철 선교사, 박원규 장로는 이처럼 미국과 난민촌과 한국 사이에 작동되는 삼각 초국주의 관계망 속에서 물질, 정서, 돌봄, 정보를 교환했고, 실제로 애애 가족은 그 관계망을 자원으로 활용하여 미국에 재정착하기에 이르렀다.

101) 애애 가족에 대한 자세한 사항은 오영철(2020, 199-206) 참고.
102) 오영철 선교사의 SNS에서 참고했다.

한국인 기독교인들의 미국 방문 역시 카렌족과 한국인의 초국적 연계를 강화하는 계기가 되었다. 박원규 장로는 2015년 11월, 2017년 2월, 2018년 9월 등 여러 차례 직접 미국을 방문하여 엘루뇨 가족, 소블래, 소무 등 난민촌 시절 인연을 맺었던 카렌족을 만나기도 했다. 오영철 선교사 역시 2007년과 2016년에 미국에 머물던 중 샌디에이고와 애틀랜타 등 미국 주요 도시의 카렌족 공동체를 방문하기도 했다.[103] 2020년에 내가 엘루뇨와 소블래 등 카렌족을 방문한 것 역시 초국적 연계를 강화하는 일환이라고 할 수 있겠다. 이러한 대면 만남은 미국 내 흩어진 카렌족 사이의 연결고리를 강화하는 자극제가 되기도 한다. 예컨대 나의 카렌족 방문은 노스캐롤라이나, 사우스캐롤라이나, 조지아, 버지니아 등 여러 주의 주요 카렌족 인사 사이의 정보 교환과 안내를 통해 이루어졌다. 한국인과 카렌족이 맺는 초국적 연계는 미국 내 카렌족 공동체 사이의 연계도 강화하는 구실도 했다.

교육 영역에서 실천하는 삼각 연계: 미네소타 세종아카데미 사례

미네소타 세인트폴에 있는 한국어 몰입 자율형 공립학교인 세종아카데미 사례는 기억을 넘어서 카렌족-한국-미국의 연계가 교육의 영역에

103) 오영철 선교사와 면담(2022. 5. 31).

서 작동되는 사례다. 세종아카데미는 당초에 미네소타에 거주하는 한국 출신 입양아[104]를 가르칠 목적으로 2007년부터 준비하여 2014년에 개교했다. 막상 설립하자 그 입양아들은 거리상의 이유로 등록하기 어려웠고, 학교가 카렌족 다수 거주 지역에 자리를 잡으면서 카렌족 난민 아동들이 학생 다수가 됐다.[105] 설립 당시 유치원(K)부터 6학년 과정까지 개설하여 총 63명이 입학했는데, 학생 구성을 보면 아시아계가 84%, 혼혈 8%, 백인 3%, 흑인 5% 등이며 카렌족 학생이 39명으로 62%를 차지했다. 세종아카데미는 사실상 카렌족을 교육하는 기관으로 시작한 셈이다. 이에 따라 100% 한국어 몰입교육을 하려던 계획을 수정하여 카렌어 수업도 병행했다.[106]

세종아카데미는 거의 매년 상급 학년 과정 하나씩 확대해 2021~22학년도에 이르면 Pre K부터 11학년 과정까지 과정을 제공하게 됐고, 2022~23학년도에는 12학년까지 개설했다. 과정이 추가로 개설되면서 학생 수도 늘어났으며 그중 아시아계의 비중이 설립 당시보다 더 늘어나 거의 90%에 육박했다. 〈표 7.2〉에서 보듯이 2020~21학년도 기준 재학

---

104) 2014년 8월의 한 보도에 따르면 1만 명의 한국계 입양아가 미네소타에 거주하는 것으로 추정한다. https://www.tcdailyplanet.net/minnesota-s-first-korean-immersion-school-may-benefit-adoptees/(검색일: 2022. 6. 10).

105) 미네소타에 거주하는 카렌족은 1만 명이고, 그중 95%가 세인트폴에 거주한다고 한다. https://web.archive.org/web/20200724063942/https:/www.usnews.com/news/best-states/minnesota/articles/2019-08-31/jobs-housing-lure-karen-refugees-to-spread-across-minnesota?context=amp(검색일: 2022. 6. 10).

106) https://m.yna.co.kr/amp/view/AKR20141008070700009(검색일: 2022. 6. 15) 및 https://www.chosun.com/site/data/html_dir/2014/10/10/2014101000128.html(검색일: 2022. 3. 15).

생 257명 중 아시아계가 226명에 이른다. 소수의 한국계 입양아 및 한국계 이민 2세를 제외하고 아시아계 대부분은 카렌족이다.

| 표 7.2 | 미네소타 세종아카데미 인종(종족)별 학생 수[107]

학년도	인종(종족)				합계
	아시아계	백인	흑인	혼혈	
2014~15	53명(추정)(84%)	2명(추정)(3%)	3명(추정)(5%)	5명(추정)(8%)	63명
2015~16	79명(88%)	6명(7%)	1명(1%)	0	86명
2016~17	106명(88%)	4명(3%)	7명(6%)	4(3%)	121명
2017~18	미상	미상	미상	미상	162명
2018~19	161명(86%)	7명(4%)	13명(7%)	6명(3%)	187명
2019~20	188명(88%)	8명(4%)	8명(4%)	9명(4%)	213명
2020~21	226명(88%)	9명(4%)	9명(4%)	13명(5%)	257명

| 출처 | 세종아카데미(Sejong Academy) 연례보고서(Annual Reports)

세종아카데미의 교사와 지원 교사 규모 역시 증가하여 2022년에 48명에 이르렀는데, 그중 이민 2세, 입양아 출신 등 한국계가 27명으로 다수를 차지하고 있다. 학생 다수가 카렌족이므로 그들의 학습을 돕는 카렌족 지원 교사도 5명을 두고 있으며, 백인 12명, 백인과 한국계 혼혈 3명, 히스패닉 1명을 포함하고 있다.[108] 행정직원은 7명인데 그중 한국계 2명, 카렌족 2명, 백인 2명, 기타 1명이다. 교사 인원과 학생 인원을 종합하여

107) 세종아카데미 홈페이지(https://www.sejongacademy.org/)에 있는 연례보고서와 기타 자료를 참고했다. 2014~15학년도에는 학생수 비중만 나와 있어 추정한 숫자이다. 2017~18학년도의 연례보고서는 홈페이지에 누락이 되어 있어서 다른 자료를 참고하여 학생수 합계만을 파악했다.

108) 세종아카데미 홈페이지에서 확인한 것이다. 한국에서 이주민 활동가이자 격투기 선수로 활동했던 곽사진도 교사로 재직하고 있다.

살펴보자면, 한국계 교사가 카렌족 학생들을 가르치고 있는 것이 일상의 교실 현장이라고 할 수 있다.

한국어 몰입 교육 비중을 보면, 유치원과 1학년 과정은 100%, 2학년과 3학년 과정은 80%, 4학년 과정은 50%를 차지하고, 5학년 이후 과정에는 한국어가 몰입 형태가 아닌 별도의 수업으로 구성돼 있다. 정규 과정인 유치원부터 12학년 과정에는 등록금을 받지 않으나 별도의 과정인 어린이집(Pre K) 과정은 매달 400달러의 등록금을 받고 있으며 영어를 기본 교육 언어, 한국어를 보조 언어로 쓰고 있다. 특수교육 과정도 운영하고 있으며 카렌족 지원 교사 2명이 여기에 참여하고 있다.

카렌족 학부모 당사자도 학교 의사결정 기구에 참여하고 있다. 대표적인 사례가 소르윈이었다. 소르윈은 태국 매솟에서 이주민 학교인 사툴레(Hsa Thoo Lei) 학교[109]를 설립하고 운영한 경험이 있었다. 미국에 재정착한 뒤에는 이민국 관련 기관에서 재정착 난민들의 적응을 돕는 일을 했다. 그 일을 하던 중 같은 기관에서 일하던 한 한국계 인사가 소르윈의 경험과 근무 태도를 높이 평가하여 한국어 몰입학교를 설립하는 일을 도와 달라고 부탁하여 참여하게 됐다.[110] 소르윈은 학교의 의사결정 위원회에 적극적으로 참여했고, 또한 학교를 대표하여 해당 지역의 교육 사안을 논의하는 위원회(District Advisory Committee)에까지도 참여했다.

---

109) 사툴레 학교는 이주민 교육에 관한 내 연구(Lee 2014c)의 주요 현장이었다. 그 학교의 교장인 포레이(Paw Ray)가 소르윈의 아내와 자매지간이다.

110) 소르윈과 면담(2018. 5. 16).

세종아카데미는 카렌족 학부모에게 적극적으로 다가가고자 뉴스레터와 학부모 알림장을 카렌어로도 번역하고 있다. 아래는 2021년 10~11월호 뉴스레터의 한 부분을 발췌한 것이다.

Parent-Teacher Conference Meals

Each year at conferences, we provide a meal for teachers and staff to grab in between meetings with parents. We've been doing cup noodles over the past couple years (at the request of a few teachers) but this time we pitched in with the school to do a bigger Korean meal cooked by Ms. Youngie Kim, an EA at Sejong. We heard that Ms. Kim's cooking was much tastier than instant ramen! Shout out to Ms. Kim!

[illegible]

[illegible]

학생회 임원도 대부분 카렌족이 다수를 차지하고 있다. 예컨대 2019~20학년도의 학생회 임원 5명 모두 카렌족이었다. 카렌족 학생은 부모와 함께 재정착한 1.5 세대인 경우도 있고 미국에서 태어난 2세대도 있다. 카렌족 학생이 많다 보니 빈랑(betel nut)을 씹고 땅바닥에 뱉는 행태도 잦아 2019년 10월 학교 위원회 모임에서는 빈랑 씹기를 아예 금지하고 위반 시 한국 수학여행을 금지한다는 조치까지 내리기도 했다. 학교가 그렇게 반응할 정도까지 카렌족의 문화를 육화하고 있으면서도 카렌족 학생들은 학교에서 제공하는 프로그램과 자체 클럽 활동을 통해 태권도, 전통춤, K팝 댄스, 추석과 설맞이 놀이, 김치 담그기 등 한국 문화와 관련된 다양한 활동에 참여하고 있다.

왜 카렌족 학부모는 주변에 다른 공립학교도 있는데 자녀들을 세종아카데미에 보내고 있을까? 우선 카렌족에게 한국이 낯설지 않기 때문이다. 한 보도에 따르면 카렌족이 난민촌에 있을 때 한국인 선교사들이 자신들에게 베풀었던 호의를 잊지 못해 이곳을 찾은 것이라고 한다.[111] 앞에서 살펴보았듯이 난민촌 시절 방문했던 한국인들에 대해 이들은 좋은 기억을 갖고 있다. 그 기억으로 인해 이들은 당초에 한국계 교육 기관에 진입하는 것에 큰 어려움을 겪지 않았다. 또한 세종아카데미가 홈페이지에서 내세우듯이 국제정치와 경제 영역에서 한국의 위상이 높아지고 한류가 카렌족에게 큰 영향을 끼치면서 한국어를 제2외국어로서 배울 가치와 매력이 높아졌기 때문이기도 하다. 그러나 무엇보다 중요한 요인은 소수자로서 주류 학교에서 겪게 될 낙오와 주변화에 대한 우려 때문이었다. 즉 선주민 백인계가 주류인 학교에 다니면 이들은 제대로 돌봄을 받지 못하고 차별과 냉대로 이어질 것을 두려워한 것이다. 자기 딸을 세종아카데미에 보내는 학부모이기도 한 소르윈은 다음과 같이 말했다.

> 주류 학교에 가면 주류 문화에 대해서만 배우고, 소수자들이 배제되는 경우가 많아요. 그러나 세종아카데미에서는 다른 문화를 배울 수 있고, 또 관심과 돌봄을 받을 수 있어서 좋아요.[112]

위의 언급은 오미와 위난트(Omi and Winant 2014)가 언급한 미국 사회 인종질서가 카렌족의 교육 기관 선택에 어떠한 영향을 미쳤는지 드러낸다. 거주지 선택에도 영향을 미친 인종질서가 교육에도 반영된 것이다.

---

111) https://www.chosun.com/site/data/html_dir/2014/10/10/2014101000128.html(검색일: 2022. 3. 15).

112) 소르윈과 면담(2018년 5월 12일).

카렌족이 세종아카데미에서 받는 교육은 포르테스와 조우(Portes and Zhou 1993)가 언급한 분절된 동화의 관점에서, 즉 이민 2세대들이 상향이나 하향의 사회적 이동이 아니라, 경제적으로는 주류에 통합되되 문화적으로는 출신지의 문화적 가치와 전통을 지켜나간다는 관점에서 살펴볼 수 있다. 카렌족은 주류 교육 기관에서 상향의 이동을 추구하지 않고, 그렇다고 학교 밖 청소년 처지인 하향의 이동도 아닌 대안의 세종아카데미에서 적응해 나간다는 점에서 포르테스와 조우와 일치하는 점이 있다. 하지만 자신의 소수자 문화가 아닌 다른 배경의 소수자 문화와 가치를 배운다는 점에서 그 관점과 차이가 있다. 소수자와 또 다른 소수자 사이의 연대는 분절된 동화론의 한계를 보여주는 것이자 위계화된 주류 사회의 인종질서를 극복하려는 소수자의 출구 전략의 하나라고 할 수 있다.

세종아카데미는 8학년(중학교 과정)을 졸업하는 학생들이 한국으로 수학여행을 가는 프로그램을 운영하고 있다. 그리하여 2018년 5월 12~24일, 2019년 5월 12~24일에 각각 11명과 22명으로 구성된 방문단이 한국을 찾았다. 그 방문단에서 한국인 인솔자 한 명과 백인 영어 교사를 제외하고 모두 카렌족이었다. 이들은 한국에 체류하며 연세대, 코엑스, 민속촌, 한국 고등학교 등을 방문하며 한국 문화와 교육 기관에 대한 견문을 넓혔다. 이들은 한국 체류 기간 중 주로 한국에 재정착한 카렌족 난민 가정에 흩어져 머물렀다. 그렇게 머물면서 미국 생활과 한국 생활에 대한 정보를 교환하며 우애를 다졌다. 그러던 중 미국 카렌족과 한국 카렌족 사이에 애정이 싹터 친밀한 관계로 발전하는 사례도 있었다. 세종아카데미와 한국이 양국 카렌족 사이에 우정과 사랑의 교두보를 놓은 셈이다. 달리 말하여 그 친밀감은 카렌족-한국-미국이 연계된 삼각의 초국적 연대와 교류 속에서 형성된 것으로서 이 사례는 본국과 거주국 사이의 관계에 주로 초점을 맞춘 기존 초국주의 논의(Basch et al. 1994; Levitt and Glick Schiller 2004; Myers and Nelson 2019; Suter 2021; Vertovec 1999)의 공간적 차원을 넘어서는 사례이다.

인종질서의 틈새에서 자라나는 소수자-소수자 연대

지금까지의 논의를 정리해 보자. 미국은 최대 난민 수용국으로서 외교 전략과 인도주의 정책을 결부시키는 계산된 친절의 원리에 바탕을 두고 난민을 재정착시키고 있다(Keles 2008). 엘루뇨 등 미얀마 카렌족 난민이 2000년대 중반 이후 출신국 중 최다수를 차지하며 미국에 들어온 것도 미국 정부의 전략적 관심 대상인 P-2로 지정이 되었기 때문이다. 돌아갈 날을 기약할 수 없는 그들에게 미국은 새로운 시공간에서 삶을 재건설할 기회를 제공했다. 일부 카렌족 난민에게는 미국 정부가 신화 속의 백인 구원자의 도래로 받아들여진 것도 사실이다(이상국 2010). 하지만 머프티(Muftee 2015)가 언급하듯이 오늘날 재정착 난민 수용은 백인의 책임(white man's burden)이 투영된, 제3세계 출신 난민들을 새로운 주체로 구성하려는 포스트식민주의 작업의 하나이기도 하다.

미국에서 그 작업은 신자유주의 이념과 결합하여 민관협력 체계라는 틀에 바탕을 두고 이루어지고 있다. 국가는 난민 수용 및 정착에 관한 기본 기조를 설정하여 예산을 지원하는 역할을 하고, Volag이라는 엔지오가 국가를 대리하여 난민들을 입국시키고 지역사회에 배치하여 적응해 나가는 과정에 개입한다. 이른 자립이라는 국가의 목표를 달성하기 위해 Volag은 국가의 예산을 활용하여 난민들의 과거 경험과 능력을 고려하지 않고 쉽게 구할 수 있는 일자리, 노동시장에서 낮은 단계의 일자리로 난민들을 떠밀어 넣는다. 대로우(Darrow 2018)가 언급하듯이 난민들은 Volag과 맺은 비자유 행정계약 아래에서 순응과 반항에 따른 보상과 처벌을 받는 처지에 놓이게 된다.

무엇보다 신자유주의 민관협력 체계는 미국 특유의 캔두이즘과 결합하여 난민들을 앞으로 내밀며 도전 정신을 갖고서 새로운 곳에서 새롭게 자아를 구성하여 버젓한 아메리칸이 되도록 압력을 가한다. 그러한 압력을 받고 살아가되 난민들은 과거를 잊는 것이 아니라, 과거를 오늘날의 자아를 구성하는 필수 성분으로 삼는다. 토시치와 팔름버거(Tošić and Palmberger 2016)가 언급하듯이 이주는 난민/이주자에게 과거의 기억을 되살리며 초국적 관계를 만들어 나가는 계기를 마련한다. 나는 그러한 기억이 불러일으키는 초국적 관계망 만들기 효과 중에서 카렌족과 한국인이 맺었던 관계에 초점을 맞추었다. 난민촌 시절에 한국인과 밀접한 관계를 맺었던 엘루뇨, 케이포 등 카렌족 난민들은 미국에서 적응해 나가면서도 그때 그 시절의 한국인을 찾으며 과거와 오늘을 연결하려고 시도했다. 특히 할아버지가 한국인이라는 엘루뇨의 경우 미국에서 구성해 나가는 자아 정체성은 DNA 테스트를 받고자 하는 욕구에서 드러나듯이 카렌-아메리칸이 아니라 카렌-코리안-아메리칸이라는 삼중의 혼종 정체성이다.

카렌족이 미국에서 연결하는 끈은 기존의 초국주의 논의(예 Basch et al. 1994)가 주로 다룬 본국과 거주국 사이에만 해당하는 직선의 끈이 아니라 한국이 관련된 삼각 모양의 끈이라고 할 수 있다. 그 삼각의 관계는 한국인의 방문으로 유지되거나 강화되고 한인 마트 이용 등 일상의 여러 계기를 통해 되새겨진다. 그러한 삼각의 초국주의는 난민들에게 정서적 안정을 제공할 뿐만 아니라 실제로 미국의 인종적 위계질서(Omi and Winant 2014)를 헤쳐 나가는 데 하나의 출구를 제공하기도 한다. 강력한 인종질서 아래 카렌족 난민은 주류 사회에 깊이 편입되지 못하고 프레이저(Frazier 2016)가 언급한 대로 분리된 집거지를 중심으로 생활세계를 구축해 나간다. 하지만 세종아카데미의 사례가 제시하듯이 비주류인 한국계가 마련한 교육의 장에서 이루어지는 소수자-소수자 연대는 기존 인종질서의 틈을 파고들며 확장해 내는 공생의 영역이라고 할 수 있다. 카렌족은 미국 사회의 인종질서 상층부로 들어가지는 못했을지라도, 그 공생의 영역에서 난민촌, 한국, 미국이 연계된 초국적 생활세계를 구축하며 미국을 넘어서는 또 다른 경로의 통합을 추구해 나가고 있다.

제8장

다시 난민촌으로, 증인으로 돌아오다

2024년 3월 15일, 나는 치앙마이에서 매솟을 거쳐 맬라 난민촌에 자동차를 타고 들어왔다. 내일 열릴 난민촌 신학교(KKBBSC) 설립 40주년 기념행사와 모레 열릴 졸업식에 참석하기 위해서였다. 오랜만에 난민촌에서 잠을 자본다. 그간 몇 번 난민촌을 방문하긴 했지만 당일치기로 오갔다. 내가 예전에 묵었던 숙소는 2012년 4월 28일에 발생한 화재로 전소됐고 그 자리에 모양은 비슷하나 확장된 건물이 들어섰다. 손님이 머무는 숙소는 자리를 넓혀 그 위쪽 건물로 옮겼다. 막상 잠을 자보니, 여기가 난민촌이었지 하는 '현타'가 온다. 화장실도 불편하고, 제대로 씻을 수도 없고, 모기도 많다. 예전에 지낼 때보다 더 힘들게 느껴진다. 그간 편한 생활에 익숙해져서 그렇기도 했겠지만, 난민촌의 물 사정이 오염과 가뭄으로 열악해지고, 배설물을 파묻을 곳도 없어져 간다. 이 난민촌이 세워진 지 35년이 지나가는데도 국가가 지정한 공식 이름은 여전히 임시 수용소(temporary shelter)이다. 그래서 상하수도 시설 같은 기반 시설을 공급하지 않는다. 내가 알았던 사람들은 대부분 해외에 재정착됐으나 그 자리에 새로운 난민이 들어서 살아가고 있다. 힘든 환경 가운데서도 아이들은 뛰놀고, 시장은 붐비고, 학교는 바삐 돌아간다. 영원한 임시 공간에서도 삶은 지속된다.

내가 맬라 난민촌에 머물 수 있도록 허락해 준 사이먼 교장은 2015년 8월 2일 세상을 떠났다. 2000년대 후반 미국과 캐나다에 재정착한 그의 세 딸은 돌아와서 아버지의 임종을 지켰다. 아버지의 전기를 작성한 큰딸은 이후에도 캐나다와 난민촌을 자주 오가며 신학교에서 가르치며 아버지의 유산을 이어갔다. 그 신학교의 숨은 공헌자이자 산 증인인 따블루투는 남편을 여읜 뒤 세 딸 가까이에서 지내려고 미국에 재정착했다. 그러다가 이번 40주년 기념행사와 졸업식에 참석하려고 난민촌으로 돌아왔다. 얼마 전 출산한 큰딸과 아직 자녀들이 어려서 출타가 어려운 다른 두 딸은 참석하지 못했지만, 미국의 사우스캐롤라이나에서 살아가고 있는, 내가 노스캐롤라이나 엘루뇨 집에서 만났던, 따블루투의 여동생은 참석했다.

이 계기에 따블루투는 난민촌 신학교에서 40주년을 기념하여 특별 공로자에게 수여하는 명예박사학위를 받는다. 그녀와 더불어, 사이먼 이후 교장을 역임했던 퀘투, 티거니 교회의 담임목사로서 호주 멜버른의 안작데이 행사 때도 참석하고 한국에 와서 에포의 떠라도(reverend) 안수식도 집례했던 쉐따도 명예박사학위를 받는다. 에포의 동기생으로 얼마 전 교장으로 취임한 쿠투는 40주년 기념행사를 준비하며 전 세계에 흩어진 졸업생과 카렌족 공동체에 초청장을 보냈고, 행사의 주요 순서도 미국과 호주 등 해외 카렌족 지도자에게 배정했다. 태국 시민권을 획득하여 매솟과 그 주변에서 살아가고 있는 졸업생 출신들도 순서를 맡았다. 한국에서는 에포와 한국의 카렌족을 돕는 킨미니스트리의 주요 인사도 참석했다. 난민촌은 이렇듯 흩어진 사람들을 다시 모있다. 난민촌은 초국직 네트워크의 심장인 것, 그리고 기독교 카렌족 엘리트가 이것을 관리해 나간다는 점이 다시금 드러난다.

신학교 운동장에 설치된 야외무대에서 전야제 겸 콘서트가 열렸다. 구성을 보니 본격적인 밴드가 갖춰야 할 악기를 제법 갖추었다. 무대에 오른 자들은 모두들 카렌 전통 옷을 말쑥하게 차려입고 독창, 중창, 합창 등 다양한 레퍼토리를 선보인다. 청중 숫자를 헤아려 보니 1천 명은 족히 넘어 보인다. 그 주변에는 야시장이 열려 닭튀김, 소시지, 과일, 주스 등을 판다. 한바탕 축제가 벌어지고 있다. 24년 전 이맘때(2000년 3월 중순)도 그랬다. 졸업식 주간에 다채로운 문화행사가 열렸다. 나는 당시 사이먼의 큰딸이 기획한 15개국 의상을 소개하는 패션쇼에 큰 인상을 받았다. 귀여웠던 엘루뇨도 참가하여 멋진 워킹을 뽐냈다. 당시 내 노트를 보니 이렇게 적혀 있다.

> 나는 오늘 행사를 보면서 난민을 바라보는 내 고정관념이 흔들렸다. 그리고 이들의 문화 창조 능력을 새삼 확인했다. 어린아이들로부터 젊은이, 늙은이들까지 다 함께 모여서 즐긴다. 난민촌은 공동체 문화를 배양하는 장이다.
>
> ……
>
> 그리고 또 하나 느낀 점은 난민촌에서 난민들이 끈적끈적하게, 끈질기게, 문화를 유지하거나, 인간으로서 존엄성을 이어나간다는 점이다. 난민촌의

흙과 먼지를 붙이면서 끈적끈적하게 삶을 이어나간다.

이것을 보니 24년 전의 나와 지금의 내가 '위대한' 난민을 보고서 서로 맞장구를 치는 것 같다. 당시 나는 위대한 난민을 믿었던 나머지 이렇게 난민촌에서 공동체 중심으로 문화 창조를 하며 계속 끈적끈적하게 살아가기를 바랐다. 가혹했겠지만, 그렇게 살아서 새로운 거버넌스의 가능성을 보여주기를 바랐다. 더군다나 당시에는 글로벌 시민사회가 국가를 대체하며 통치의 주역으로 등장할 것이라고 기대하는 사람들이 제법 많았다. 난민촌을 보니 실제로 그럴 것 같았다. 본국과 수용국 모두에게서 버림받은 난민을 국제 엔지오가 유엔난민기구와 협력하여 돌보고 있었다. 그래서 의식주에 해당하는 거의 모든 것과 건강, 교육까지 돌봐주었다. 카렌난민위원회가 난민을 대표하여 당사자로서 이러한 거버넌스에 깊이 참여했다. 나는 이것에 큰 인상을 받아서 이대로 버티고 버텨서 인류에게 뭔가 새로운 길을 제시하는 안내자가 되기를 난민에게 기대했다.

그러한 기대를 하고서 나는 2004년도에 국경과 난민촌에 돌아온 것이다. 그러나 그 기대가 물밀듯이 밀어닥친 재정착 프로그램 앞에 속절없이 무너졌다. 당시 나는 카렌족 지도자와 난민 당사자를 만날 때면 개인들이 그렇게 자기 살길 찾아 떠나면 공동체는 누가 책임지는가를 다짜고짜 물으며 질문을 빙자하여 내 본심을 내비쳤다. 실제로 난민촌 학교는 가르칠 교사가 없어져 갔고, 청년회·여성회 등 각종 단체는 지도자들의 부재로 유명무실해졌고, 병원, 엔지오 등도 일군이 갑자기 빠져나가 운영이 어려울 지경이었다. 어떤 카렌족 여성 지도자는 "우리는 이제 석기 시대로 되돌아가고 있다."라고 자조적으로 한탄을 했고, 어떤 엔지오 인사는 "카렌족은 미얀마 군부 때문에 망하는 것이 아니라, 유엔난민기구와 서구 선진국 때문에 망하고 있다."라고 비꼬았다. 그렇게 2010년대 중반까지 재정착의 광풍이 몰아닥쳐 플라투, 게일모, 래티, 소살라거포, 엘루뇨, 케이포, 소블래, 사이먼의 세 딸을 비롯해 10만 명이 넘는 난민들이 전혀 낯선 곳에서 새로운 삶을 시작했다. 소툴라 등 내가 몰랐던 난민들도 우리 곁에 와서 살게 됐다.

그 사이에 그렇게 흩어진 난민들을 찾아다니는 여행을 했다. 한국에서 여정을 시작하여 일본, 호주, 노르웨이, 스웨덴, 미국을 돌아다녔다. 그렇게 돌아다니며 수용국의 재정착 난민 제도가 현대판 백인의 의무이자 포스트식민주의 기획으로서 어떻게 이들을 새로운 인간으로 주조하려는지 살펴보게 됐다. 드디어 선진국형 난민 제도를 갖게 된 한국은 한 해에 30명 내외로 들여오면서 초기에 외딴곳에 분리하여 합숙시키며 고강도 훈련을 시켰고 지역사회에 정착한 뒤에도 이들의 정착에 깊이 관여했다. 한국에 노하우를 전수한 일본도 마찬가지였다. 한국처럼 외딴곳은 아니지만 별도로 분리하여 이들이 일본 사회에 하루라도 빨리 적응할 수 있도록 적응 프로그램을 운영하고 지역사회 정착에 관여했다. 호주와 미국은 대규모로 난민을 수용하다 보니 동아시아 국가들처럼 국가가 직접 나설 수 없고 엔지오가 국가를 대리하여 재정착 난민을 관리했다. 노르웨이 등 북유럽 국가는 지방정부가 세심하게 관리하는 특징을 지녔다. 그러나 어느 국가를 막론하고 이른 경제적 자립이라는 통합 정책의 목표는 똑같다. 수용국 사회에서 스스로 생계를 책임지는 떳떳한 인간, 이른바 신자유주의형 인간이 되는 것이 국가가 바라는 것이다.

내가 만난 난민들은 정도는 다르지만 수용국 사회의 질서와 통념과 기대에 맞추느라 갖은 고생을 했다. 국가가 바라는 각 단계에 알맞은 통합의 수준에 이르지 못하고 시행착오를 겪었다. 그러나 이들은 그 험난한 길을 홀로 걸어가지 않았다. 한국에서는 라에뇨와 모사린이 주도하여 설립하고 이제는 에포가 이끄는 공동체가, 일본에서는 소바라떼잉이 지도력을 발휘하여 세운 공동체가, 호주에서는 소르윈우, 가네미, 폴쪼가 저마다 시드니, 멜버른, 퍼스에서 세운 공동체가, 유럽에서는 투구, 쉐투, 소살라거포 등이 주도하는 공동체가, 미국에서는 소블래가 관여하는 공동체가 이들에게 버팀목이 됐다. 그래서 자립에 성공했든 그렇지 못했든 서로에게 사랑의 빚을 지고, 받고, 갚으며 호혜관계 속에서 통합을 구축해 나갔다.

무엇보다 그 통합의 경로는 일국 단위를 벗어난다. 모사린과 소바라떼잉의 한일 사이 개인 간 연대는 호주의 가네미의 방문을 계기로 공동체 차원에서 해외 카렌족과 연결되었다. 비교적 일찍 뿌리를 내린 호주의 공동체는 아시아, 미주, 유럽을 잇는 네트워크를 구축하는 데 견인차의 역할을 했다. 유럽의 카렌족, 특히 북유럽의 카렌족은 하나의 생활권을 형성하며 일상을 살아갔다. 제일 많이 거주하는 미국의 카렌족은 자체 내뿐만 아니라 캐나다의 카렌족과 연계하며 지냈다. 이 초국적 네트워크를 통해 사람과 정보와 돈이 오가며 일국 내에서 통합에 어려움을 겪는 동족의 재활을 북돋았다. 이 모든 연계의 중심에 난민촌이 있으며, 초국적 네트워크 자본도 그곳을 중심으로 순환한다. 지금의 나는 그것을 목도하며 그때의 내가 품었던 생각, 곧 난민이 떠나면 공동체는 와해할 것이라고 바라보았던 것이 짧은 생각이었음을 고백하게 된다.

3월 16일 오전 8시에 40주년 기념식이 열렸다. 먼저 기념탑 제마시부터 했다. 카렌, 태국, 한국, 미국, 캐나다, 호주, 노르웨이, 영국 등의 국기를 앞세운 기수단이 40주년 기념탑 주위를 돌고 나서 그 앞에 늘어서 있다. 그 국기부터 이 행사에 초국주의가 배어있음을 드러낸다. 따블루투와 그의 여동생 등 곳곳에서 참석한 카렌족 지도자들이 그 탑 앞에서 테이프커팅을 한다. 설교, 찬송, 기도 등 몇 종교의례를 마친 뒤 참석자들 저마다 그 기념탑 앞에 놓인 카렌 동종(drum)을 치고 기수단을 따라 악단의 연주에 맞추어 명예박사학위 수여식이 열리는 건물로 이동한다. 수여 대상자를 비롯해 주요 인사들은 단상 위에 앉는다. 청중 무리에서 식을 관찰하려고 했으나, 쿠투 등 주최 측이 나를 굳이 단상으로 끌어올린다. 24년 전, 그때도 이런 난처한 상황을 종종 마주했다. 20대였는데도 어느 난민촌 학교 졸업식에서 귀빈으로 대우받아 축하 연설까지 한 적도 있다. 단상에 앉아 있으니 청중이 훤히 보이며 그들의 노랫소리도 더 웅장하게 들린다. 퀘투부터 시작하여, 셰따, 따블루투에게 명예박사학위를 수여한다. 그의 여동생이 운다. 언니의 인생 역정이 떠올랐을까? 나도 눈시울을 붉힌다. 따블루투는 내가 난민촌에 희망을 품게 한 근거였다. 24년 전 내가 머물던 숙소 주변은 화원과 같았다. 모든 게 정돈됐고, 깨끗했다. 따블루투는 이곳을 그렇게 가꾸었다. 남편 사이먼이 죽고, 그녀가 미국으로 떠난 뒤, 내가 이곳을 방문할 때마다 그런 정갈함을 볼 수 없어서 아쉽고 안타까웠다. 그녀가 다시 이곳에 돌아오니 뭔가 빈틈

사진 8.1 KKBBSC 40주년 기념식 | 출처 | 저자

이 다시 채워진 것 같은 느낌이 든다. 미국에서 온 카렌족 지도자의 축도로 명예박사학위 수여식은 마무리됐다.

그다음 날에는 졸업식이 열렸다. 아침 9시부터 장장 네 시간에 걸쳐 진행됐다. 학생들이 부르는 헨델의 오라토리오 '할렐루야'는 그때나 지금이나 여전히 감동을 자아낸다. 날것의 목소리가 터지고, 부딪히고, 섞이며 난민촌에 공명한다. 한 사람 한 사람씩 호명 받고 졸업장을 받는다. 갖가지 상이 해당 졸업생에게 수여된다. 따블루투는 사이먼 기념상을 몇 명에게 수여한다. 졸업생에게 당부하는 말도 그녀가 맡았다. 그녀는 이 순서를 작정하고 기다렸다는 듯이 거의 40분 동안, 그 사이에 전기가 나가서 잘 들리지 않는데도, 하고 싶었던 말을 쏟아낸다. 그 당부의 핵심은 어디서든 카렌족을 돌보고 잊지 말라는 것이었다. 그리고 졸업생의 모범 사례로서 에포를 일으켜 세운다. 카리스마가 여전하다. 미국에서 살면서도 늘 이곳과 카렌족을 품고 있다는 것이 확연히 드러난다. 졸업식은 카렌 국가(anthem)를 부르며 장엄하게 마무리됐다.

난민촌에 돌아오니 나 역시 흩어진 난민들을 만나러 돌아다녔던 나의 여정이 이곳에서 대단원의 막을 내린다는 생각이 든다. 출발했던 곳에 다시 돌아온 것이다. 마치 끈 하나를 갖고서 출발하여 한국, 일본, 호주, 노르웨이, 스웨덴, 미국을 잇고서 그 끈을 다시 이곳에 와서 붙들어 맨 듯한 느낌이 든다. 그리고 나는 누구인가를 묻게 된다. 그러면서 한 에피소드가 떠오른다. 호주의 퍼스에 갔을 때 그곳의 카렌족 공동체는 나에게 설교 겸 이른바 '간증'(testimony)이라는 것을 해달라고 부탁했다. 그때 나는 이들에게 무슨 위로의 말을 할까 고민하다가 창세기 12장 1~3절을 골랐다.

> 여호와께서 아브람에게 이르시되 너는 너의 본토 아비 집을 떠나 내가 네게 지시할 땅으로 가라. 내가 너로 큰 민족을 이루고 네게 복을 주어 네 이름을 창대케 하리니 너는 복의 근원이 될지라. 너를 축복하는 자에게는 내가 복을 내리고 너를 저주하는 자에게는 내가 저주하리니 땅의 모든 족속이 너를 인하여 복을 받을 것이니라 하신지라.

나는 이 구절을 바탕으로 미얀마든 난민촌이든 본토에서 떠난 카렌족의 운명을 아브람(아브라함)에 비유했다. 또한 아브라함과 그 후손이 이러한 약속을 받았음에도 우여곡절을 겪었듯이 카렌족도 여러 난관을 겪고 있다고 했다. 그러나 하루하루 일상을 성실히 살아가다 보면 언제일지 몰라도 큰 민족이 되고 복의 근원이 될 날이 올 것이라고 격려했다. 그 자리에서 나 자신은 곳곳에 흩어진 카렌족의 발자취를 따라가며 그들의 일상과 초국적 연대를 증언하는 하나의 증인이 아닐까 싶다는 얘기를 했다.

글을 마무리하는 시점에 그 말이 내 머릿속에 크게 울리며 내가 곳곳에서 보았던 장면들이 삽화처럼 떠오른다. 그 삽화들은 단순히 고난의 스토리나 성공의 스토리로만으로 엮을 수 없다. 본토를 떠난 자들이 초국적 환대에 힘입어 낯선 정치 지형에서 벌여나가는 분투에 관한 스토리였다. 나는 그렇게 분투를 벌이며 국가 이후의 질서를 앞서 살아가고 있는 사람들의 이야기를 기록한 증인이라고 말하고 싶다.

참고문헌

고상두. 2012. “이주자 사회통합모델의 비교분석: 네덜란드, 독일, 한국의 사례.” 『한국정치학회보』 46(2): 241-264.

김선임. 2012. “이주노동자공동체 형성에서 민족 정체성과 종교 정체성의 경합: 미얀마, 방글라데시, 필리핀 사례를 중심으로.” 동국대학교 박사학위논문.

김용현. 2019. “푸코 통치성(gouvernementalité)으로 본 복지국가의 기원과 그 사회적 효과.” 『사회복지정책』 46(3): 157-177.

김인아. 2012. “미얀마 식민시대 이전의 꺼잉족 기록에 관한 역사적 고찰.” 『아시아연구』 15(1): 143-173.

김정선. 2010. “아래로부터의 초국적 귀속의 정치학: 필리핀 결혼이주 여성의 경험을 중심으로.” 『한국여성학』 26(2): 1-39.

김철효. 2010. “호주 이민제도 개요.” *Global Migration Trends* 6: 1-8.

뒤랑, 질베르. 진형준 역. 2007. 『상상계의 인류학적 구조들』. 파주: 문학동네.

들뢰즈, 질·펠릭스 가타리. 김재인 역. 2001. 『천개의 고원: 자본주의와 분열증 2』. 서울: 새물결.

레비-스트로스, 클로드. 안정남 역. 1996. 『야생의 사고』. 서울: 한길사.

마웅저. 2014. “마웅저씨의 한국에서의 20년(대담자: 양영미·쯔지모토 도시코).” 『아시아저널』 8: 221-263.

바바, 호미. 나병철 역. 2002. 『문화의 위치: 탈식민주의 문화이론』. 서울: 소명출판.

박장식. 1993. “미얀마(버마)의 종족집단과 종족분쟁.” 『지역연구』 2(4): 57-76.

______. 1995. “미얀마 까렌족의 분리주의 운동.” 『동남아연구』 4: 255-282.

백일순·정현주·홍승표. 2020. “모빌리티스 패러다임으로 본 개성공단: 새로운 모빌리티스 시스템으로서 개성공업지구 통근버스가 만들어 낸 사회-공간.” 『대한지리학회지』 55(5): 521-540.

벡, 울리히. 조만영 역. 2000. 『지구화의 길』. 서울: 거름.

설동훈·이병하. 2012. “노르웨이 이민자의 사회통합정책.” 『민족연구』 50: 163-180.

______. 2013. “다문화주의에서 시민통합으로: 네덜란드의 이민자 통합정책.” 『한국정치외교사논총』 35(1): 207-238.

세예르스테드, 프랜시스. 유창훈 역. 2015. 『사회민주주의의 시대』. 파주: 글항아리.

손승호. 2008. “한국교회 태국선교의 역사.” 『한국기독교와 역사』 28: 45-88.

스콧, 제임스. 전상인 역. 2010. 『국가처럼 보기: 국가는 왜 계획에 실패하는가』. 서울: 에코리브르.

______. 이상국 역. 2015. 『조미아, 지배받지 않는 사람들: 동남아 산악지대 아나키즘의 역사』. 서울: 삼천리.

______. 전상인 역. 2020. 『지배, 그리고 저항의 예술: 은닉 대본』. 서울: 후마니타스.

신예진·신지원. 2013. “일본의 재정착난민 수용과 관련 제도에 대한 고찰.” 『동아연구』 32(2): 191-231.

아감벤, 조르조. 박진우 역. 2008. 『호모 사케르: 주권 권력과 벌거벗은 생명』. 서울: 새물결.

아렌트, 한나. 이진우 역. 2017. 『인간의 조건』. 파주: 한길사.

애디, 피터. 최일만 역. 2019. 『모빌리티 이론』. 서울: 앨피.

앤더슨, 베네딕트. 윤형숙 역. 2002. 『상상의 공동체: 민족주의의 기원과 전파에 대한 성찰』. 서울: 나남.

______. 서지원 역. 2018. 『상상된 공동체: 민족주의의 기원과 보급에 대한 고찰』. 서울: 길.

어리, 존. 윤여일 역. 2012. 『사회를 넘어선 사회학』. 서울: 후마니스트.

______. 강현수·이희상 역. 2014. 『모빌리티』. 서울: 아카넷.

영, 로버트. 김용규 역. 2008. 『백색신화: 서양이론과 유럽중심주의 비판』. 부산: 경성대학교출판부.

오경석. 2011. “재한줌머인연대(Jumma People's Network in Korea)와 미디어의 재현.” 『다문화사회연구』 4(2): 71-101.

오영철. 2020. 『카렌! 그들을 통해 배우다』. 서울: 요단출판사.

이규영·김경미. 2010. “호주의 다문화주의정책과 이주민 참정권.” 『국제정치논총』 50(1): 445-468.

이상국. 2010. “백인 구원자와 카렌족: 현실이 된 카렌족 신화.” 『한국문화인류학』 43(1): 217-261.

______. 2011. “지구시민사회의 성과와 한계: 태국-미얀마 국경지역 난민 구호활동 사례를 중심으로.” 『아시아연구』 14(1): 119-154.

______. 2012. “태국 거주 미얀마 카렌족 난민의 생계추구 양상에 관한 연구: 국가, 국제구호기구, 지역사회 간의 관계를 중심으로.” 『동남아연구』 22(2): 207-234.

______. 2014. “울고, 웃고, 넘나드는 국경살이: 태국-미얀마 국경 지역과 모바일 참여관찰.” 전제성 편. 『맨발의 학자들: 동남아 전문가 6인의 도전과 열정의 현지조사』. 409-475. 서울: 눌민.

이호택·이재린·김지은·조영철. 2016. “재정착난민 수용 시범사업 평가 사례조사 보고서.” 법무부 출입국외국인정책본부.

자우너, 미셸. 정혜윤 역. 2022. 『H마트에서 울다』. 파주: 문학동네.

재한줌머인연대. 2012. 『줌머 민족의 억눌린 목소리』. 김포: 재한줌머인연대.

조선일보. 1987년 12월 2일자. “태-버마접경에 추락 흔적.”

중앙일보. 1988년 1월 5일자. “KAL 사고기 잔해 카렌족서 발견 주장.”

차크마 라니로넬. 2014. 『방글라데시 치타공 산악지대: 줌머족의 모국, 그리고 그 삶과 문화』. 서울: 테이크아웃드로잉.

카스텔, 마누엘. 김묵한·박행웅·오은주 역. 2003. 『네트워크 사회의 도래』. 서울: 한울.

크레스웰, 팀. 최영석 역. 2021. 『온 더 무브』. 서울: 앨피.

통차이 위니짜꾼. 이상국 역. 2019. 『지도에서 태어난 태국: 국가의 지리체 역사』. 과천: 진인진.

프로이트, 지그문트. 조대경 역. 2014. 『꿈의 해석』. 서울: 서울대학교출판문화원.

홉스봄, 에릭·테렌스 레인저 편. 박지향·장문석 역. 2004. 『만들어진 전통』. 서울: 휴머니스트.

難民対策連絡調整会議. 2008a. “第三国定住による難民の受入れに関するパイロットケースの実施について.” http://www.cas.go.jp/jp/seisaku/nanmin/081216ryoukai.html(검색일: 2016. 9. 8).

_______. 2008b. “第三国定住による難民の受入れに関するパイロットケース実施の具体的措置について.” http://www.cas.go.jp/jp/seisaku/nanmin/081219kettei.html(검색일: 2016. 9. 9).

_______. 2012. “第三国定住による難民の受入れに関するパイロットケース実施の具体的措置につい.” http://www.cas.go.jp/jp/seisaku/nanmin/120329kaisei.html(검색일: 2016. 9. 9).

_______. 2014. “第三国定住による難民の受入れ事業の今後の方針について.” http://www.cas.go.jp/jp/seisaku/nanmin/pdf/h260122.pdf(검색일: 2016. 9. 9).

梶村美紀. 2014. “日本定住ビルマ人の変容: 少数民族と多数派バマーのエスニシティを超えた連帯 Transformations in Minority-Majority Ties of People from Burma Residing in Japan.” PhD Thesis. University of Tokyo.

有識者會議. 2012. “第6回有識者會議 議事錄.” http://www.cas.go.jp/jp/seisaku/nanmin/yusikishakaigi/dai6/yousi.pdf(검색일: 2016. 9. 10).

_______. 2013. “第12回有識者會議 議事錄.” http://www.cas.go.jp/jp/seisaku/nanmin/yusikishakaigi/dai13/gijiyousi.pdf(검색일: 2016. 9. 10).

Abdelhady, Dalia, Nina Gren and Martin Joormann. 2020. *Refugees and the Violence of Welfare Bureaucracies in Northern Europe*. Manchester: Manchester University Press.

Ager, Alistar and Alison Strang. 2004. *Indicators of Integration: Final Report, Home Office Development and Practice Report*. London: Home Office.

_______. 2008. “Understanding Integration: A Conceptual Framework.” *Journal of Refugee Studies* 21(2): 166-191.

Akbari, Ather H. and Martha MacDonald. 2014. “Immigration Policy in Australia, Canada, New Zealand, and the United States: An Overview of Recent Trends.” *International Migration Review* 48(3): 801-822.

Alvarez, Robert R. 1984. "The Border as Social System: The California Case." *New Scholar* 9: 119-134.

AMES Australia and Deloitte Access Economics. 2018. "Regional Futures: Economic and Social Impact of the Karen Resettlement in Bendigo." A Joint AMES Australia and Deloitte Access Economics Report.

Anderson, Benedict R. O'G. 1991[1983]. *Imagined Communities: Reflections on the Origin and Spread of Nationalism.* London: Verso.

Aung-Thwin, Maitrii. 2011. *The Return of the Galon King: History, Law, and Rebellion in Colonial Burma.* Singapore: NUS Press.

Australian Bureau of Statistics. 2016. "Understanding Migrant Outcomes: Insights from the Australian Census and Migrants Integrated Dataset, Australia, 2016."

Australian Department of Home Affairs. 2016. "Myanmar-Born Community Information Summary."

______. 2019. "Discussion Paper: Australia's Humanitarian Program 2019-20."

Australian Department of Human Services. "How Much You Can Get." https://www.humanservices.gov.au/individuals/services/centrelink/family-tax-benefit/how-much-you-can-get(검색일: 2019. 5. 10).

Australian Department of Social Services. 2018a. "Humanitarian Settlement Program." https://www.dss.gov.au/sites/default/files/documents/02_2018/hsp_factsheet_-_february_2018_0_0.pdf(검색일: 2019. 4. 15).

______. 2018b. "Welcomed and Supported: Australia's Approach to the Settlement and Integration of New Migrants." https://www.dss.gov.au/sites/default/files/documents/06_2018/welcomed_and_supported_-_final_2.pdf(검색일: 2019. 5. 3).

Basch, Linda, Nina Glick Schiller and Cristina Szanton Blanc. 1994. *Nations Unbound: Transnational Projects, Postcolonial Predicaments, and Deterritorialized Nation-States.* Amsterdam: Gordon and Breach Science Publishers.

Baudrillard, Jean. 1994. *Simulacra and Simulation*. Ann Arbor: University of Michigan Press.

Bergens Tidende. "베르겐의 최우수 식당 목록." https://www.bt.no/bergensbeste/stem/restaurant?fbclid=IwAR1PTFAAyD-G6lcT9fL0eP-VSHVPpyrsxv-YPNN_wvutraMm4mPNA9oK50Q#form(검색일: 2021. 7. 21).

Bernstein, Hamutal and Nicole DuBois. 2018. "Bringing Evidence to the Refugee Integration Debate." Urban Institute Research Report.

Bird, Jessica Nancy. 2013. "'Talking with Lips': Settlement, Transnationalism and Identity of Karen People from Burma Living in Brisbane, Australia." PhD Thesis. Queensland University of Technology.

Bloch, Alice and Carl Levy (eds.). 1999. *Refugees, Citizenship and Social Policy in Europe.* Houndmills: Palgrave Macmillan.

Borevi, Karin. 2014. "Multiculturalism and Welfare State Integration: Swedish Model Path Dependency." *Identities* 21(6): 708-723.

Bose, Pablo S. 2016. "Challenging Homogeneity: Refugees in a Changing Vermont." Morgan Poteet and Shiva Nourpanah (eds.). *After the Flight: The Dynamics of Refugee Settlement and Integration.* 228-253. Newcastle upon Tyne: Cambridge Scholars Publishing.

______. 2018. "Welcome and Hope, Fear, and Loathing: The Politics of Refugee Resettlement in Vermont." *Peace and Conflict: Journal of Peace Psychology* 24(3): 320.

Bowles, Edith. 1998. "From Village to Camp: Refugee Camp Life in Transition on the Thailand-Burma Border." *Forced Migration Review* 2: 11-14.

Brochmann, Grete and Anne Britt Djuve. 2013. "Multiculturalism or Assimilation? The Norwegian Welfare State Approach." Peter Kivisto and Östen Wahlbeck (eds.). *Debating Multiculturalism in the Nordic Welfare States.* 219-245. London: Palgrave Macmillan.

Brochmann, Grete and Anniken Hagelund. 2012. "Norway: The Land of the Golden Mean." Grete Brochmann and Anniken Hagelund (eds.). *Immigration Policy and the Scandinavian Welfare State 1945-2010.*

149-224. London: Palgrave Macmillan.

Brochmann, Grete and Knut Kjeldstadli. 2008. *A History of Immigration: The Case of Norway 900-2000.* Oslo: Universitetsforlaget.

Brown, Anastasia and Todd Scribner. 2014. "Unfulfilled Promises, Future Possibilities: The Refugee Resettlement System in the United States." *Journal on Migration and Human Security* 2(2): 101-120.

Cady, John F. 1958. *A History of Modern Burma.* Ithaca and London: Cornell University Press.

Castles, Stephen, Maja Korac, Ellie Vasta and Steven Vertovec. 2002. "Integration: Mapping the Field." Report of a Project Carried out by the Centre for Migration and Policy Research and Refugee Studies Centre, University of Oxford.

Castles, Stephen. 2003. "Migration Settlement, Transnational Communities and State Strategies in the Asia Pacific Region." Robyn R. Iredale, Charles Hawksley and Stephen Castles (eds.). *Migration in the Asia Pacific: Population, Settlement and Citizenship.* 3-22. Cheltenham and Northampton: Edward Elgar.

Centre for Policy Development (CPD). 2017. "Settling Better: Reforming Refugee Employment and Settlement Services." CPD Report.

Chang, Charis. 2018. "How Much Do You Need to Earn to Be Rich in Australia." July 4. https://www.news.com.au/finance/work/how-much-do-you-need-to-earn-to-be-rich-in-australia/news-story/cd7e6647199773c56ad5a9270c7aab87(검색일: 2019. 5. 25).

Cheesman, Nick. 2002. "Seeing 'Karen' in the Union of Myanmar." *Asian Ethnicity* 3(2): 199-220.

Chung, Erin Aeran. 2010. *Immigration and Citizenship in Japan.* Cambridge: Cambridge University Press.

Creet, Julia. 2011. "Introduction: The Migration of Memory and Memories of Migration." Julia Creet and Andreas Kitzmann (eds). *Memory and Migration:*

Multidisciplinary Approaches to Memory Studies. 3–26. Toronto: University of Toronto Press.

Crisp, Jeff, 2004. "The Local Integration and Local Settlement of Refugees: A Conceptual and Historical Analysis." New Issues in Refugee Research Working Paper No. 102. UNHCR.

Darrow, Jessica H. 2018. "Administrative Indentureship and Administrative Inclusion: Structured Limits and Potential Opportunities for Refugee Client Inclusion in Resettlement Policy Implementation." *Social Service Review* 92(1): 36–68.

Davies, Philip. 2018. *Lost Warriors: Seagrim and Pagani of Burma, The Last Great Untold Story of WWII*. Hertfordshire: Atlantic Publishing.

Dean, Meryll and Miki Nagashima. 2007. "Sharing the Burden: The Role of Government and NGOs in Protecting and Providing for Asylum Seekers and Refugees in Japan." *Journal of Refugee Studies* 20(3): 481–508.

Edensor, Tim. 2004. "Automobility and National Identity: Representation, Geography and Driving Practice." *Theory, Culture & Society* 21(4/5): 101–120.

Ernest & Young 2015. "Evaluation of the Humanitarian Settlement Services and Complex Case Support Programmes." Report Prepared for the Australian Government Department of Social Services.

European Stability Initiative. 2015. "The 2015 Refugee Crisis through Statistics." http://www.esiweb.org/pdf/ESI%20-%20Refugee%20Statistics%20Compilation%20-%2017%20Oct%202015.pdf(검색일: 2017. 4. 3).

Faist, Thomas. 2000. "Transnationalization in International Migration: Implications for the Study of Citizenship and Culture." *Ethnic and Racial Studies* 23(2): 189–222.

Foucault, Michel. 1979. "Governmentality." *Ideology and Consciousness* 6: 5–21.

______. 1983. "Afterword: The Subject and Power." Hubert L. Dreyfus and Paul

Rabinow (eds.). *Michel Foucault: Beyond Structuralism and Hermeneutics.* 208-226. Chicago: University of Chicago Press.

Fozdar, Farida and Susan Banki. 2017. "Settling Refugees in Australia: Achievements and Challenges." *International Journal of Migration and Border Studies* 30(1): 43-66.

Fozdar, Farida and Lisa Hartley. 2014. "Housing and the Creation of Home for Refugees in Western Australia." *Housing, Theory and Society* 31(2): 148-173.

Frazier, John W. 2016. "Racial Geography vs. Ethnic Geography: A Distinction." John W. Frazier, Eugene L. Tettey-Fio and Norah F. Henry (eds.). *Race, Ethnicity, and Place in a Changing America.* 25-45. Binghamton: State University of New York Press.

Furnivall, John S. 1956. *Colonial Policy and Practice: A Comparative Study of Burma and Netherlands India.* New York: New York University Press.

Geertz, Clifford. 1963. *Old Societies and New States: The Quest for Modernity in Asia and Africa.* New York: Free Press.

Gellner, Ernest. 1983. *Nations and Nationalism*. Ithaca: Cornell University Press.

Glick Schiller, Nina, Linda Basch and Cristina Blanc-Szanton. 1992. "Transnationalism: A New Analytic Framework for Understanding Migration." *Annals of the New York Academy of Sciences* 645(1): 1-24.

Gordon, Milton Myron. 1964. *Assimilation in American Life: The Role of Race, Religion, and National Origins.* New York: Oxford University Press.

Gravers, Mikael. 1996. "The Karen Making of a Nation." Stein Tonneson and Hans Antlov (eds.). *Asian Forms of the Nation.* 237-269. London: Curzon.

______. 2015. "Disorder as Order: The Ethno-Nationalist Struggle of the Karen in Burma/Myanmar: A Discussion of the Dynamics of an Ethicized Civil War and Its Historical Roots." *Journal of Burma Studies* 19(1): 27-78.

Greenberg, Mark, Julia Gelatt, Jessica Bolter, Essey Workie and Isabelle Charo.

2018. "Promoting Refugee Integration in Challenging Times: The Potential of Two-Generation Strategies." Migration Policy Institute.

Gullestad, Marianne. 2002. "Invisible Fences: Egalitarianism, Nationalism and Racism." *Journal of the Royal Anthropological Institute* 8(1): 45-63.

Hagelund, Anniken and Grete Brochmann. 2010. "From Rights to Duties? Welfare and Citizenship for Immigrants and Refugees in Scandinavia." Patrick Baert, Sokratis Koniordos, Giovanna Procacci and Carlo Ruzza (eds.). *Conflict, Citizenship and Civil Society.* 141-160. London: Routledge.

Happy Gailmo. 2019. "Karen Video 2019(Pu Bordy Weeku & ANZAC Day)." https://www.youtube.com/watch?v=oxTQd08IVOA(검색일: 2019. 5. 24).

Harding, Robin. 2017. "Japan Accepted 28 Refugees in 2016." *Financial Times.* February 13. https://www.ft.com/content/528f996e-f1b4-11e6-8758-6876151821a6(검색일: 2017. 4. 2).

Harkins, Benjamin. 2012. "Beyond 'Temporary Shelter': A Case Study of Karen Refugee Resettlement in St. Paul, Minnesota." *Journal of Immigrant & Refugee Studies* 10(2): 184-203.

Harriden, Jessica. 2002. "'Making a Name for Themselves:' Karen Identity and the Politicization of Ethnicity in Burma." *Journal of Burma Studies* 7(1): 84-144.

Hein, Jeremy. 1993. "Refugees, Immigrants, and the State." *Annual Review of Sociology* 19(1): 43-59.

Higgins, Claire. 2017. *Asylum by Boat: Origins of Australia's Refugee Policy.* Sydney: University of New South Wales Press.

Horstmann, Alexander. 2010. "Confinement and Mobility: Transnational Ties and Religious Networking among Baptist Karen at the Thailand-Burma Border." MMG Working Paper 10-16. Max Plank Institute.

_______. 2011. "Sacred Networks and Struggles among the Karen Baptists across the Thailand-Burma Border." *Moussons* 17(1): 85-104.

Hynie, Michaela, Ashley Korn and Dan Tao. 2016. "Social Context and Integration for Government Assisted Refugees in Ontario, Canada." Morgan Poteet and Shiva Nourpanah (eds.). *After the Flight: The Dynamics of Refugee Settlement and Integration.* 183-227. Newcastle upon Tyne: Cambridge Scholars Publishing.

Inglis, Christine. 2018. "Australia: A Welcoming Destination for Some." Migration Policy Institute.

International Catholic Migration Commission. 2013. "Welcome to Europe! A Comprehensive Guide to Resettlement." https://icmc.net//wp-content/uploads/2019/07/130731-icmc-europe-welcome-europe-comprehensive-guide-resettlement.pdf(검색일: 2021. 6. 10).

Jacobsen, Karen. 2002. "Can Refugees Benefit the State? Refugee Resources and African Statebuilding." *Modern African Studies* 40(4): 577-596.

Jupp, James. 2007. *From White Australia to Woomera: The Story of Australian Immigration.* Port Melbourne: Cambridge University Press.

Kallick, David Dyssegaard and Silva Mathema. 2016. "Refugee Integration in the United States." Center for American Progress.

Karen National League. 1998. "Statement of Karen National League." http://www.burmalibrary.org/reg.burma/archives/199801/msg00239.html(검색일: 2017. 3. 13).

Karen Refugee Committee. 2011. "Newsletter and Monthly Report July 2011."

Karlsen, Elibritt, Janet Phillips and Elsa Koleth. 2011. "Seeking Asylum: Australia's Humanitarian Program." Research Paper Series 2016-17. Australian Department of Parliamentary Services.

Keles, Fethi. 2008. "The Structural Negligence of US Refugee Resettlement Policy." *Anthropology News* May 2008.

Keyes, Charles F. 1977. *The Golden Peninsula: Culture and Adaptation in Mainland Southeast Asia.* New York: Macmillan.

______. 1979. "The Karen in Thai History and the History of the Karen in Thailand." Charles F. Keyes (ed.). *Ethnic Adaptation and Identity: The Karen on the Thai Frontier with Burma.* 25-61. Philadelphia: Institute for the Study of Human Issues.

Khosravi, Shahram. 1999. "Displacement and Entrepreneurship: Iranian Small Businesses in Stockholm." *Journal of Ethnic and Migration Studies* 25(3): 493-508.

Kim, Hyun Mee. 2012. "'Life on Probation': Ambiguity in the Lives of Burmese Refugees in South Korea." *Asian and Pacific Migration Journal* 21(2): 217-238.

Kulbrandstad, Lise Iversen. 2017. "Integration and Language Education in Norwegian Immigration Policy Documents 1980-2016." *Journal of Applied Language Studies* 11(3): 101-120.

Lamba, Navjot K. and Harvey Krahn. 2003. "Social Capital and Refugee Resettlement: The Social Networks of Refugees in Canada." *Journal of International Migration and Integration/Revue de l'integration et de la migration internationale* 4(3): 335-360.

Laurence, James. 2009. "The Effect of Ethnic Diversity and Community Disadvantage on Social Cohesion: A Multi-Level Analysis of Social Capital and Interethnic Relations in UK Communities." *European Sociological Review* 27(1): 70-89.

Lee, Sang Kook. 2001. "The Adaptation and Identities of the Karen Refugees: A Case Study of Mae La Refugee Camp in Northern Thailand." Masters Thesis. Seoul National University.

______. 2012. "Scattered but Connected: Karen Refugees' Networking in and beyond the Thailand-Burma Borderland." *Asian and Pacific Migration Journal* 21(2): 263-285.

______. 2014a. "Siam Mismapped: Revisiting the Territorial Dispute over the Preah Vihear Temple." *South East Asia Research* 22(1): 39-55.

_______. 2014b. "Security, Economy and the Modes of Refugees' Livelihood Pursuit: Focus on Karen Refugees in Thailand." *Asian Studies Review* 38(3): 461-479.

_______. 2014c. "Migrant Schools in the Thailand-Burma Borderland: From the Informal to the Formal." *Asia Pacific Journal of Education* 34(1): 125-138.

_______. 2018. "From Political Activists to Social Entrepreneurs: Burmese Refugees in South Korea." *Journal of Refugee Studies* 31(3): 371-389.

_______. 2023. *Beyond Bare Lives: A Study of a Border Social System in a Southeast Asian Borderland.* Seoul: Yonsei University Press.

Lerner, Miri and Yeoshua Hendeles. 1996. "New Entrepreneurs and Entrepreneurial Aspirations among Immigrants from the Former USSR in Israel." *Journal of Business Research* 36(1): 59-65.

Levitt, Peggy and Nina Glick Schiller. 2004. "Conceptualizing Simultaneity: A Transnational Social Field Perspective on Society." *International Migration Review* 38(3): 1002-1039.

Levitt, Peggy. 2001. *The Transnational Villagers.* Berkeley: University of California Press.

Li, Wei. 2010. "U.S. Immigration and Racialized Assimilation." John W. Frazier, Eugene L. Tettey-Fio and Norah F. Henry (eds.). *Race, Ethnicity, and Place in a Changing America.* 57-66. Binghamton: State University of New York Press.

Lieberman, Victor B. 1978. "Ethnic Politics in Eighteenth-Century Burma." *Modern Asian Studies* 12(3): 455-482.

Lintner, Bertil. 1999. *Burma in Revolt: Opium and Insurgency since 1948.* Chiang Mai: Silkworm Books.

Malkki, Liisa. 1992. "National Geographic: The Rooting of Peoples and the Territorialization of National Identity among Scholars and Refugees." *Cultural Anthropology* 7(1): 24-44.

Marshall, Harry Ignatius. 1997[1922]. *The Karen People of Burma: A Study in Anthropology and Ethnology.* Bangkok: White Lotus Press.

Mathema, Silva and Sofia Carratala. 2020. "Rebuilding the U.S. Refugee Program for the 21st Century: A New Vision to Create a More Resilient Refugee Program." Center for American Progress.

McConnachie, Kirsten. 2014. *Governing Refugees: Justice, Order and Legal Pluralism.* Oxon and New York: Routledge.

Mence, Victoria, Simone Gangell and Ryan Tebb. 2015. *A History of the Department of Immigration: Managing Migration to Australia.* Belconnen: Department of Immigration and Border Protection.

Menzies, Teresa V., Gabrielle A. Brenner and Louis Jacques. 2003. "Social Capital, Networks and Ethnic Minority Entrepreneurs: Transnational Entrepreneurship and Bootstrap Capitalism." Hamid Etemad and Richard W. Wright (eds.). *Globalization and Entrepreneurship: Policy and Strategy Perspectives.* 125-151. Cheltenham: Edward Elgar.

Muftee, Mehek. 2015. "Resettlement from a Postcolonial Perspective: Encounters within Swedish Cultural Orientation Programmes." Brigitte Suter and Karin Magnusson (eds.). *Resettled and Connected? Social Networks in the Integration Process of Resettled Refugees.* 213-241. Malmö: Malmö University.

Myers, Quintin Wo and Kyle Anne Nelson. 2019. "'I Should Not Forget!': Qualitative Evidence of Social and Cultural Transnationalism among Refugees Who Are Disconnected from Home." *Ethnic and Racial Studies* 42(7): 1204-1221.

Nagayoshi, Kikuko. 2011. "Support of Multiculturalism, but for Whom? Effects of Ethno-National Identity on the Endorsement of Multiculturalism in Japan." *Journal of Ethnic and Migration Studies* 37(4): 561-578.

Naw Hsar Ka Nyaw Htoo Simon. 2020. *Papa: A Memoir of a Hero and a Mentor for the Illegal Displaced People, Rev. Dr. Saw Simon.* Bloomington: iUniverse.

Naw, Angelene. 2001. *Aung San and the Struggle for Burmese Independence.*

Chiang Mai: Silkworm Books.

Nawyn, Stephanie J. 2010. "Institutional Structures of Opportunity in Refugee Resettlement: Gender, Race/Ethnicity, and Refugee NGOs." *Journal of Sociology & Social Welfare* 37(1): 149.

Neumann, Klaus, Sandara M. Gifford, Annika Lems and Stefanie Scherr. 2014. "Refugee Settlement in Australia: Policy, Scholarship and the Production of Knowledge, 1952-2013." *Journal of Intercultural Studies* 35(1): 1-17.

New American Economy. 2017. "From Struggle to Resilience: The Economic Impact of Refugees in America." Report June 2017.

Norwegian Ministries. 2006. "International Migration 2005-2006."

_______. 2007. "International Migration 2006-2007."

_______. 2008. "International Migration 2007-2008."

_______. 2009. "International Migration 2008-2009."

_______. 2010. "International Migration 2009-2010."

_______. 2011. "International Migration 2010-2011."

_______. 2012. "International Migration 2011-2012."

_______. 2013. "International Migration 2012-2013."

_______. 2018. "Immigration and Integration 2017-2018."

_______. 2019. "Immigration and Integration 2018-2019."

_______. 2020. "Immigration and Integration 2019-2020."

Norwegian Ministry of Children, Equality and Social Inclusion. 2013. "A Comprehensive Integration Policy: Diversity and Community."

Oh, Yoon Ah. 2003. "Ethnic Consciousness and Allegiance to the State: Weak State, Weak (Ethnic) Society and the Question of Dual Loyalties in Myanmar." Masters Thesis. National University of Singapore.

_______. 2014. "Identity Politics outside Conflict Zones: Karen Identity Development in Central Myanmar during the Pre-Reform Era." 『동아연구』 33(1): 203-236.

Olsen, Lotte and Sara Illeras Castellon Nicolaisen. 2011. "Navigating the Borderland: A Thesis on the Karen Navigating the Borderland between Burma and Thailand." Masters Thesis. Roskilde University.

Olwig, Karen Fog. 2011. "'Integration': Migrants and Refugees between Scandinavian Welfare Societies and Family Relations." *Journal of Ethnic and Migration Studies* 37(2): 179–196.

Omi, Michael and Howard Winant. 2014. *Racial Formation in the United States.* New York and London: Routledge.

Osanami Törngren, Sayaka. 2015. "Addressing Humanitarian Needs or Pursuing Political Purposes? An Overview of Japan's Resettlement Programme." Brigitte Suter and Karin Magnusson (eds.). *Resettled and Connected? Social Networks in the Integration Process of Resettled Refugees.* 180–212. Malmö: Malmö University.

O'Sullivan, Maria. 2016. "The Ethics of Resettlement: Australia and the Asia-Pacific Region." *The International Journal of Human Rights* 20(2): 241–263.

Phillips, Janet. 2017. "Australia's Humanitarian Program: A Quick Guide to the Statistics since 1947." Australian Department of Parliamentary Services.

Portes, Alejandro. 2000. "The Two Meanings of Social Capital." *Sociological Forum* 15(1): 1–12.

_______. 2014. "Downsides of Social Capital." *Proceedings of the National Academy of Sciences* 111(52): 18407–18408.

Portes, Alejandro and Min Zhou. 1993. "The New Second Generation: Segmented Assimilation and Its Variants." *The Annals of the American Academy of Political and Social Science* 530(1): 74–96.

Portes, Alejandro and Jessica Yiu. 2013. "Entrepreneurship, Transnationalism, and Development." *Migration Studies* 1(1): 75–95.

Putnam, Robert. 1993. "The Prosperous Community: Social Capital and Public life." *The American Prospect* 13(4): 35–42.

Rajah, Ananda. 1990. "Ethnicity, Nationalism and the Nation-State: The Karen in Burma and Thailand." Gehan Wijeyewardene (ed.). *Ethnic Groups across National Boundaries in Mainland Southeast Asia.* 102-133. Singapore: Institute of Southeast Asian Studies.

_______. 2002. "A 'Nation of Intent' in Burma: Karen Ethno-Nationalism, Nationalism and Narrations of Nation." *The Pacific Review* 15(4): 517-537.

Rath, Jan and Veronique Schutjens. 2016. "Migrant Entrepreneurship: Alternative Paradigms of Economic Integration." Anna Triandafyllidou (ed.). *Routledge Handbook of Immigration and Refugee* Studies. 96-103. London: Routledge.

Refugee Council of Australia (RCOA). 2012. "Australia's Refugee and Humanitarian Program 2012-13."

_______. 2014. "The Home Stretch: Challenges and Alternatives in Sustainable Housing for Refugees and Asylum Seekers."

_______. 2017. "Australia's Refugee and Humanitarian Program 2017-18."

_______. 2018. "Australia's Refugee and Humanitarian Program 2018-19."

_______. 2019. "Australia's Refugee and Humanitarian Program 2019-20."

Renan, Ernest. 1990[1882]. "What is a Nation?" Translated by Martin Thom. Homi K. Bhabha (ed.) *Nation and Narration.* 8-22. New York: Routledge.

Renard, Ronald. 1980. "Kariang: History of Karen-Tai Relations from the Beginnings to 1923." PhD Thesis. University of Hawai'i.

Refugee Assistance Headquarters (RHQ). 2014. *Information Brochure on RHQ*. Tokyo: Refugee Assistance Headquarters.

_______. 2016. *Information Brochure on RHQ*. Tokyo: Refugee Assistance Headquarters.

Robinson, Vaughan. 1998. "Defining and Measuring Successful Refugee Integration." Proceedings of ECRE International Conference on Integration of Refugees in Europe, Antwerp, November 12-14, 1998.

Salaff, Janet W., Arent Greve, Siu-Lun Wong and Lynn Xu Li Ping. 2003.

"Ethnic Entrepreneurship, Social Networks, and the Enclave." Brenda S. A. Yeoh, Michael W. Charney and Tong Chee Kiong (eds.). *Approaching Transnationalisms: Studies on Transnational Societies, Multicultural Contacts, and Imaginings of Home.* 61-82. New York: Springer.

San C. Po. 1928. *Burma and the Karens.* London: Elliot Stock.

Sarkar, Sucharita. 2019. "Food, Memory and Everyday Transnationalism in Chitrita Banerji's Culinary Memoirs." *Post Scriptum: An Interdisciplinary Journal of Literary Studies* 4(2): 232-247.

Sejong Academy. "Annual Reports."

Sheller, Mimi. 2004. "Automotive Emotions: Feeling the Car." *Theory, Culture and Society* 21(4/5): 221-242.

Shipper, Apichai W. 2008. *Fighting for Foreigners: Immigration and Its Impact on Japanese Democracy.* Ithaca: Cornell University Press.

Sienkiewicz, Holly C. and Tracy Nichols. 2016. "The Spatial Interactions of Multi-Ethnic Refugees Residing within a North Carolina Settlement." Morgan Poteet and Shiva Nourpanah (eds.). *After the Flight: The Dynamics of Refugee Settlement and Integration.* 156-182. Newcastle upon Tyne: Cambridge Scholars Publishing.

Sigona, Nando. 2005. "Refugee Integration(s): Policy and Practice in the European Union." *Refugee Survey Quarterly* 24(4): 115-122.

Singer, Audrey and Jill H. Wilson. 2006. "From 'There' to 'Here': Refugee Resettlement in Metropolitan America." Metropolitan Policy Program. The Brookings Institution.

Smith, Martin. 1994. *Ethnic Groups in Burma: Development, Democracy and Human Rights.* London: Anti-Slavery International.

_______. 1999. *Burma: Insurgency and the Politics of Ethnicity.* London: Zed Books.

Smyth, Ciara, Sandra Gendera, Gianfranco Giuntoli, Trish Hill, Ilan Katz and

Doris Asante. 2017. "Evaluation of Settlement Grants-Final." Prepared for the Australian Government Department of Social Services.

Soguk, Nevzat. 1999. *States and Strangers: Refugees and Displacements of Statecraft*. Minneapolis and London: University of Minnesota Press.

Soh, Changrok and Breda Lund. 2014. "The Refugee Act of Korea: The Limits of Civil Society Influence." 『한국정치학회보』 48(3): 5-29.

Spivak, Gayatri Chakravorty. 2009. "Nationalism and the Imagination." *Lectora: revista de dones i textualitat* 15: 75-98.

Statistics Norway. 2018. "Sami Statics 2018."

______. 2020. *Overføringsflyktninger 2019*. (『재정착 2019』).

______. "기본 공제금액 정보." https://www.ssb.no/en/klass/klassifikasjoner/43(검색일: 2021. 7. 28).

______. "사미족 관련 정보." https://www.ssb.no/befolkning/artikler-og-publikasjoner/ingen-befolkningsvekst-i-samiske-omrader(검색일: 2021. 7. 26).

______. "평균 중위소득." https://www.ssb.no/en/statbank/table/06944/tableViewLayout1/(검색일: 2021. 7. 28).

Strang, Alison and Alastair Ager. 2010. "Refugee Integration: Emerging Trends and Remaining Agendas." *Journal of Refugee Studies* 23(4): 589-607.

Suh, Jiwon. 2015. "Burmese Political Activists and Human Rights in Korea." *Korea Observer* 46(4): 751-782.

Suter, Brigitte. 2021. "Social Networks and Mobility in Time and Space: Integration Processes of Burmese Karen Resettled Refugees in Sweden." *Journal of Refugee Studies* 34(1): 700-717.

Takizawa, Saburo. 2011. "Refugees and Human Security: A Research Note on the Japanese Refugee Policy." *The Journal of the Graduate of Toyo Eiwa University* 7: 21-40.

______. 2015. "The Japanese Pilot Resettlement Programme." Koichi Koizumi and Gerhard Hoffstaedter (eds.). *Urban Refugees: Challenges in Protection,*

Services and Policy. 206–240. London: Routledge.

Thailand Burma Border Consortium (TBBC). 2009. *Programme Report: July to December. Bangkok:* Thailand Burma Border Consortium.

_______. 2010. *Programme Report: January to June*. Bangkok: Thailand Burma Border Consortium.

Thawnghmung, Ardeth Maung. 2008. *The Karen Revolution in Burma: Diverse Voices, Uncertain Ends*. Washington, D.C.: East–West Center.

_______. 2012. *The "Other" Karen in Myanmar: Ethnic Minorities and the Struggle without Arms*. Lanham: Lexington Books.

The Border Consortium (TBC). 2015. *Annual Report: January-December 2015*. Bangkok: The Border Consortium.

_______. 2023. *Annual Report: January-December 2023,*. Bangkok: The Border Consortium.

Thongchai Winichakul. 1988. "Siam Mapped: A History of the Geo–Body of Siam." PhD Thesis. The University of Sydney.

_______. 1994. *Siam Mapped: A History of the Geo-Body of a Nation*. Hawai'i: University of Hawai'i Press.

Tošić, Jelena and Monika Palmberger. 2016. "Introduction: Memories on the Move–Experiencing Mobility, Rethinking the Past." Monika Palmberger and Jelena Tošić (eds.). *Memories on the Move: Experiencing Mobility, Rethinking the Past*. 1–16. London: Palgrave Macmillan.

Treviranus, Barbara and Sayaka Osanami Törngren. 2015. *A Socio-Economic Review of Japan's Resettlement Pilot Project*. Geneva: United Nations High Commissioner for Refugees.

Ueda, Hideaki. 2010. "Opening Statement on the Occasion of the Examination of the Third to Sixth Periodic Reports of the Government of Japan for the International Convention on the Elimination of All Forms of Racial Discrimination (ICERD)." http://www.mofa.go.jp/policy/human/pdfs/state_

race_rep3.pdf(검색일: 2017. 3. 7).

United Nations High Commissioner for Refugees (UNHCR). 2010a. "Welcome to Japan: First Asian Country Joins UNHCR's Resettlement Programme." http://www.unhcr.org/hk/en/9379-welcome-to-japan-first-asian-country-joins-unhcrs-resettlement-programme.html(검색일: 2017. 3. 6).

_______. 2010b. "Thailand: Japan Selecting First Myanmar Refugees for Resettlement." http://www.unhcr.org/cgi-bin/texis/vtx/search?page=search&skip=891&docid=4b681a009&query=resettlement%20Japan(검색일: 2017. 3. 7).

_______. 2011. *UNHCR Resettlement Handbook.* Geneva: UNHCR.

_______. 2013. *A New Beginning: Refugee Integration in Europe.* Geneva: UNHCR.

_______. 2018. "Resettlement Handbook Norway Chapter."

US Department of State 통계 자료.

US Government (Deparment of Health and Human Services) Office of Refugee Resettlement (ORR). 각호. "Annual Report to Congress."

US Government (Department of State, Department of Homeland Security, Department of Health and Human Services). 각호. "Proposed Refugee Admissions."

Valenta, Marko and Nihad Bunar. 2010. "State Assisted Integration: Refugee Integration Policies in Scandinavian Welfare States: The Swedish and Norwegian Experience." *Journal of Refugee Studies* 23(4): 463-483.

Van Selm, Joanne. 2003. "Public-Private Partnerships in Refugee Resettlement: Europe and the US." *Journal of International Migration and Integration* 4(2): 157-175.

Vertovec, Steven. 1999. "Conceiving and Researching Transnationalism." *Ethnic and Racial Studies* 22(2): 447-462.

_______. 2003. "Migration and Other Modes of Transnationalism: Towards Conceptual Cross-Fertilization." *International Migration Review* 37(3): 641-665.

______. 2004. "Migrant Transnationalism and Modes of Transformation." *International Migration Review* 38(3): 970–1001.

______. 2009. *Transnationalism*. London and New York: Routledge.

Victoria State Government. 2016. "Myanmar-Born Victorian Community Profiles: 2016 Census."

Whitaker, Beth Elise. 2002. "Refugees in Western Tanzania: The Distribution of Burdens and Benefits among Local Hosts." *Journal of Refugee Studies* 15(4): 339–358.

Wimmer, Andreas and Nina Glick Schiller. 2002. "Methodological Nationalism and Beyond: Nation-State Building, Migration and the Social Sciences." *Global Networks* 2(4): 301–334.

Wolman, Andrew. 2013. "Korea's Refugee Act: A Critical Evaluation under International Law." *Journal of East Asia and International Law* 6: 479–495.

Wolters, Oliver W. 1999. *History, Culture, Region in Southeast Asian Perspectives.* Singapore: Institute of Southeast Asian Studies.

Worland, Shirley. 2010. "Displaced and Misplaced or Just Displaced: Christian Displaced Karen Identity after Sixty Years of War in Burma." PhD Thesis. University of Queensland.

Yamashita, Natsuki. 2015. "The Pilot Refugee Resettlement Program in Japan: What Is Needed for the Successful Integration of Resettled Refugees?" *Toyo Eiwa University Bulletin* 11: 67–88.

Young, Susan, Ania Wilczynski, Brindha Emmanuel, Rohan Pigott, Joanne Finlay and Jessica Smith. 2003. "Evaluation of the Integrated Humanitarian Settlement Strategy (IHSS)." Prepared for Department of Immigration and Multicultural and Indigenous Affairs.

Zucker, Norman L. 1983. "Refugee Resettlement in the United States: Policy and Problems." *The Annals of the American Academy of Political and Social Science* 467(1): 172–186.

색 인

ㄱ

ㅅ

ㅍ

ㅎ

연결된 난민, 국가 이후를 살다:
카렌족 난민의 초국주의 실천

2025년 2월 28일 1판 1쇄

지은이 이상국
펴낸곳 연세대학교 출판문화원
주소 서울특별시 서대문구 연세로 50
등록 1955년 10월 13일(제9-60호)
전화 02) 2123-3378~80
팩스 02) 2123-8673
전자우편 ysup@yonsei.ac.kr
홈페이지 http://press.yonsei.ac.kr
인쇄 (주)동국문화

ISBN 978-89-6850-906-3 (93330)

값 25,000원

* 이 책은 저작권자와 본사 양측의 동의 없이 어떠한 형태나 수단으로도 이용할 수 없습니다.